ITINÉRAIRE D'UNE ENFANT DU MILIEU

HÉLÈNE REGAZZI
CÉLINE BOIZETTE

ITINÉRAIRE D'UNE ENFANT DU MILIEU

Fleuve Noir

MIXTE
Issu de sources responsables
FSC® C003309

Fleuve Noir, une marque d'Univers Poche,
est un éditeur qui s'engage pour
la préservation de son environnement
et qui utilise du papier fabriqué à partir
de bois provenant de forêts gérées
de manière responsable.

ISBN : 978-2-265-09687-5

À tous les miens

« Les organisations criminelles tuent deux fois. Une fois avec les balles, une fois avec la calomnie. »

Roberto Saviano

Prologue

Bienvenue chez moi !

Ah, la famille !

Avec la mienne, en tout cas, difficile de s'ennuyer.

Si ma vie n'a pas toujours été drôle, elle est plutôt délirante à raconter.

Rien que l'état civil chez nous, c'est déjà tout un poème.

Pour pimenter la sauce, on s'y connaît.

Jugez-en par vous-mêmes. D'abord, on se demande bien pourquoi les parents de la branche paternelle s'obstinent à donner des prénoms composés à leurs enfants : on n'utilise jamais le premier au quotidien. Par exemple, mon père, c'est Jean-René. Sauf que tout le monde l'a toujours appelé René. Pareil pour mon cousin Jean-Claude. Le Jean a foutu le camp, le Claude est resté.

Du côté de maman, ce n'est pas mieux. Le cas de son frère, mon tonton Jojo, est assez parlant.

Joël ? Joseph ? Non. À sa naissance, ses parents ont choisi Claude. Pourquoi ce sobriquet, alors ? Un hommage à l'oncle Joseph, paraît-il. Le frère du père de ma mère. Lui, mes arrière-grands-parents maternels le badaient. Il n'a pas très bien fini, c'est vrai. Ce n'était pas un mauvais bougre. Il avait juste une maîtresse dotée d'un mari jaloux. Un soir, le cocu est venu pour lui régler son compte. Pas de chance, c'est Joseph qui l'a eu. Résultat des courses : prison, hôpital psychiatrique, défenestration, paralysie, décès.

Pas top.

Toujours est-il que, bien inspiré ou pas, ce témoignage d'affection a valu à Claude de trimballer sa vie entière le surnom de « Jojo ». À tous les coups, il a même fini par oublier son nom de baptême. Et ça devait lui faire vraiment bizarre quand il voyait « Claude » inscrit sur ses papiers.

Pour les prénoms, c'est fait. Maintenant, le nom. C'est important, le nom. Ça signe l'appartenance à une famille. Seulement, quand je suis née, mon papa en avait déjà une, de famille. Et pas avec ma mère. Quant à mon frère, il a pointé le bout de son nez quatre ans après moi, sans que la condition maritale de mon père eût bougé d'un iota.

Du coup, on a été reconnus par notre oncle. Pour que ce soit plus simple. Ben voyons ! Bien sûr, de cette façon, le patronyme paternel nous était acquis. Quoique, en ce qui me concerne, ça n'a pas été si facile. J'y reviendrai. Mais quand même ! Au final, pendant quinze ans, celui qui administrativement était mon père était en fait mon oncle et vice versa. Ce qui faisait de mon cousin et ma cousine mon frère et ma sœur et de mes demi-sœurs mes cousines.

Vous avez suivi ?

Si la réponse est non, je vous comprends. Heureusement, il y avait ma mère. Et aussi mon frère, Pierrot. Eux, au moins, sont restés immuables sur l'échiquier de ma vie. Ils n'ont toujours eu qu'une place : la leur.

Mais à trop vouloir faire les présentations, je me rends compte que j'ai oublié de commencer par le commencement. À savoir, répondre à la question qui vous brûle les lèvres : c'est qui celle-là ?

J'y viens.

Je m'appelle Hélène Regazzi.

Je suis une « fille de ».

Il y a cependant fort à parier que mon nom ne vous dira rien. Le grand public ne connaissait pas mon père, ni aucun membre de ma famille. Ce n'est pourtant pas faute d'avoir été souvent au cœur de l'actualité. Pas dans les pages *people*, non. À la rubrique des faits divers. Aux côtés d'autres gens, plus célèbres, dont les activités mobilisaient toutes les polices de France.

Drogue, racket, prostitution, braquages, machines à sous, boîtes de nuit... Le « clan » auquel les miens ont été associés contrôlait ces business de l'ombre. Son port d'attache était Marseille. Son territoire, l'Europe entière. Longtemps, il y a dicté ses lois. Des codes non écrits, ancestraux et brutaux, dont on m'a tenue à distance étant enfant.

J'ai néanmoins appris à les découvrir avant d'en faire les frais.

Mais vous savez déjà tout sur la Mafia. Sur le sujet, ce ne sont pas les bouquins qui manquent. Inutile de répéter ce qui a déjà été dit mille fois. Je ne vois pas l'intérêt d'en remettre une couche sur son organisation, ses méthodes, ses trafics et ses figures emblématiques. De nombreux auteurs s'y sont attelés. Ils ont tout dit, tout exploré.

Enfin presque.

De la vie, la vraie, celle que ces hommes mènent chaque jour, il n'est pas souvent question. Et quand ça arrive, il semble que l'exercice consiste plus à servir un propos défini par avance qu'à cerner une réalité. Ce sont des mafieux, ils sont donc forcément sanguinaires et sans scrupules. Toujours et en toute chose.

Dans cette inflexible logique, l'interprétation qui est donnée de certains des miens n'a rien à envier aux spéculations relatives au couple Brad Pitt-Angelina Jolie. Notre patronyme a plus d'une fois figuré ici et là dans des récits résultant prétendument d'enquêtes approfondies. Nous n'avons cependant rencontré aucun de leurs auteurs. Personne n'est jamais venu nous demander ce que nous avions vécu.

Nous aurions pourtant été bien placés pour dire qui ils sont. En partie du moins. Pour raconter l'histoire vue de l'intérieur. Libre ensuite à celui qui aurait reçu ce témoignage d'y accorder ou non du crédit. Nous écouter aurait été, me semble-t-il, un préalable indispensable pour prétendre à l'objectivité.

Bien sûr, je n'ai pas grandi au pays des Bisounours. Et je ne peux revendiquer l'impartialité.

La légitimité, par contre…

Je suis la fille de Jean-René Regazzi. Mon père « appartenait » au « clan » de Gaëtan Zampa, le célébrissime Parrain qui régnait sur le milieu marseillais des années soixante-dix.

Oui, je suis une fille de mafieux. Je n'en suis pas fière. Je n'en ai pas honte non plus.

Je n'ai pas choisi mon destin. Comme pour la plupart des gens, il m'a été imposé à la naissance. Le mien, néanmoins, n'est pas ordinaire.

Aujourd'hui, j'ai cinquante ans. La sagesse n'est sans doute pas encore pour demain. Le recul, en revanche, m'est venu très tôt. Il était indispensable pour survivre à ce genre d'existence, pour avoir l'humour et la philosophie qui m'ont permis de voir que, chez nous, le drame flirtait constamment avec la comédie.

Ces jours-là ont beau être derrière moi, je me souviens de tout. Parce qu'ils m'ont définie, forgée, marquée au fer. Parce qu'ils m'ont façonné une expérience à part.

Les grands déballages, ce n'est pas trop mon truc. Je suis plutôt du genre pudique. Mais cette histoire, ce nom, ce sont aussi les miens, ceux de ma fille, de mes neveu et nièces. Alors j'ose faire entendre ma voix. Pour rappeler que tout mafieux qu'ils aient été, ces hommes étaient aussi des pères, des fils, des amis… Pour que nos enfants sachent précisément de quoi est fait leur héritage.

Je veux leur dire – je veux vous dire – que, c'est vrai, les hommes et les copains de notre tribu étaient de bons allumés. Il n'empêche. Des valeurs et de l'amour, il y en a toujours eu dans notre famille.

D'autres fils et filles de mafieux n'ont pas eu cette chance. Parce que cela est d'abord une question d'individus. L'appartenance à la Mafia n'explique pas tout.

Notre cellule familiale a été pour moi la source de toutes les angoisses mais aussi le lieu de toutes les consolations.

En écrivant ce livre, je n'ai qu'un objectif : vous faire voir l'envers du décor. Montrer ces petites choses qui mettent en lumière ce que je ressens comme une évidence : en dépit de leurs actes, mes proches étaient des êtres profondément humains.

Il ne s'agit pas de faire leur panégyrique. J'admets qu'ils firent des choix contestables. Je souhaite seulement faire une mise au point. Au sens photographique de l'expression. Lutter contre le flou qui n'engendre qu'amalgames et fausses légendes.

Dire le quotidien d'une famille au-delà de l'itinéraire des voyous, voilà la raison fondamentale pour laquelle j'ai souhaité me lancer dans ce projet.

La grande famille des voyous de cette époque-là, je l'ai connue. J'ai grandi pas loin, on peut même dire tout contre. Je ne suis pas pour autant une spécialiste du Milieu. La seule famille que je désire raconter, c'est la mienne.

Et vous allez voir, il y a de quoi faire. Elle est remarquable par l'assemblage particulièrement réussi des joyeux originaux qui la composent.

Il faut dire que mon père, qui a si longtemps présidé à sa destinée, n'a pas manqué d'humour – noir – dans le choix des ingrédients. Mafia, double vie, amis farfelus et ennemis sans pitié. Secouez le tout, saupoudrez de solidarité fraternelle et de guerre des gangs, laissez mijoter au bar de la Panne...

La recette est gratinée.

Notre vie le fut tout autant.

1

Fille de…

— Je t'ai amené la petite.

Debout face à son homme, Maman est rayonnante. Pas étonnant qu'on ait dit d'elle qu'elle était l'une des plus belles filles de l'Estaque. Boucles de jais, bouche vermeille, taille fine et poitrine généreuse, on dirait une photo de Robert Doisneau.

Je lui tiens la main mais je n'ai d'yeux que pour mon papa. Son beau visage aux traits carrés, ses yeux noirs pétillants de bonté. Ses lèvres charnues s'étirent en un immense sourire disant toute la joie qu'il a de me voir.

Mes doigts se dénouent. Je cours vers lui, impatiente de me lover dans la chaleur de ses bras protecteurs, prête à savourer ses câlins. Je suis stoppée net dans mon élan.

Entre lui et moi, il y a des barreaux.

Après seulement quelques semaines de prison, Papa a craqué et demandé à Maman de me faire venir. Il avait besoin de voir sa « nine ».

Touchant. Un peu ballot aussi.

Parce que du coup, c'est mon premier souvenir.

Enfin, plus qu'un réel souvenir, c'est une succession d'images, de sensations. Je devais avoir à peine plus de deux ans. Il ne me reste que la mémoire diffuse d'une frustration. Impossibilité d'atteindre mon papa, de l'étreindre, manque de sa tendresse et ronde de questions.

Maman, elle, avait savouré l'instant. Ce parloir, elle y avait droit et c'était déjà une victoire.

⁂

Regazzi. Un patronyme indissociable de Marseille, de sa Mafia.

Rien de surprenant donc à découvrir, au travers de mes yeux d'enfant, un Jean-René Regazzi cadenassé par l'administration pénitentiaire aixoise.

Sauf qu'à cette époque, mon père n'était pas encore un mafieux.

Cela, en revanche, peut surprendre, je le conçois.

Idée reçue numéro 1 : la Mafia, on la reçoit en héritage, et cet héritage vient forcément de loin, de très loin.

Eh bien non. Même si c'est souvent vrai, il s'agit avant tout d'un fantasme que le cinéma américain a profondément ancré dans l'imaginaire collectif.

Seulement, nous, on ne vivait pas à Hollywood. Notre fief, c'était Marseille. Et puis, de toute façon, faire comme tout le monde, on n'a jamais vraiment su.

Pour les Regazzi, l'hérédité n'a pas grand-chose à voir avec le schmilblick.

Rien n'était écrit d'avance.

Pour s'en convaincre, il suffit de s'intéresser trois secondes à Louis Regazzi, mon grand-père paternel. Qui était-il ? Un *babi*, c'est-à-dire un fils d'immigrés italiens. Jusque-là, ça cadre plutôt bien avec le cliché. Mais encore ? Un escroc ? Un proxénète ? Un criminel échappé du bagne, comme j'ai pu le lire ici ou là ? Rien de tout ça, en fait. Il était comptable. C'était un homme tout ce qu'il y a de plus honnête, qui n'a même jamais eu une contravention de sa vie.

Bien sûr, pour mon père, ça a été une autre histoire. La Mafia n'était pas un chemin tout tracé... mais il était bien balisé quand même. Question d'époque, de quartiers, d'amitiés.

Je suis certaine que, quand il était petit, mon père ne rêvait pas de devenir un voyou.

Mais impossible d'être totalement objectif en ce qui concerne ses parents. L'amour biaise le raisonnement, forcément. Seuls les actes l'éclairent.

Mon père est le deuxième d'une fratrie de trois garçons.

Dans l'ordre : Barthélemy, Jean-René et Gabriel.

Des prénoms aussitôt convertis en Mimi, René et Gaby, tradition familiale oblige !

Une solidarité sans bornes a toujours uni ces trois-là. Un pour tous, tous pour un. Telle aurait pu être leur devise. Un trio indestructible. D'autant qu'ils ont très vite compris qu'ils étaient bien plus forts ensemble que séparément. Chacun avait un caractère différent, parfait complément à celui des deux autres. Les rôles s'étaient distribués naturellement.

Mimi, l'aîné, celui qui protège.

Gaby, le petit dernier, celui qui veut sans cesse aller plus vite, plus loin et qui impulse le rythme.

Et, au milieu, René, le sage, celui qui arbitre et départage.

Complémentaires pour le caractère, à l'unisson pour le raisonnement. Notamment sur un point fondamental : un attachement très prononcé à leur famille, à ceux qui leur sont chers, doublé du sentiment accru que le bien-être de ceux-ci relève de leur responsabilité. Déjà tout mômes, ils pensaient comme ça. Qu'est-ce que vous voulez, ils étaient nés *ritals*, à Marseille, à la fin des années vingt...

Ils se sont donc retrouvés jeunes ados, pris dans la tourmente d'une guerre et d'un pays occupé où l'essentiel manquait cruellement. Ils avaient froid, ils avaient faim. Leurs parents aussi.

Ils ne se sont pas laissé faire.

Assumant ce qu'ils pensaient être leur devoir, malgré la peur et le danger, ils se sont mis à effectuer des incursions régulières dans les entrepôts de Saint-Louis, où les Allemands stockaient tout ce que le coin comptait encore de richesses et de douceurs. Tout ce qui leur manquait.

Je sais, c'est risqué de tenter de démontrer que mon père ne rêvait pas d'être un voyou en parlant de ces vols. Il n'y a pourtant là rien, à mon sens, qui témoigne d'une quelconque prédisposition. L'époque était trouble, la vie menacée. Surtout, contrairement à ce qui sous-tend ordinairement le vol, s'enrichir n'était pas le but de mon père et de ses frères.

Quittes à mettre leurs vies en péril, ils auraient pu vouloir en profiter pour amasser un joli magot. Ils auraient pu retirer une fortune de ces chapardages en les revendant au marché noir. Mais ce n'était pas leur objectif. Ils voulaient seulement subvenir aux besoins de la famille. Mettre sur la table de quoi survivre.

Le conflit terminé, mon père s'est efforcé de reprendre le cours d'une existence rendue à la normale. Italien d'origine, vivant dans les quartiers nord de Marseille, son destin était écrit : il serait ouvrier. Il n'espérait pas plus, ni mieux. Il ne rêvait même pas d'un parcours à la Louis Regazzi, son père, autodidacte brillant qui parlait plusieurs langues et avait eu la chance de voir son don pour les chiffres repéré par un patron bienveillant.

René Regazzi est devenu chevillard aux abattoirs de Saint-Louis, son quartier adoré. Un travail pénible, usant physiquement et psychologiquement.

Mon père n'était pas un fainéant, loin s'en faut. Il a tenu des années. Des années à côtoyer quotidiennement la mort, les pieds trempant constamment dans le sang des animaux sacrifiés. Avant d'en avoir assez. D'autant que son maigre salaire suffisait à peine à faire vivre correctement sa femme et ses deux filles.

Et puis un jour, une opportunité s'est présentée. Non, toujours pas le Milieu. Il s'agissait de créer une société.

Pour ça, il s'est fait aider par Hervé, un copain du quartier – à Marseille, le quartier est souvent une très bonne référence. Celui-ci maîtrisait les notions de base indispensables à tout homme d'affaires. Après avoir trempé dans quelques combines pas très claires, Hervé avait monté un petit business bien propre, qui, à sa grande surprise, lui rapportait un peu d'argent. Il était prêt à guider mon père dans les méandres administratifs de la création d'entreprise et à investir, à la seule condition de ne pas apparaître officiellement.

Ensemble, ils avaient eu l'idée d'une distillerie et l'avaient baptisée Réganis. Contraction en forme de clin d'œil entre notre patronyme et « anis », indiquant clairement qu'ils fabriquaient une boisson bien de chez nous.

Très vite, Réganis a connu le succès. L'usine marchait à bloc, sept représentants et plusieurs livreurs quadrillaient la région dans des voitures et des camions aux armes de la société. La petite équipe peinait à satisfaire toutes les demandes.

Casanis et Ricard n'avaient qu'à bien se tenir !

Même le produit de la cuve clandestine s'écoulait sans aucune difficulté. Parce que, je ne peux pas le passer sous silence, il y avait une cuve clandestine. Un petit détail qui, vous le verrez, a son importance.

Pour mon père, ça ne comptait pas. Cette *success story* allait changer sa vie, il en était certain.

Il ne s'était pas trompé. À ceci près qu'il pensait que les années de galère étaient derrière lui, alors qu'au contraire elles se profilaient à l'horizon.

⁂

Mon père n'était pas vraiment un bavard. C'est le moins qu'on puisse dire. Il lui arrivait cependant de se livrer un peu. Très rarement concernant l'époque Réganis. À l'inverse du pastis, elle lui laissait un goût amer au fond de la gorge.

De l'un de ces rares épanchements, je retiens une chose. La réussite de la distillerie ne lui a pas apporté que des désillusions. Beaucoup d'embrouilles, ça oui, mais dans le tas, il y en avait de joyeuses.

Un jour, tranquillement installés dans le bureau de la boîte, mon père et son associé étaient en grande discussion.

— Alors ? questionna Hervé. On fait quoi avec le bar de la Panne ?

Depuis quelques semaines, le bar de la Panne, c'était le serpent de mer. Sa gérante semblait s'intéresser à Réganis. Il y avait sans doute là matière à dégotter une nouvelle cliente.

Encore eût-il fallu se déplacer pour faire connaissance et signer la première commande.

Les représentants étant surbookés, Hervé avait bien tenté de refiler le bébé à Sonia, l'assistante, mais celle-ci s'était défaussée.

— Non, non, j'ai trop à faire ici. Et puis, chacun son métier !

Devant l'insistance du boss, elle avait joué la belle effarouchée prise de panique à l'idée de se rendre dans un bar de quartier.

— Ils vont me reluquer, m'embêter et je ne saurai pas comment me défendre.

Sensible à cette petite tirade, Hervé avait cédé et dit qu'il enverrait quelqu'un d'autre. Résultat, ça traînait en longueur et personne ne se décidait à prendre les choses en main.

— Pourquoi Sonia n'y va pas ? demanda mon père.

— Je te l'ai dit, répondit Hervé. Elle a les jetons.

— Et toi, tu peux pas y aller ?

— Moi, tu sais bien, je suis l'associé de l'ombre…

— C'est bien pratique ! répliqua mon père d'un ton un peu plus cinglant que nécessaire.

La moutarde commençait à lui monter au nez. Il avait les nerfs à fleur de peau, l'esprit accaparé par des soucis conjugaux dont il s'était fait l'écho quelques minutes plus tôt auprès de son acolyte.

— Oh ça va ! rétorqua l'autre. T'es pas obligé de me charrier parce que t'as la rage contre ta femme.

De fait, ce jour-là, ça n'allait pas fort dans le couple de mon père. Entre le challenge que représentait Réganis, deux filles en bas âge et son caractère fougueux, il n'était pas rare que chez les Regazzi, ça monte dans les décibels.

— Je suis parti, précisa mon père d'une voix tendue.

— Et ce soir, tu reviendras. Je commence à le connaître, votre petit manège.

René baissa la tête.

— Cette fois, c'est pas si sûr.

Hervé réalisa qu'il avait dû aller trop loin. Il préféra botter en touche.

— Bon, d'accord. Pour cette fois, je me dévoue. Je vais y aller, au bar de la Panne.

À cet instant, Gaby, le plus jeune des trois frères Regazzi, passa une tête dans le bureau.

— Ne me dites pas que vous êtes encore sur cette histoire du bar de la Panne ?

— Comme tu vois, répondit mon père.

— Mais vas-y, toi, René. Y a une baraque sur la terrasse. Ils font des chichis du diable et, surtout, des frites et des panisses délicieuses. Ça va te requinquer !

Il le connaissait bien, son aîné, le Gaby ! La gourmandise, mon père ne pouvait pas y résister. En trois phrases, son frangin venait de débloquer la situation. Et de changer le cours de nos vies.

Notre existence tient souvent à pas grand-chose. Je dois la mienne à l'un des sept péchés capitaux.

Le lendemain, accompagné comme à son habitude d'une tripotée de copains, mon père se rendit donc au bar de la Panne. Il se dirigea droit sur la baraque à panisses de la terrasse, et ce n'est qu'une fois la pâte dorée au fond de l'estomac qu'il consentit à s'intéresser à la suite.

Pas de doute, les arguments de l'assistante ne valaient pas tripette. S'il s'agissait bien d'un bar, c'était à l'évidence un établissement « à la bonne franquette » servant bières et limonades. Il donnait sur un petit port dans lequel mouillaient quelques bateaux de plaisance, agrémenté, une centaine de mètres plus loin, d'une belle plage. Il y avait bien quelques balaises attablés en terrasse, mais ils se contentaient de plaisanter avec une pétillante brunette dans une ambiance bon enfant. Même sous les propos flatteurs et les œillades charmeuses, le respect affleurait.

Mon père comprit très vite que cette beauté était celle qu'il venait voir. Colette Doria, la gérante du bar de la Panne. Il n'était pas le seul à l'avoir repérée. Ses potes, mis en verve par tant de grâce, prenaient déjà les paris pour savoir lequel d'entre eux la séduirait.

Sauf qu'en fait ledit pari allait être plié en une fraction de seconde.

Dès que Colette a posé les yeux sur mon père, elle en est tombée follement amoureuse. Et réciproquement. Avant même qu'elle ne lui parle, cette maîtresse femme l'avait ensorcelé.

— Alors, elles étaient bonnes, mes panisses ? lui lança Colette tandis qu'il prenait place.

Elle n'avait pu s'empêcher de l'observer à la dérobée, intriguée par ce groupe d'hommes en costume, tranchant avec les autres consommateurs en short et maillot de bain.

— Qu'est-ce que je vous sers ? demanda-t-elle sans lui laisser le temps de répliquer.

— Une bière, répondit-il toutes dents dehors. Mais vous me mettez une spéciale, hein ? Et puis si vous avez cinq minutes... Je suis René Regazzi, de Réganis.

— Ah quand même ! Vous avez fini par venir ! Faut pas être pressé, avec vous. Bougez pas. J'apporte ses boissons à la gentille bande là-bas et je reviens.

Durant la trentaine de minutes qui suivit, Colette se consacra à ses clients. L'affluence était forte, les commandes nombreuses. Loin de s'en formaliser, mon père se régala du spectacle qu'offrait la jeune femme. Elle accueillait les uns, échangeait avec les autres, régnant sur son petit monde avec une efficacité mêlée de douceur et de gaieté.

Ce jour-là, mon père éclusa autant de bières que de prétextes pour parvenir à la revoir. Bien sûr, il joua la carte Réganis. Après tout, il était venu pour ça. Il avait bien fait car, intuitive et ambitieuse, la belle gérante pensait que ce nouveau produit local anisé était indispensable pour que son comptoir soit au top. Puis il lui commanda un couscous, qui lui fournissait une raison de revenir le lendemain. Enfin, il joua son va-tout :

— Je vois que vous louez des chambres.

— Oui, pourquoi ?

— Vous en auriez une pour moi ?

Elle le fixa, troublée.

— Vous n'habitez pas Marseille ?

— Si mais…

Il avoua dans un souffle :

— Ma femme et moi nous sommes disputés…

La suite, mon père ne me l'a pas détaillée. Il s'est contenté de me lâcher en guise de conclusion :

— Elle m'a séduit en un battement de cils. Tu sais, c'était quelqu'un, ta mère !

Ça, je n'en doute pas. Aujourd'hui encore, quand je la regarde, c'est ce que je me dis.

Il a été malin, mon père. Pas de choisir une jolie maîtresse, mais d'en choisir une qui soit également forte et courageuse. Colette Doria n'était pas une petite chose fragile qu'il aurait sans cesse fallu protéger. Elle ne l'a jamais été. Pas plus qu'elle n'était du genre à s'en remettre totalement à un homme.

Le jour où elle est tombée sous le charme de René Regazzi, ma mère a décidé en toute conscience de se laisser aller à cette passion. Elle se disait sûrement que, tôt ou tard, les choses seraient de nouveau sous son contrôle. Comme toujours…

Il faut reconnaître que la vie ne l'avait pas épargnée. Les moments où elle avait été heureuse ne se bousculaient pas au portillon. Armée d'un entêtement peu commun, elle avait su surmonter plus d'une situation délicate.

Pour commencer, le jour de la Libération, son père, Émile Doria, a sauté sur une mine, sauvant par la même occasion sept hommes dont il avait le commandement et un adolescent. À l'Estaque, une rue portant son nom témoigne toujours de cet acte héroïque.

Comme si ça ne suffisait pas, alors qu'elle tentait encore de digérer cette perte, la petite Colette a vu sa mère partir chercher fortune au Mexique. Celle-ci avait juré de revenir. Elle n'en fit rien. Quelques mois après son départ, une crise d'appendicite mal soignée l'emportait.

À quatorze ans à peine, ma mère s'est donc retrouvée orpheline, avec pour seul héritage un statut de pupille de la nation, un crocodile empaillé et un petit frère de dix ans qu'il allait falloir nourrir et éduquer : Jojo.

Sur ce point, elle a bénéficié de l'aide providentielle de l'État : il offrit à Jojo d'intégrer le centre Esméralda dédié aux enfants victimes de la guerre. Mais l'y abandonner totalement était au-dessus des forces de sa sœur. Après tout, lui aussi avait perdu son papa et sa maman. Ils avaient besoin l'un de l'autre, besoin de préserver les derniers lambeaux de famille qu'il leur restait. Elle allait donc le chercher tous les week-ends et à chaque période de vacances scolaires. Et puis, à dix-huit ans – pas encore majeure, donc, puisqu'à cette époque il fallait avoir vingt et un ans –, elle a demandé et obtenu une dérogation pour que Jojo puisse venir vivre avec elle.

Elle s'est débrouillée comme elle a pu, à peine soutenue par l'une des sœurs de son père et un oncle par alliance, ancien dentiste devenu pêcheur. Ce n'était pas le Pérou mais elle s'en contentait. Jamais elle ne s'est plainte. Sa fierté l'en empêchait. Dure à l'ouvrage comme à la souffrance, elle gardait constamment en tête son objectif : assurer leur subsistance, à elle et à Jojo.

Quelques années plus tard, une embellie se présenta enfin. Un poste aux PTT. Débutant tout en bas de l'échelle, elle réussit, à force d'acharnement et de travail, à obtenir la reconnaissance de sa hiérarchie et les responsabilités qui allaient avec.

Mais c'est en 1957 que le vrai virage s'opéra. Elle venait de terminer sa mission au sein de l'Office HLM des PTT, pour le compte duquel elle avait vendu tous les appartements de Bois-le-Mètre. Une cliente devenue son amie lui proposa alors de prendre en gérance un bar dont elle était propriétaire. Le bar de la Panne. Partant vivre à Monaco avec son mari, elle ne pouvait plus s'en occuper.

Quand ma mère démissionna, son supérieur fut si dépité qu'il lui offrit une augmentation de cinq mille francs si elle acceptait de rester. Une véritable fortune pour l'époque. Mais son destin n'était sans doute pas là. Comme il n'était pas d'épouser un postier. Elle refusa donc et prit ses fonctions au bar de la Panne. Quelques mois plus tard, René Regazzi pointait le bout de sa truffe.

Il était là, son destin.

Avec un tel vécu, vous pensez bien qu'un patron de distillerie, même marié, n'était pas de nature à effrayer la tenace fille de patriote. Elle allait le dompter, son René. Elle en était certaine.

En attendant, mon père la couvrait d'attentions, de présents. Pour elle, c'était une vraie révolution. Il y avait enfin quelqu'un à ses côtés. Elle n'était plus seule pour tout affronter.

On a beau être coriace, un coup de main ou une épaule sur laquelle s'appuyer, ça fait toujours du bien ! René continuait de gérer Réganis. Mais il s'investissait aussi dans le bar et auprès de tout le petit monde qui le faisait tourner.

Une aubaine pour moi, vous verrez…

Car, justement, une des serveuses ne tarda pas à avoir un problème de taille. Les rondeurs qu'elle affichait ne laissaient aucune place au doute, un heureux événement se profilait. Heureux, c'était vite dit. La pauvre petite était toute jeune, n'avait aucune famille et, bien entendu, le père s'était fait la malle.

Qu'à cela ne tienne. Son bébé, elle pourrait l'élever ici, au bar de la Panne. Colette lui en fit la promesse. Mon père, qui adorait les enfants, se révéla un allié inattendu.

Quatorze mois durant, les amoureux illégitimes formèrent avec ce bébé qui n'était pas le leur une famille bien singulière. Ils lui prodiguèrent soins et amour, sans compter ni penser au lendemain.

Un lendemain qui vint trop vite. La fille-mère devenue femme rencontra un médecin, prêt à les aimer sa fille et elle. Un médecin américain qui rentra chez lui, emportant à des milliers de kilomètres cette bambinette tendrement chérie.

Ce fut un crève-cœur pour Colette. Comme pour mon père. Mais ça n'avait rien à voir. Lui était déjà papa de deux fillettes. Colette, elle, ressentait un vide immense. Une béance brutale qu'elle pensait impossible à combler. Le contexte, en effet, ne s'y prêtait guère. Bien sûr, René l'aimait. C'était une certitude. Mais elle avait bien vite compris que René aimait aussi sa femme, sa vie de famille, et ne divorcerait jamais.

Pourtant, contre toute attente, mon père, quelques jours plus tard, la prit dans ses bras et lui murmura tout bas : « Au lieu de garder le bébé des autres, on va s'en faire un pour nous. »

⁂

Dans les derniers mois de 1960, Colette, déjà bien ronde, mit en gérance le bar de la Panne. Il fallait préserver la vie qui poussait en elle et, pour ce faire, apprendre à se ménager. Une sacrée nouveauté pour elle.

Avec Jojo, elle s'installa dans un petit appartement du boulevard National. Désormais, René et lui veillaient sur elle. Ça aussi, c'était nouveau. Elle n'y était pas habituée.

Le futur papa venait quotidiennement lui rendre visite. Il était heureux de voir s'épanouir son ventre et rêvait chaque jour un peu plus fort qu'il abrite un garçon. Un fils ! Quel bonheur ! Il ne pensait qu'à ça et bassinait tout le monde.

Un jour, ils virent débarquer Mimi, le frère aîné de mon père, l'air préoccupé. D'emblée, il annonça la couleur :

— Va falloir qu'on cause sérieusement, tous les trois.

Colette et René s'attablèrent avec lui et l'écoutèrent gravement :

— Dis-moi, René... J'ai réfléchi...

— Oh, pas possible, ça t'arrive ? le charria mon père.

Ne relevant même pas, Mimi poursuivit :

— Votre bébé, il va s'appeler comment ?

— Parce que ça vous préoccupe ? interrogea ma mère, sceptique.

Malgré leur affection réciproque, Maman a toujours vouvoyé les frères de Papa.

— Vous ne comprenez pas, rétorqua Mimi, mal à l'aise.

— Qu'est-ce qu'on devrait comprendre ? intervint mon père.

Son aîné se jeta à l'eau :

— Écoute, René... Ce bébé, tu pourras pas le reconnaître. Donc il va pas s'appeler Regazzi.

— J'suis au courant.

— Et ça te gêne pas, si tu as un fils, qu'il porte pas notre nom ?

Mon père baissa la tête et répondit :

— Merci. C'est gentil de remuer le couteau dans la plaie.

Un silence les sépara. Puis Mimi osa du bout des lèvres :

— Si tu veux, moi, je le reconnais. Après tout, ton nom, c'est aussi le mien.

En voilà, une proposition inespérée ! Un peu saugrenue sur les bords, certes, mais tellement généreuse ! Et que Mimi était le seul à pouvoir formuler. Le seul de la fratrie à n'être pas marié, puisqu'il venait de divorcer. Ce qui n'était évidemment pas le cas de mon père.

Pour Mimi, la solidarité fraternelle n'était pas qu'un concept. Il l'avait déjà démontré par le passé. Quand mes parents se sont connus, Mimi était incarcéré à cause d'un accident de voiture qui avait mal tourné. Il s'en était sorti indemne, mais son passager avait eu la rate explosée. Dépêchés sur les lieux, les policiers avaient trouvé dans le coffre du véhicule – qui appartenait à mon oncle – plusieurs bouteilles d'alcool de contrebande. Lesquelles provenaient bien entendu de la cuve clandestine de Réganis. Fidèle à la tradition familiale, Mimi n'avait pas ouvert le bec. Refusant de dénoncer son frère, il avait donc atterri en prison pour un mois ferme.

Cette fois encore, pour que la future progéniture de son frère puisse appartenir pleinement à la famille Regazzi, il était prêt à se mouiller.

Pas sûr qu'en acceptant mes parents aient eu conscience du micmac qui en découlerait. Mais l'intention était louable et la fin justifiait les moyens.

Je suis arrivée le 16 mars 1961. Ce jour-là, Colette Doria et René Regazzi sont devenus ma maman et mon papa.

Un fait incontestable qui n'était, vous l'aurez compris, pas totalement exact en ce qui concernait mon père. S'il n'a jamais fait aucun doute que j'étais bien sa fille, je n'ai pas été, légalement du moins, reconnue comme telle. Trop empêtré dans ses liens conjugaux et la déception d'avoir encore engendré une fille, il n'est d'ailleurs même pas venu à la maternité.

Pour autant, ma mère et moi n'étions pas seules. Bien au contraire.

Une véritable machine de guerre s'est déployée pour ma naissance. Aux commandes, mes tontons.

Tous mes tontons. Pas de jaloux, chacun a eu son rôle à jouer. Tonton Jojo est allé me déclarer, tonton Mimi m'a reconnue et tonton Gaby est devenu mon parrain. Rien que ça ! Pour un bébé illégitime, j'avais une sacrée famille !

Mon père a vite ravalé sa déception et s'est précipité boulevard National dès notre retour. Il voulait savourer pleinement, avec Maman, leur nouveau bonheur. Il a été bien inspiré de faire fissa pour nous rejoindre. Ce bonheur, en effet, a été de courte durée.

J'avais à peine trois mois lors de ma première garde à vue.

Durant la grossesse de Maman, la distillerie avait poursuivi son ascension fulgurante. Tant et si bien que mon père avait pu en acheter les murs. Mais la nature humaine est ainsi faite que le succès des uns suscite presque immanquablement le dépit des autres. Jalousies et coups bas sont bien souvent le prix de la réussite.

De nombreuses hypothèses ont été formulées au cours des années. Prolongement officiel d'une querelle privée à laquelle on n'aurait pas accordé assez d'importance ? Œuvre d'un concurrent inquiet ? Aucune ne s'est transformée en certitude.

Quoi qu'il en soit, une courageuse, ou un courageux, anonyme s'est fendu(e) d'une jolie prose pour dénoncer mon père et sa cuve clandestine aux autorités.

Il faut parfois attendre un bail avant que l'administration ne daigne donner suite à un courrier. Là, ça n'a pas traîné. En moins de temps qu'il n'en faut pour le dire, les flics ont saisi les voitures des représentants, les camions et, après avoir tout fouillé, ils ont posé des scellés partout où c'était possible. Inutile de préciser que la distillerie a été fermée dans la foulée. Quarante-huit heures ont suffi à bousiller plusieurs années de travail et à mettre au chômage une dizaine d'employés. La seule chose que la police n'a pas réussi à faire, immédiatement du moins, c'était arrêter mon père. Lui aussi devait avoir des informateurs. Il s'est donc dépêché de prendre la poudre d'escampette.

Pas surpris pour deux sous, les flics n'ont pas mis longtemps à découvrir qu'il pouvait potentiellement être avec ma mère. Faut dire aussi qu'il était tous les jours au bar de la Panne depuis plusieurs années. Leur liaison était un secret de polichinelle.

Du coup, un matin, on a vu débarquer des policiers dans l'appartement du boulevard National. Ils ont tout mis à sac, persuadés de mettre la main sur un énorme magot – en petites coupures – provenant du trafic d'alcool. Ils ont retourné les meubles, éventré les matelas, les canapés et mes peluches, avant de réserver le même sort au crocodile empaillé de Maman. Bien entendu, ils n'ont rien trouvé. Ça ne les a toutefois pas empêchés de la conduire au poste. Je n'avais que trois mois. Alors forcément, quand ma mère les a suivis, j'étais dans ses bras.

C'était le début de l'été et il faisait déjà très chaud. On suffoquait dans ces cellules datant de Mathusalem, et c'était pire dans le bureau, où un officier a pris la déposition de ma mère. Heureusement, ça ne s'est pas éternisé. Sans doute un peu grâce à moi. Quand j'ai pleuré la première fois, les flics ont pensé que je devais avoir faim. Dans leur esprit, ça allait vite cesser. Mais chaque fois que Maman me mettait au sein, je la repoussais, martelant sa poitrine de mes petits poings et poussant des cris d'orfraie. Après plusieurs heures avec des braillements en fond sonore, ils ont déclaré forfait et préféré nous laisser partir.

Maman avait paru prendre tout ça à la cool, mais il n'en était rien. Ce jour-là, outre le fait d'avoir été placée en garde à vue avec son bébé, elle avait subi une blessure plus profonde. Les policiers, en passant au peigne fin les entrailles du crocodile, avaient détruit l'unique souvenir qu'elle gardait de sa mère. Résultat des courses : la chaleur, combinée à cette intense contrariété, avait fait tourner le lait de la jeune maman. Voilà pourquoi j'avais hurlé si fort. J'avais simplement manifesté ma volonté de ne pas être empoisonnée.

Les policiers n'ont rien tiré de ma mère. Néanmoins, quelque temps plus tard, ils ont fini par mettre la main sur Papa. Il a eu droit à un procès en règle et écopé d'une peine d'emprisonnement avec sursis ainsi que d'une belle amende.

Après cet épisode désagréable, la vie a tranquillement repris son cours. Papa était même plus disponible. Il s'est investi à nos côtés, aidant Maman qui commençait à s'occuper d'un autre établissement, le bar de la Gaieté. Oubliée, son envie de garçon. Il gagatisait à mort avec moi. Papa passait d'une tâche à l'autre avec bonheur et placidité. En tout cas en apparence. Les mésaventures liées à Réganis avaient laissé des traces et légèrement amputé son self-control.

Un jour, un représentant véreux a essayé de refourguer un percolateur contrefait à ma mère. Appréciant peu le procédé, mon père est rapidement monté en chauffe. Il a vainement tenté de se maîtriser avant de partir en *biberine*. Les coups ont fusé. Le mec est parti. Ça aurait pu en rester là. Seulement, le malotru a porté plainte. Une vraie catastrophe ! Papa avait été condamné à de la prison avec sursis. En clair, il ne devait commettre aucune nouvelle infraction durant une longue période s'il ne voulait pas se retrouver à l'ombre.

Sa chance, dans tout ça, a été que le représentant malhonnête ne connaissait pas son nom. Il avait juste été en mesure de donner une description physique. Alors, comme d'habitude, le gentil tonton Mimi s'y est collé.

Pour éviter que l'épée de Damoclès du sursis ne s'abatte sur son frère, il s'est présenté spontanément au commissariat et désigné comme le coupable des faits. Il faut dire que mon père et Mimi, physiquement, c'était bonnet blanc et blanc bonnet. Même regard sombre, perçant, même silhouette élancée, même démarche volontaire. Les autorités, trop contentes de régler l'affaire si vite, ont envoyé mon oncle au ballon pour un mois. Grâce à lui, mon papa en avait fini avec les ennuis.

Du moins le croyait-il. L'histoire de la cuve clandestine de Réganis n'était pas encore terminée. Elle allait très vite le rattraper. Papa avait juste oublié un petit détail. Si la peine d'emprisonnement prononcée pour trafic d'alcool était assortie du sursis, il n'en allait pas de même pour l'amende. Le bras armé de la justice s'est rapidement chargé de le lui rappeler.

Les policiers sont venus le cueillir chez lui et lui ont notifié séance tenante sa contrainte par corps. Autrement dit, puisqu'il n'avait pas payé, il allait être incarcéré. Il s'est donc retrouvé derrière les barreaux de la prison d'Aix-en-Provence.

Ces barreaux qui verrouillent mon premier souvenir.

Là, c'est Maman qui a tremblé. Ne pas le voir pendant des mois était au-dessus de ses forces. Pourtant, elle allait bien devoir s'y résoudre. Tel était le lot des amoureuses de l'ombre. En effet, seules l'épouse et la famille légitimes pouvaient prétendre aux parloirs. Mon père ne s'est pas laissé abattre pour si peu. On lui avait tout pris. Il ne lui restait que ses femmes et ses enfants. Il a donc fait part aux autorités de sa situation un peu particulière et expliqué qu'il lui fallait une double ration de parloirs. Sans doute a-t-il aussi arrosé qui de droit. Toujours est-il qu'il l'a obtenue.

Voilà pourquoi, malgré les interrogations et la frustration de sa fille ce jour-là, Maman s'était simplement réjouie d'avoir pu voir son homme. Pour elle, c'était une première reconnaissance officielle de leur amour. Peu importait qu'elle émane de l'administration pénitentiaire.

⁂

Une légende veut qu'on choisisse ses parents dans l'antichambre de la vie. Ce n'est qu'une légende, bien sûr. Mais si elle recelait ne serait-ce qu'une parcelle de vérité, alors cela signifierait que j'aurais élu cette maman et ce papa-là.

J'aurais donc voulu ça ?

J'aurais choisi Colette Doria ? Une maman commerçante – gérante de bar pour être précise – travaillant du matin au soir, amoureuse éperdue d'un homme qui ne serait jamais totalement le sien ?

J'aurais choisi René Regazzi ? Un papa mafieux en devenir ?

J'aurais décidé de me retrouver dans cette histoire ?

Honnêtement, à ce stade de ma route et malgré tout l'amour que je ressens pour mes parents, j'ai comme un doute. Si j'avais vraiment eu le choix, n'aurais-je pas plutôt voulu me préserver ?

J'ai si souvent pensé que tout ce que je vivais était trop dur, que je n'y arriverai pas. Tant de fois je me suis demandé : « Pourquoi moi ? »

Longtemps, j'ai lutté contre toutes les réminiscences de cette enfance si particulière. Je me suis acharnée à leur faire barrage, coûte que coûte. Aux bonnes comme aux mauvaises. Parce qu'invariablement les bonnes me ramènent aux mauvaises. Je me suis créé une bulle protectrice. Une bulle d'amnésie.

Pour écrire, pour raconter, il s'agit maintenant de faire éclater cette bulle.

Une réunion familiale au parloir. Mon premier souvenir donne la tonalité. L'amour n'a jamais manqué chez nous. Ni entre mon père et ma mère, ni pour leurs enfants. Seul le contexte qui lui sert d'écrin a eu tendance à tout vicier, travestir, pourrir. Peut-être aussi à rendre cet amour plus fort, qui sait ? Peut-être nous a-t-il poussés à savourer plus intensément les joies, les instants de bonheur.

On fait ce qu'on peut avec ce qu'on est, dans la vie qui est la nôtre. Mais quoi qu'on en dise, on ne part pas tous avec les mêmes cartes dans notre jeu.

Mes deux cartes principales ?

Une gérante de bar et un mafieux.

De sacrés atouts pour un début de vie en fanfare !

2

Une vie de bar(jot)s

Voilà, j'ai deux ans et demi et mon papa est en prison. Heureusement, à cet âge, la notion du temps est bien floue et la vie dans le sillage de Maman ressemble à un tourbillon. Le bar de la Panne est en gérance mais ne rien faire, elle maîtrise pas. Alors elle a acheté un autre établissement. Le bar de la Gaieté. Plutôt bien trouvé, ma vie en est pleine, de gaieté.

C'est un petit bar de quartier, tranquille, avec une mignonne chambrette dans laquelle nous dormons toutes les deux. Enfin... tranquille, ça doit dépendre du point de vue. Les grands disent ça parce qu'on ne ferme pas tard le soir. Mais moi, du haut de mes 80 centimètres et des brouettes, j'ai l'impression que ça s'agite beaucoup. Pas que je trouve ça inintéressant. Au contraire. Mais bon, du matin au soir, il y a du monde partout.

Faut dire, ils sont nombreux à veiller sur nous pendant que Papa teste l'hospitalité étatique. Entre la famille et les indéboulonnables, on est loin d'être seules. Sans compter les clients qui ne sont pas en reste côté animation.

Dans ce bar de la rue d'Alexandrie, je vois beaucoup mon Pépé Loulou. Oui, Louis Regazzi, le comptable qui n'a jamais eu une contravention mais est censé avoir passé des années au bagne. Comme tous les hommes de la famille, il a toujours adoré les petits. Les siens, bien sûr, et maintenant leurs enfants. Tous leurs enfants. Certes, je ne suis pas issue de la femme légitime de mon père mais pour lui, ça n'a jamais fait un pli : je suis sa petite-fille. Je suis d'ailleurs la seule à l'appeler de cette façon, et ça lui plaît, Pépé Loulou.

Louis Regazzi ne juge pas son fils et il aime beaucoup ma mère. Il vient presque tous les après-midi au bar de la Gaieté. Il s'assoit, discute avec elle quand elle le peut et me regarde faire mon show. J'en parcours, des kilomètres, juchée sur mon petit vélo ! J'ai la salle entière pour terrain de jeu et des mines tout en tendresse et éclats de rire pour supporters.

Et puis, évidemment, il y a mes tontons.

Nous sommes partis de l'appartement du boulevard National et Jojo vole désormais de ses propres ailes. Il ne nous a pas abandonnées pour autant.

Mon tonton Jojo, c'est un drôle d'énergumène. Un énergumène très drôle, aussi.

Après une école de dessin à Saint-Charles, le frère de Maman a fait les beaux-arts. En 1959, il est entré au quotidien *La Marseillaise*. À l'époque, pour débusquer les sept erreurs du jeu du même nom, il fallait encore s'user les yeux sur des dessins humoristiques réalisés à la main. Une petite prouesse dont il s'est chargé avec plaisir pendant quelque temps.

Puis l'ambiance qui régnait au canard a eu raison de ce plaisir. Il n'a pas réfléchi bien longtemps avant de démissionner et il est devenu peintre en lettres. Œuvrer sur les coques des bateaux ou dessiner pour un journal, c'était du pareil au même. Point d'orgueil dans son art !

Aujourd'hui, il est revenu à ce qu'il a connu toute sa vie. Il gère le bar Albert, situé pas très loin de là.

Jojo, c'est le vrai Marseillais de l'Estaque. Un personnage tout droit sorti de l'univers de Pagnol. Pas merveilleusement beau, mais avec une gueule. Généreux, truculent, tête en l'air et bon vivant. Il aime les gens et ceux-ci le lui rendent bien. Un poil mythomane, mais on le lui pardonne de bonne grâce car il manie l'autodérision en virtuose. De plus, c'est un conteur extraordinaire, il transforme la moindre anecdote en un fascinant roman.

Il y a quand même un truc qu'il ne pouvait pas inventer. Ce fameux bar Albert dont il est le gérant se loge au cœur de la rue Émile Doria. Aussi facétieux que le Jojo, le hasard a voulu qu'il travaille toute la journée à quelques mètres de la plaque témoignant de la reconnaissance de l'État français à l'égard de son père.

Alors que le mien dort en prison. La vérité surpasse la fable.

Cette coïncidence n'a pas fini de le faire rire, mon tonton Jojo. Et il a un rire immense qui emplit tout l'espace.

Quand il se joint à nous, c'est toujours un bonheur.

Avec mon tonton Gaby, le petit frère de Papa, les choses sont radicalement différentes. J'adore quand il est là mais, si Jojo me fait rigoler, Gaby, lui, m'impressionne. Aux bonnes blagues et au verbe haut, ce pince-sans-rire préfère la causticité, un type d'humour pas très accessible à mon âge.

Gaby est un félin. Toujours tiré à quatre épingles, racé, discret, silencieux. Et encore, silencieux, c'est un euphémisme. Taiseux conviendrait mieux. Pour avoir le privilège d'entendre le son de sa voix, mieux vaut être à portée lorsqu'il a une information importante à délivrer. Sinon, aucune chance. Il ne parle jamais pour ne rien dire.

De même, alors que Jojo évolue dans un joyeux bazar, mon tonton Gaby est plutôt méticuleux et a diverses manies. Par exemple, il boit son café dans de petits verres ronds avec, à côté, un verre « classique » rempli d'eau pour se rincer les dents.

Deux caractères à l'opposé donc, mais une même présence indéfectible à nos côtés. Sa façon d'être, tout en retenue, n'empêche pas Gaby de se montrer prévenant et attentionné.

Un jour, alors qu'il est attablé au bar de la Gaieté, un livreur entre en trombe et dépose dans les mains de ma mère ébahie un magnifique bouquet de fleurs. Elle le tourne et le retourne, il n'y a pas de carte. Elle lève alors les yeux sur la salle et avise le petit sourire sardonique qu'affiche Gaby.

— C'est vous ? lui lance-t-elle, hésitante.

Hochement de tête à peine perceptible de l'intéressé.

— Mais comment vous avez su que c'était mon anniversaire ? demande-t-elle perplexe.

— Je m'en suis rappelé parce que c'est aussi le mien.

CQFD. Pas besoin de longs discours pour faire preuve de tendresse.

Et puis, bien sûr, il y a Mimi. D'une certaine façon, il se situe à mi-chemin entre Jojo et Gaby. Le frère aîné de Papa rit fort et agit en grand seigneur, comme le premier. Comme le second, il prend grand soin de son apparence et n'est pas en reste question maniaquerie. Mais, avant tout, Mimi est un saint-bernard, il garde un œil sur sa tribu, la protège. Il passe tous les jours ou presque, sa façon à lui de veiller au grain.

Mimi, c'est encore une teinte différente de la gamme des tontons. À eux trois, ils forment une belle palette !

Sans compter qu'il y en a presque un quatrième. Jean-Claude. Enfin Claude : c'est un Regazzi. Officiellement, c'est mon frère. Techniquement, c'est mon cousin. En réalité, il m'apparaît alors plutôt comme un tonton supplémentaire. En termes d'âge, il est à la croisée des chemins entre les grands et les petits. Mimi l'a eu, avec sa première femme, quand il avait dix-huit ans. Lui aussi a reçu l'esprit de famille en héritage et vient chez nous dès que possible. C'est-à-dire très souvent, puisqu'il n'habite qu'à deux rues de là.

Quant aux indéboulonnables, c'est une autre histoire. Même s'ils ressemblent pas mal à une famille. D'aussi loin que je m'en souvienne, il y a toujours eu, autour de mes parents, une espèce de groupuscule d'amis. Une clique fidèle, enveloppante et bien présente, quoique à géométrie variable.

Ceci dit, à l'orée de mes trois ans, je n'ai pas conscience de cette dernière donnée. L'absence d'appréhension du temps m'en préserve encore. Et puis, quelques-uns parmi eux cultivent tout de même une certaine constance. Ils échappent à la règle instituée par les autres, consistant à disparaître comme on apparaît ou réapparaît : d'un coup.

En première ligne, il y a mémé Mauricette.

Elle n'est pas ma « vraie » mémé. Nous n'avons aucun lien de parenté. C'est simplement celle que j'ai choisie. Elle est aussi menue que son cœur est gros et nul ne l'égale pour les câlins.

Elle était faite pour faire partie de ma famille.

En réalité, elle se prénomme Virginie. Comment en est-on arrivé à Mauricette ? Je l'ignore et personne ne s'en souvient. Mais c'est parfaitement raccord avec les habitudes Regazzi !

Papa l'a présentée à Maman cinq ans plus tôt. L'amitié de ces deux-là s'est nouée dans un éclat de rire. Mauricette n'avait pas fait trois pas dans le bar de la Panne qu'elle recevait déjà un seau d'eau sur la tête, la faute à l'équilibre précaire d'une échelle que Maman était en train de nettoyer. Heureusement, ça ne l'a pas refroidie. À partir de là, Maman et elle ne se sont presque plus jamais quittées.

Mémé Mauricette est devenue sa femme de confiance. Au départ, il s'agissait surtout de l'aider pour le service mais, avec la mise en gérance du bar de la Panne et la migration vers la rue d'Alexandrie, le travail s'est fait moins important. Mémé s'est donc débrouillée pour se faire embaucher ailleurs, en attendant.

Pour autant, elle continue à prendre soin de moi dès qu'elle le peut. Du coup, me voilà presque avec deux mamans pour le prix d'une. Ça tombe plutôt bien, compte tenu de la tendance à l'hyperactivité de ma génitrice adorée !

La vie aux côtés de ces joyeux drilles passe délicieusement vite.

Sans doute bien plus vite que celle de Papa à la prison d'Aix-en-Provence. Outre les parloirs, il a bien une petite compensation puisque, hasard du calendrier judiciaire, il prend le frais en compagnie de Charles Trenet. Appréhendé avec quatre jeunes gens suite à une plainte anonyme, ce dernier a été inculpé d'outrage aux bonnes mœurs et de détournement de mineurs puis écroué. Si le chanteur poète en est très affecté, pour mon père, c'est une sorte de récréation. De courte durée, un mois, mais qui adoucit la fin de sa peine.

De courte durée, notre installation au bar de la Gaieté l'est également. Car elle a du flair, Maman. Cet établissement, elle l'a acheté et revendu le double six mois plus tard. Je n'ai pas encore trois ans quand elle devient la gérante du bar du Bien-Être.

Et nous avons à peine le temps de prendre nos quartiers au sommet de la très pentue traverse du Moulin à vent que, déjà, l'heure de la sortie paternelle arrive.

Il a bien fait les choses, mon papa. Il sait qu'une fois dehors il sera de nouveau soumis au joug matrimonial et que son temps aux côtés de Maman sera compté. Alors, auprès de sa femme, il a fait mine de s'emberlificoter dans les dates et annoncé sa libération avec trois jours de retard.

C'est donc sous une haie d'honneur constituée de Maman et de tous ses amis qu'il recouvre la liberté.

Pour moi, les retrouvailles se font à la vitesse de la lumière. Juste le temps de ce vrai câlin qui m'a tant manqué, et voilà mes parents partis. Direction La Ciotat, pour soixante-douze heures de bamboche en compagnie de Thérèse et Dédé.

Le couple le plus rigolo de leurs amis.

Comme mon Pépé Loulou, mes tontons et Mémé Mauricette, Thérèse et Dédé sont des piliers de notre existence. Ils sont là depuis la nuit des temps.

Dédé a rencontré Papa dans leur quartier, à Saint-Louis. Comme lui, il a été chevillard aux abattoirs. C'est un géant, très beau. Quant à Thérèse, sa mère travaillait à l'hôtel-Dieu avec la grand-mère de Maman, si bien qu'il lui est arrivé plus d'une fois de garder ma mère quand elle était petite.

Au fil des années, Thérèse et Dédé ont tenu à peu près tout ce qui se fait comme boutiques, du magasin de volailles à la cave à vins. Thérèse a aussi un peu aidé à en dépouiller quelques-unes, seulement des boutiques de luxe, se faisant à l'occasion assistante chapardeuse.

Son rôle à elle : parler pour détourner l'attention. Sûr qu'elle ne devait pas avoir trop de mal à s'acquitter de cette tâche ! Je vois d'ici la mine abasourdie des vendeuses.

Parce que, s'il y a bien une chose qui caractérise notre Thérèse, c'est sa façon de parler. Elle a beau être une caricature de la Marseillaise du Panier, l'accent méridional, même prononcé, n'a pas grand-chose à voir avec les difficultés de compréhension générées par son patois. C'est que cette langue n'existe dans aucun pays, aucun village.

La langue de Thérèse, c'est la langue de Thérèse !

Elle est constituée d'un vocabulaire qui n'appartient qu'à elle, empruntant un peu au français et beaucoup à ses inventions personnelles.

Elle part en vikind (week-end), emmène la voiture au carach (garage), mange des sanvichs (sandwichs), est dérangée par le bruit des licotèèèères (hélicoptères) et appelle Cocicoca (Cofinoga) quand elle est à court de liquidités.

Le plus étonnant dans tout ça, c'est qu'avant d'être la femme de Dédé, Thérèse a été mariée au directeur de la Caisse d'allocations familiales des Bouches-du-Rhône. J'avoue que je me suis toujours demandé comment cet homme brillant et posé avait vécu ses années d'union avec notre extravagante Thérèse.

Papa ne pouvait pas choisir mieux que Dédé et Thérèse pour faire la fête en l'honneur de sa liberté retrouvée.

À en croire les protagonistes de ce week-end, la rigueur carcérale s'est vite transformée en un lointain souvenir.

Thérèse, bien sûr, s'est chargée de corser la sauce. Notamment lors d'un dîner dans un restaurant très chic. En arrivant, Maman et elle s'étaient extasiées sur l'éclairage automatique illuminant l'extérieur de l'établissement. Un luxe rarissime à l'époque.

— Vous voulez vous mettre en terrasse ?

Papa pensait bien faire. Seulement Thérèse, toute à l'euphorie de cette réunion amicale, s'en est mis plein la panse. Une panse qui a rapidement fait sentir ses limites. Chaque fois que Thérèse se précipitait sur les jardinières ornant la terrasse pour rendre le trop-plein, un magnifiquc halo mettait en lumière l'offrande ainsi faite aux hortensias, alertant le personnel. Lequel a fini par demander gentiment à ces clients encombrants d'aller terminer la soirée ailleurs.

⁂

Avec mon papa de retour parmi nous, je rattrape le temps perdu. Je me délecte de ses sourires, me love dans sa tendresse. Je suis une vraie glu dont il a bien du mal à se dépatouiller.

Sa petite fille croit naïvement qu'elle va enfin l'avoir tout à elle. C'est compter sans les impératifs et les codes du monde des adultes. Un monde dans lequel mon papa est toujours marié à une autre et père de ses deux enfants.

Ce que j'ignore, bien entendu.

À ce moment-là, il ne passe jamais une nuit hors de chez sa femme. Chaque soir, pensant pouvoir influer sur l'inévitable, je hurle, me roule par terre, multiplie les crises et les caprices pour le retenir près de moi. Rien n'y fait. Il finit toujours par s'en aller.

Papa est là sans être là. Son absence, voilà bien la seule chose que j'aie jamais eue à lui reprocher. La douleur récurrente qu'il sèmera tout au long de mon existence. Temporaire, puis permanente.

Nourrie de cette frustration, je rêve éveillée à de longues journées avec mes deux parents rien que pour moi. Je n'ai qu'un souhait : les enfermer dans une parenthèse de vie où Maman cesserait de travailler et Papa de nous laisser.

Un souhait finalement exaucé grâce aux copains de Papa.

Pour commencer, Mémé Guérini nous invite à venir passer quelques jours à l'Hôtel du Cap, sa propriété à Golfe-Juan. Un palace qui s'apparente pour moi aux châteaux des contes de fées.

Je découvre, émerveillée, que chaque chambre a son propre thème et que, de ce fait, chaque salle de bains revêt une couleur différente. Pour parachever cet idyllique tableau, l'établissement a une vue imprenable sur la baie.

Notre hôte m'apparaît quant à lui comme un papa aussi gentil que le mien. Mémé Guérini ne manque jamais une occasion d'évoquer sa fille, dont à l'évidence il est fou, ni de nous encourager à l'admirer pendant qu'elle fait du ski nautique. Plein de fierté, il affiche sans faux-semblant l'amour inconditionnel qu'il éprouve pour son enfant. Ça, je le comprends parfaitement, jouissant moi-même de cet amour sans modération.

En revanche, l'ustensile étrange dont cet homme est doté m'intrigue. Un petit bâtonnet en or, pointu d'un côté, se balance mollement autour de son cou, au bout d'une chaîne, en or elle aussi.

À l'issue de notre premier déjeuner, j'ai enfin l'explication que j'attendais. Quand nous avons fini de manger, je le vois se saisir de l'objet et le porter à sa bouche. J'ai compris ! Il s'agit en fait d'un cure-dents. J'en ai bien vu au bar mais ils ne ressemblaient pas à ça. Jamais je n'aurais pu imaginer qu'il en existe en or !

Puis c'est au tour de la ville lumière de nous accueillir. Là encore, nous avons été invités par un copain de Papa. Cerise sur le gâteau, pour que les amoureux puissent s'aménager du temps à deux, Mémé Mauricette nous accompagne.

Alors que mes parents se remettent encore de leurs soirées, Mémé et moi quittons dès potron-minet le superbe appartement du bois de Boulogne dans lequel nous logeons, pour arpenter les rues de la capitale.

À nous Paris, ses brasseries, sa tour Eiffel et même... ses discothèques ! Eh oui, je continue sur la voie de la précocité. Après une première garde à vue à trois mois, j'enchaîne sur une soirée en boîte de nuit à quatre ans !

L'un des amis de celui qui nous reçoit en exploite une, située sur les Champs-Élysées. Elle est fermée la semaine. Pas grave, il l'ouvre juste pour nous et convie tous ceux que Papa et Maman pourraient avoir envie de voir.

Même si je me régale de les regarder s'amuser comme ça, vient fatalement le moment où le marchand de sable me joue des tours. Pas de problème. Les magnifiques banquettes en velours rouge du carré VIP servent d'écrin à mon sommeil, tandis que Mémé Mauricette, déchargée de son gentil boulet, rejoint les autres et profite enfin de la fête.

Le problème avec les échappées belles, c'est qu'elles prennent invariablement fin. De retour au bar du Bien-Être, j'ai bien du mal à renouer avec les absences paternelles. Heureusement, sur ce plan, mes affaires ne vont pas tarder à s'arranger.

Maman est de nouveau enceinte. Une belle nouvelle assortie pour elle d'une grande angoisse. Elle veut à tout prix combler son René en lui offrant un garçon. Chaque soir, lorsque son amoureux a rejoint ses pénates légitimes, à l'heure où je suis déchirée de chagrin par cet abandon sans cesse renouvelé, elle m'oblige à m'agenouiller et à prier pour que le bon Dieu nous envoie un petit frère.

Il faut croire qu'Il a entendu nos exhortations. Ou que la nature est bien faite. Le 5 mai 1965, Pierre Regazzi fait son entrée en scène.

À l'hôpital, c'est le branle-bas de combat. La famille et les amis se relaient en un ballet aussi joyeux que bruyant pour admirer la merveille. Les infirmières n'osent toutefois trop rien dire. Le lendemain de la naissance, Maman a reçu un monumental bouquet. Cette fois, il était accompagné d'une carte, signée de la main de Mémé Guérini.

Nul ne peut ignorer qu'avec Antoine, son frère, Mémé règne sur le milieu marseillais. Du coup, les infirmières s'interrogent sur le pourquoi du comment cet édifice floral est arrivé dans cette chambre. Dans le doute, elles préfèrent s'abstenir du moindre commentaire envers son occupante et ceux qui viennent la visiter.

En réalité, Mémé Guérini n'est qu'un copain de Papa. Il n'est pas et ne sera jamais en lien avec ses activités. Mais Maman se garde bien d'éclairer la lanterne du personnel soignant et profite gaiement des attentions qu'il lui témoigne.

Bien sûr, on ne change pas une équipe qui gagne. C'est donc Mimi qui fonce bille en tête reconnaître le Pierrot afin qu'il puisse tranquillement jouir de notre patronyme.

Quant à Papa, il est fou de joie. Au quatrième marmot, il a enfin eu un fils ! Et il entend bien fêter l'avènement de l'héritier comme il se doit.

Tandis que Maman savoure un repos bien mérité à la maternité, les copains de toujours se précipitent pour jubiler en chœur. Dieu sait qu'ils ont une certaine expérience en matière de bringue, mais celle-ci se doit d'être à la hauteur de l'événement. Pas question de lésiner. Trois jours durant, s'alcoolisant consciencieusement, ils vont écumer les lieux branchés de Marseille.

Selon la légende familiale, mon père aurait à cette occasion dilapidé l'équivalent du prix d'un appartement.

Que voulez-vous, l'enfant roi était né !

Moi, je l'aime déjà comme une folle, mon frère. Je suis fière d'être sa grande sœur. Seulement, pendant les quelques jours qui suivent son arrivée, mon petit monde ne tourne plus bien rond. Entre Maman qui pouponne et Papa qui biberonne, je suis un peu perdue. Heureusement, Mémé Mauricette me cajole dans l'intervalle et les choses rentrent rapidement dans l'ordre.

Mieux que ça, même.

Maintenant que Papa peut se targuer d'avoir un fils, il déserte parfois le domicile conjugal pour passer la nuit avec nous.

Quel bonheur !

⁂

Bientôt l'été arrive. Excellente nouvelle pour moi.

Quelque temps auparavant, Dédé et Thérèse ont acheté une grande maison de campagne à Lançon-de-Provence. Je vais y passer presque deux mois tandis que Maman restera à Marseille avec le bébé.

La séparation ne m'inquiète pas beaucoup, je sais que Papa et elle viendront souvent. Tout le monde s'active pour préparer la prochaine grande fête : le baptême de Pierrot.

Il aura lieu là-bas. Thérèse, qui est la marraine, en est très heureuse. Alors, pour que tout soit parfait, elle s'y est prise très en avance. La cérémonie aura lieu dans plusieurs mois, mais Maman et elle ont déjà presque tout prévu, des nappes aux dragées en passant par la liste des invités. Elles ont même creusé un grand trou censé conserver au frais les bouteilles de champagne et autres alcools qu'elles y entassent depuis des semaines.

À Lançon, je suis la reine du monde. J'ai l'attention d'au moins deux adultes rien que pour moi, et le terrain de jeu est immense. J'y retrouve aussi mon petit cabri, appelé Ramplon, auquel je prodigue des tonnes de câlins.

En plus, cette année, Papa et Maman m'ont réservé une belle surprise. Ils ont fait venir d'Italie une Ferrari modèle réduit. Attention, hein, pas une petite voiture que je devrais pousser à la main sur des pistes en plastique. Non, un bolide à essence et à ma taille. Je vais pouvoir le conduire en vrai !

En théorie, du moins.

Car malheureusement, le sol parsemé de cailloux et d'ornières n'est pas très adapté à ce luxueux jouet. Je ne fais chaque fois que quelques mètres avant qu'il ne bloque net. Dédé me l'a promis, après le baptême, il me construira un circuit.

En attendant, je me régale d'une vie toute calme, sans clients et au grand air, entourée de Thérèse, de Dédé et du père de ce dernier. Albert, qu'on surnomme Bobet, vit à Lançon à plein temps et n'est jamais contre un peu d'animation. Avec moi, il est servi !

Mon bonheur est à son apogée quand mes parents et Pierrot viennent pour le week-end. J'adore ces déjeuners à rallonge et ces soirées à la lueur des photophores. J'aime voir les miens paisibles et détendus, délivrés pour un temps de leurs obligations. Les convives sont joyeux, certains plus que d'autres.

Un soir, mes petites oreilles baladeuses surprennent une anodine conversation entre Maman et Thérèse. Attablées devant la maison, elles profitent de la douceur de la nuit.

— On est bien, là, non ? lâche Thérèse dans un soupir d'aise.

— Sûr, confirme Maman. En tout cas, votre beau-père a l'air d'apprécier.

— Tu as remarqué, toi aussi ?

— L'état de béatitude permanent dans lequel il semble évoluer ? Bien sûr, j'ai remarqué. Faudrait être aveugle.

— Au départ, avec Dédé, on a pensé qu'il était ivre à longueur de journée. Mais il boit trois fois rien la plupart du temps. Il doit juste être heureux. La campagne lui réussit !

— C'est vrai que c'est un bel endroit. Baptiser le petit ici est une bonne idée.

Il doit cependant être écrit quelque part que le baptême de Pierrot ne se déroulera pas comme prévu...

Pour commencer, Thérèse manque de priver la fête de son héros.

Nous avons tous regagné Marseille. Une nouvelle année scolaire a commencé, nous ne retournerons à Lançon que pour le jour J.

En future marraine concernée, elle est venue au bar du Bien-Être s'occuper de l'enfant prodige. Je joue sagement dans la salle quand Thérèse me propose d'aller me promener avec Pierrot et elle. Je décline, préférant poursuivre mes activités.

Un peu plus tard, j'entends Maman hurler. En un clin d'œil, mue par une panique grandissante, je me retrouve devant le bar, tout en haut de la rue. Médusée, j'assiste à un spectacle ahurissant : Thérèse et Maman dévalent comme des folles la traverse du Moulin à vent. Aidées par la pente très raide, elles ne courent pas, elles volent. Elles sont malgré tout largement distancées par le landau de Pierrot. Presque arrivé en bas, celui-ci bute contre une bouche d'égout surélevée et se renverse. Le bébé crie à l'assassin. Quand Maman le rejoint enfin, elle constate pourtant qu'il n'a rien.

Bien que génétiquement maladroite, Thérèse n'oubliera plus jamais d'enclencher le frein de la poussette avant de faire un brin de causette !

Cette fois, nous y sommes. Le baptême de Pierrot a lieu aujourd'hui. Mais alors que tout a été prévu avec un soin méticuleux, la mécanique de l'événement semble se gripper sans discontinuer.

La tentative d'assassinat du futur baptisé par sa marraine, déjà presque oubliée, n'est pas la seule fausse note.

Ce matin, la maison de Lançon baigne dans une effervescence sereine, à peine troublée par l'angoisse du beau-père de Thérèse. Loin de l'extase qu'il affiche ordinairement, il a l'air abattu et tient à sa belle-fille un drôle de discours.

— Je suis heureux d'être encore là pour voir le baptême du petit.

— Mais qu'est-ce que vous racontez, Bobet ?

— Je crois que je suis malade, Thérèse. Très malade.

— Vous semblez en forme, pourtant. Qu'est-ce qui vous fait dire ça ? questionne-t-elle, sceptique.

— Eh bien… C'est un peu délicat… hésite-t-il.

Thérèse s'emporte :

— Allez, allez, j'ai pas toute la matinée, moi. Je vous rappelle qu'on organise un baptême aujourd'hui !

— Je… je ne comprends pas. Quand je vais aux toilettes, l'eau de la cuvette est rouge. Parfois, c'est rouge clair, parfois c'est rouge vif. Ça n'arrive qu'une fois par mois environ mais… je…

Alors qu'il s'attendait à de l'inquiétude ou de la compassion, Thérèse évacue le problème en riant :

— Si c'est ça alors, y a pas d'souci !

— Ben quand même, c'est pas rien, persiste son beau-père.

— Mais si, c'est rien ! C'est pas vous, vous allez très bien. J'ai juste pas trouvé d'autre endroit que le récipient de la chasse d'eau pour faire tremper mes linges hygiéniques.

De mortellement inquiet, le Bobet vire alors à mortellement gêné.

Et le rouge vif de revenir. Cette fois-ci sur les joues de notre malade imaginaire.

Mes parents, eux, sont dans une colère noire. Ils viennent de s'apercevoir que le trou dans lequel étaient stockées les bouteilles d'alcool est vide. Ou, plus précisément, plein de bouteilles vides. Si le coupable n'était déjà tout désigné, le nouveau fard que le beau-père pique à l'instant même l'aurait confondu.

— L'air de la campagne qui lui réussit, tu parles ! vitupère Thérèse.

Elle n'a cependant pas le temps de s'appesantir, il faut trouver un plan de secours. Un baptême sans champagne ? Impensable !

Quelques heures plus tard, la catastrophe a été évitée de justesse par une razzia dans les commerces avoisinants. Peu à peu, le jardin s'emplit de tous les membres de notre petit gratin personnel venus célébrer le Pierrot.

Papa est fier comme un pape. Avec ses copains, ils forment une sacrée brochette. Ils sont beaux comme des camions ! Je me glisse jusqu'à eux et demande :

— Il est où Pierrot, Papa ?

— Là-bas, ma Pope, fait-il en me désignant l'entrée de la maison.

« Ma Pope », c'est son « ma puce » à lui, vestige des premières fois où je tentais maladroitement de prononcer « Papa ».

Je regarde dans la direction indiquée et ne vois que Maman, radieuse avec son bébé dans les bras.

— Mais non, pas ce Pierrot-là. Pierrot le parrain.

Visiblement accaparé par le discours de tonton Jojo, qui comme toujours captive les foules, il me lance, comme si c'était sans importance :

— Il ne peut pas venir.

Quelque chose doit m'échapper. Ce n'est pas grave si le parrain n'est pas là le jour du baptême ? Non, apparemment.

Je l'ignore à cet instant mais Pierrot Boulange, qui devait assumer ce rôle, ne pourra pas être présent pour cause d'incarcération. Afin de pallier cette absence, mes parents ont choisi un second parrain : Jeannot, un ami intime de Papa que Maman connaît depuis toute petite, car il fréquentait le bar des Délices, tenu par son oncle et sa tante.

Décidément, c'est l'histoire d'une vie !

Mon Pierrot se retrouve avec deux papas – un officiel, un officieux – et deux parrains, portant le prénom du premier et profitant de la présence du second.

Cette journée n'a pas fini de me réserver des surprises.

Une fois l'entrée de Pierrot dans la maison de Dieu dûment effectuée, notre cortège reprend le chemin de la maison accompagné par les cris de joie des petits du village. À la sortie de l'église, les amis de Papa ont vidé leurs poches pour les ensevelir sous une pluie de piécettes. Un bien joli spectacle dont je souris encore alors que tout le monde a pris place à table.

Je navigue de l'un à l'autre quand je capte une conversation qui me fait perdre mon sourire.

— Il est bon, Ramplon, hein ? se gausse l'un des invités.

— Pour sûr, c'est un délice de le bouffer ! renchérit un autre, mort de rire.

— Vous en reprendrez bien un peu... insiste un troisième en faisant passer le plat.

Je réalise alors que je n'ai pas vu mon ami au pelage si doux depuis un moment. Je me propulse vers Maman et lâche entre deux sanglots, mon doigt pointé vers l'extrémité opposée de la tablée :

— Là-bas, ils disent qu'ils mangent Ramplon !

— Euh oui, ma toute belle... hésite-t-elle.

Elle me prend dans ses bras pour tenter de juguler mes pleurs.

— On ne te l'a pas dit pour ne pas te faire de peine, poursuit-elle. Ramplon a eu un accident. Ton cabri s'est enroulé autour de sa chaîne. Il a tiré, tiré et a fini par s'étrangler.

— Mais pourquoi ils le mangent ?

— Parce que c'est bon, dit-elle d'un ton qu'elle espère neutre.

Tout le monde s'est tu et assiste à notre échange. Submergée de tristesse, je hurle :

— C'est des méchants ! En plus ils rigolent !

Comment peuvent-ils être si heureux alors que mon chagrin est si grand ?

Je ne saisirai la cause de leur hilarité que bien des années plus tard en apprenant que Ramplon était en fait le nom du procureur de la République d'Aix-en-Provence.

Pour l'heure, je n'ai aucune idée de ce qu'est un procureur. Tout ce que je sais, c'est que ces cannibales se régalent de mon petit compagnon.

⁂

En décembre 1965, nous avons réintégré le bar de la Panne. Là, j'ai beaucoup mieux compris pourquoi tout le monde qualifiait le bar de la Gaieté de « tranquille ». Juste après l'apéro, Maman fermait les portes, et à nous les soirées en famille. Le retour à Mourepiane sonne le glas de ces calmes instants. Aux orties, ma vie plan-plan avec Maman !

Ici, on passe à la vitesse supérieure. Pas étonnant, vu que le bar de la Panne n'a de bar que le nom. Avec ses bungalows, ses quelques chambres et ses deux grandes salles, c'est en fait un hôtel-restaurant. Qui se transforme vite en usine.

Au tout début, les affaires reprennent calmement. Puis, rapidement, le truc est plein à craquer. Aux coups de feu succèdent les coups de speed. Ça s'agite dans tous les sens et c'est à peine si les grands ont le temps de s'occuper de nous. Pierrot et moi, nous ne mangeons jamais au même endroit. On nous case où l'on peut, une fois dans la cuisine, l'autre dans la chambre. La monotonie ne guette pas !

La bonne nouvelle, c'est qu'il va falloir renforcer l'équipe. Maman a beau s'apparenter à Wonder Woman, elle ne peut pas tout assumer, même avec l'aide de Papa.

Du coup, bingo, Mémé Mauricette vient s'installer avec nous. La femme de confiance, capable de seconder Maman en tout, ça ne peut être qu'elle ! Pour moi, c'est une aubaine. Mauricette est ma seule mémé et j'y tiens beaucoup. À partir de maintenant, je n'aurais plus besoin de harceler Papa pour qu'il m'emmène boire une grenadine et l'embrasser, plus besoin d'attendre son jour de congé pour la voir. Ça me semble presque trop beau pour être vrai.

Voulant en avoir le cœur net, je lui demande :

— C'est vrai, Mémé, tu vas vivre avec nous tout le temps ?

— Oui, ma chérie.

— Mais avant tu disais que tu pouvais pas venir tous les jours parce que tes patrons seraient pas contents... Ils vont rien dire ?

Je la sens gênée, ma Mémé. Pourtant elle répond :

— Non, ils ne diront rien, ma chérie.

— T'es sûre sûre sûre ?

— Certaine.

Il y a une note de tristesse dans sa voix mais j'avoue ne pas y prêter attention. J'ai ce que je veux. Mauricette s'installe au bar de la Panne !

Si Maman avait, du temps du bar du Bien-Être, laissé les journaux à disposition des clients non pas sur le bar, bien trop haut pour moi, mais sur les tables, comme elle le fait ici, je n'aurais jamais posé toutes ces questions. J'aurais juste profité de ma chance, en silence.

J'aurais su.

Su que le fait de venir nous rendre visite chaque fois qu'elle ne travaillait pas avait sauvé la vie de ma Mémé. Su que lors de son dernier jour de congé, au moment de la fermeture, ses employeurs avaient été assassinés.

Ceci étant, le répit aura été de courte durée. Je n'ai que quatre printemps lorsque lesdits journaux se retrouvent à portée de mes mirettes. Ils ne sont pas pour rien dans ma familiarisation précoce avec la notion de drame. Je ne sais pas lire, d'accord.

Mais quand je croise en photo un visage familier, je sais le reconnaître.

Je constate alors que notre vie, c'est comme aux Galeries Lafayette. « À chaque jour son événement ! »

La première fois, c'est Pierrot, un gentil jeune homme qui m'emmenait me promener quand nous habitions au bar de la Gaieté, que je vois dans la rubrique dont je ne sais pas encore qu'elle s'intitule « Faits divers ». Une autre fois, c'est en une du *Provençal* que s'étale la photo de l'un des fournisseurs de Maman. Pas difficile de l'identifier, il est représentant de la Bovida et son métier l'amène au restaurant chaque semaine. Il y vient même quelquefois déjeuner, accompagné de sa femme et ses enfants, avec lesquels il m'arrive de jouer. Un autre jour encore, c'est le visage du papa de la petite voisine de Mémé Mauricette, chez qui je la suis parfois, qui apparaît sous l'encre des rotatives.

Face à chaque image connue, une petite voix me souffle qu'il a dû se passer quelque chose de grave. Je sais d'instinct qu'il ne sert à rien d'interroger les adultes. Ils ne souffleront mot, pour me protéger. Seulement je vis dans un bar, c'est-à-dire non seulement au carrefour des misères humaines mais également à l'endroit où tous commentent ces misères. Suffit donc de laisser traîner ses oreilles. Pas bien compliqué, et largement dans les cordes d'une gamine, curieuse par nature.

C'est ainsi que j'apprends – plus tard – que le sympathique Pierrot a dû déplaire aux petits voyous du quartier et qu'il ne s'en est pas sorti. Le même procédé éclaire ma lanterne quant au sort du fournisseur de Maman. Pris de jalousie meurtrière, il a tué sa femme et l'amant de celle-ci avant de retourner l'arme contre lui. En ce qui concerne les voisins de Mémé Mauricette, ce n'est pas plus reluisant. Le mari a voulu violer la fille de sa femme. Cette dernière s'est interposée, faisant un rempart de son corps. Fou de rage, le bourreau a tiré sur les deux. Bilan : la petite est restée paralysée d'un bras et a perdu sa mère.

Je commence à m'en rendre compte, c'est ça aussi, la vie de bar. Une ambiance assez particulière. Faite la plupart du temps de beaucoup de gaieté, d'amitié, de convivialité mais bien mâtinée de drames quand même.

Ce sont des endroits qui brassent énormément de monde. Des endroits situés au carrefour des histoires de tout un chacun, famille, amis ou simples clients. À ce moment-là, les tragédies n'ont encore rien à voir avec le Milieu mais bien plus sûrement avec les sentiments exacerbés et les querelles de quartier.

Je ne suis qu'une toute petite fille, pourtant j'ai vite compris que le mistral tape fort sur le ciboulot, par chez nous !

Malgré tout, le proverbe se vérifie. À quelque chose malheur est bon, dit-il. Effectivement, du point de vue très égoïste qui est alors le mien, l'une de ces sombres anecdotes a pour épilogue le retour de ma Mémé.

Mais même avec elle, même avec mes parents qui s'investissent comme des fous, un petit coup de main supplémentaire ne serait pas du luxe. Ça tombe bien, Papa a toujours un chien perdu sans collier sous la main.

C'est qu'il a bon fond, le René ! Incapable de supporter la détresse chez les autres, Papa transformera à maintes reprises le bar de la Panne en refuge pour âmes égarées. Dans ces cas-là, il dit que nous sommes des privilégiés et qu'il n'est pas possible de rester les bras ballants. Qu'offrir un travail d'apprenti à un jeune glissant sur la mauvaise pente ou juste un toit pour dépanner, ce n'est vraiment pas grand-chose.

C'est ainsi qu'un jour nous arrive le bon Ficelle. En réalité, il s'appelle Jeannot mais son prénom a dû se perdre en mer car autour de moi, je n'entends que son surnom.

Il faut dire qu'il lui va bien : il est maigre comme un clou.

Malgré ça, il est dur à l'ouvrage. Très serviable, il peut déployer une force herculéenne, insoupçonnable chez un bonhomme si chétif.

C'est bien connu, les chiens errants sont toujours pleins de puces. Les puces de Ficelle, ce sont les alcools, tous les alcools. Pour lui, c'est pire que le chant des sirènes. Voilà pourquoi, alors que tous ses copains de bordée revenaient avec un énorme pécule, ce navigateur au long cours s'est retrouvé, lui, à remonter le boulevard Bernabo avec pour tout butin un singe et une noix de coco. Conséquence logique de ses beuveries réitérées. Elles ont eu raison de l'indemnité, pourtant très confortable, qui lui avait été allouée parce que son navire était resté bloqué des semaines dans le port de Buenos Aires.

D'accord, il est faillible, le Ficelle. Même plutôt deux fois qu'une. Cela dit, sa bonne nature en fait quelqu'un de très apprécié. Sa situation plus que précaire a ému Papa. Il l'a décidé, l'homme à tout faire du bar de la Panne, désormais, ce sera lui.

Ficelle ne s'est pas fait prier pour accepter la main tendue. Et voilà, un indéboulonnable de plus ! Celui-ci ne nous quittera plus, même quand tous les autres auront déserté.

3

Ça canarde avec les gitans

Je vais bientôt avoir six ans et, vue de ma fenêtre, la vie est belle.

Je grandis face à la mer, gorgée du soleil du Midi et entourée d'amour.

Ce qui pourrait troubler ma félicité, je l'ai oublié ou je l'ignore. La détention de Papa est déjà de l'histoire ancienne et l'idée qu'il puisse mener une double vie ne m'effleure même pas.

D'autant moins que son organisation est à présent bien rodée. Il passe la quasi-totalité de ses journées au bar de la Panne et nous consacre désormais trois nuits par semaine.

Bien sûr, il y a quelques petits bémols. La satisfaction totale n'existe pas. *A fortiori* pour les enfants. J'aimerais que Maman travaille moins, que Papa ne parte plus, qu'ils soient tout à moi tout le temps.

J'ai de la chance, pourtant. Si Maman travaille beaucoup, elle n'officie jamais bien loin. Je l'ai presque en permanence sous les yeux et c'est pratique pour lui voler quelques baisers au passage.

Et puis j'ai un papa très attentionné, qui passe des heures à mes côtés. Toujours prêt à jouer, jamais avare de tendresse. J'adore le couvrir de bisous, il sent si bon ! Les effluves d'Habit Rouge se mêlent à sa propre odeur pour créer une signature olfactive qui n'appartient qu'à lui.

Quel bonheur quand il me hisse sur ses épaules ! Pour moi, ces balades pourraient durer des heures. J'ai l'impression d'être juchée sur un dieu, je plane littéralement.

D'accord, je suis en plein Œdipe. Mais quand même, qu'est-ce qu'il est beau, mon papa ! Je ne me lasse pas d'admirer ce brun ténébreux, grand – 1,81 mètre, pour l'époque, ce n'est pas rien – et mince.

Jeune homme, il était maigre. Un vrai sac d'os. Cent fois, on m'a raconté que ça avait même créé un drôle de quiproquo. Lors d'un contrôle de routine, mon père avait été très surpris par la violence d'un gendarme qui, venant d'effectuer les palpations d'usage, lui avait crié de s'allonger face contre terre. Il avait cru déceler sur lui la présence d'une arme, savamment cachée au niveau de l'aine. L'affolement du brigadier avait rapidement cédé la place à la confusion. Il ne s'agissait en fait que de l'os iliaque de mon père.

Vous l'avez compris, il me plaît, mon papa. Pour tout dire, il se plaît beaucoup aussi. Et comme il est très espiègle, il ne se prive jamais d'une bonne plaisanterie sur le sujet.

Il y en a une que Gaby et lui ont usé jusqu'à la corde mais, la première fois, Papa m'a bien eue.

— Tu sais pas ce qui m'est arrivé, ma Pope ?

— Non. Dis-moi.

— J'étais devant un magasin. D'un coup, je vois un homme dans la vitrine. Il était beau, mais qu'il était beau !

À ce stade, je suis suspendue à ses lèvres, persuadée que l'histoire va être passionnante.

— Quand je me suis retourné pour voir qui était cet homme, je me suis aperçu que c'était mon reflet dans la vitrine. C'était moi !

Bien sûr, il faut un public tout acquis pour susciter un minimum de rires. Ça tombe bien, j'entre totalement dans cette catégorie. En plus, avec moi, le comique de répétition fonctionne à plein !

Ce n'est pas sa seule blague récurrente à ce propos. Campé devant la glace, il lui arrive très souvent de me lancer :

— Regarde comme je suis beau.

J'opine, évidemment. Donc il reprend :

— Je suis tellement beau qu'il faudrait que je me crève un œil !

Celle-là, elle rend Maman hystérique. Normal, elle est très superstitieuse. Alors forcément, elle est persuadée que ça va finir par lui porter la poisse.

En fait, ils sont tous pareils.

Aujourd'hui, on nous rabâche sans arrêt que l'homme moderne prend soin de lui. Une vraie révolution paraît-il. Pourtant, ceux que j'ai alors sous les yeux n'ont pas attendu l'avènement de l'ère

L'Oréal pour se bichonner. À croire qu'ils étaient sacrément en avance !

C'est sans doute à mettre au compte de mon regard d'enfant, mais ils m'apparaissent tous comme étant beaux, grands et très méticuleux en ce qui concerne leur petite personne.

Exception faite peut-être de tonton Jojo, que tout ça n'intéresse pas autant. Gaby, pour sa part, est un sportif accompli et Mimi un vrai dandy.

Quant aux amis de Papa, ils ne portent quasiment que des costumes et se parfument abondamment. Certains ont même ce petit truc en plus qu'on appelle la classe. Ça, faut pas chercher, tu l'as ou tu l'as pas. Tu peux être un voyou, venir des quartiers nord et en être néanmoins pourvu. Mais si tu n'en as pas, rien à faire, ça ne s'achète pas.

Ceci dit, pour aboutir à une certaine qualité esthétique, il faut s'investir. L'élégance, ça s'entretient.

Du coup, pour savoir si Papa a passé la nuit à la maison, c'est facile. Il suffit de voir combien de temps on met pour accéder à la salle de bains le matin. S'il y a des embouteillages, c'est qu'il est là !

Ils ne passent pas non plus leur vie à parader tels des mannequins. Pour moi, ce qui les caractérise vraiment, c'est la joyeuse sarabande dans laquelle ils nous font évoluer.

Tous autant qu'ils sont.

C'est vrai que le bar de la Panne se prête bien à ça. Il n'est pas sans évoquer le bar du Mistral de *Plus belle la vie*. L'ambiance y est conviviale, et même souvent familiale.

Ce n'est pas un lieu de passage. La plupart des clients du bar sont des habitués et, dans l'ensemble, il est rare que les locataires des chambres et bungalows ne passent qu'une ou deux nuits à Mourepiane.

Des VRP en déplacement, des hommes en instance de séparation ou de retour du bagne, parfois même des familles entières... Comme ce couple de Portugais. Ils se sont installés dans le chalet avec leurs deux fils pendant plus d'un an. Des sans famille aussi. Je me souviens d'un gentil jeune homme qui, ayant perdu ses parents, est resté là plusieurs années.

Pour hétéroclites qu'ils soient, ceux que nous appelons nos « pensionnaires » ont l'air d'apprécier le quotidien de notre tribu de farfelus.

Un quotidien bercé de musique par la « baraque ». Grâce à elle, Adamo, Enrico Macias, Charles Aznavour et bien d'autres s'invitent dans notre petit monde.

« N'avoue jamais ! », chante Guy Mardel, tandis que Claude François répand la gaieté en rappelant à quel point les femmes sont belles. Ce qui n'empêche pas Dalida de pleurer l'amour perdu sur l'épaule de son gondolier.

C'est une chouette invention, le juke-box ! Une seule petite pièce permet de choisir trois chansons. Ça remporte un véritable succès... et provoque chez moi une saine fatigue. Que ne ferais-je pour satisfaire mes admirateurs qui prennent un malin plaisir à sélectionner *Juanita Banana* ! Je ne marchais pas encore que déjà, dans ma chaise haute, je me trémoussais sur les accords d'Henri Salvador. Beaucoup s'en souviennent. Charmés par le spectacle, ils en redemandent, à tel point que j'ai parfois l'impression d'être un petit singe chargé d'amuser la galerie.

Heureusement, comme je vous l'ai dit, je ne suis pas la seule à m'occuper de l'animation.

Au bar de la Panne, la première table, qui compte huit couverts, est toujours réservée pour « la bande à Papa ». À l'instar de celle des indéboulonnables, avec laquelle elle se confond parfois, cette bande est à géométrie variable.

Dans ces années-là, elle se compose fort logiquement des tontons mais aussi des deux parrains du Pierrot.

Outre sa joie de voir Papa, Jeannot, le parrain honoraire, profite de ses visites pour jeter un coup d'œil à son filleul.

Quant au « vrai » parrain, il a achevé son séjour à l'ombre et la troupe, trop heureuse de l'accueillir de nouveau, en profite pleinement. Enfin quand il est là, car Pierrot Boulange partage sa vie entre Paris et Marseille. Pierrot Boulange : ça, c'est du nom ! Ou plutôt un surnom dont il a hérité car sa femme, Lili, a toujours eu des boulangeries. Tout chez lui m'évoque Belmondo dans *Le Professionnel.* Sa taille, son blouson, sa démarche.

Ensuite vient Louis. Il n'habite pas très loin et fait volontiers le détour pour partager quelques instants avec ses potes. Louis, je l'adore. Il a un charme fou et il est super avec les enfants. Ils le sont tous, d'ailleurs. Mais lui, il a un atout supplémentaire : Nico, son fils. À peine plus âgé que moi, c'est un compagnon de jeu du tonnerre. Qu'est-ce que je l'aime, mon Nico !

Par intermittence, il y a aussi Georges. Par intermittence, car en plus de passer son temps à osciller entre incarcération et liberté, il est interdit de séjour dans les Bouches-du-Rhône. Mais ça, il le respecte quand bon lui semble.

Bien entendu, à l'époque, cette considération m'échappe complètement. Je me souviens juste d'une fois où il s'est penché vers moi, l'index sur ses lèvres :

— Chut, je ne suis pas ici.

Par amitié pour Maman, un magistrat a aidé Georges à obtenir une autorisation de sortie. Elle ne lui donne pas pour autant la permission de se trouver à Marseille.

Imitant la démarche souple et silencieuse d'un Sioux, il fait mine d'aller se cacher derrière un pilier. Une planque assez inefficace. Ce que la petite maligne que je suis ne peut s'empêcher de lui faire remarquer. Dans un gloussement, je chuchote :

— Je te vois. Tu dépasses !

— Comment ça, je dépasse ?

— Ton nez, c'est ton nez qui dépasse.

Et voilà le Georges parti dans une fausse colère à l'encontre de ses origines arméniennes et de l'appendice nasal qui va avec.

J'adore aussi la compagne de Georges, Solidée. Pleine d'humour, elle croque la vie à belles dents. Quand il était plus jeune, Georges « faisait » les trains de marchandises. Un jour Solidée envoie de Lyon, par colis, des cadeaux à ses enfants qui vivent à Marseille. Ironie du sort, avant d'atteindre réellement leurs destinataires, ceux-ci sont revenus à Solidée par son Georges chéri. Il a le sens de la blague !

Y a pas à dire, Papa, ses copains, les tontons, ils me font rire !

Chez nous, ils se font plaisir. À Mourepiane, chacun se sent libre d'être lui-même.

C'est une bonne chose, *a priori*. Même si les femmes de ces hurluberlus ne seraient sans doute pas de cet avis.

À commencer par celle de tonton Jojo.

Pour juguler son diabète, tatie Henriette s'escrime à lui faire suivre un régime strict. Mais Jojo, ça le déprime de n'ingurgiter que de la viande grillée et deux pauvres légumes. Alors avant de rejoindre sa chère et tendre chez eux pour déjeuner, il lui arrive de faire un petit détour par chez sa sœur. Là, il peut exprimer sa vraie nature, laisser libre cours à ses inclinations de bon vivant. Il s'empiffre de jambon, de saucisson et de roquefort accompagné de cébette, le tout noyé de vin rouge.

À sa décharge, il se lève très tôt pour ouvrir son bar. Il a bien besoin de ce carburant pour enchaîner les heures de travail !

De toute façon, ce n'est pas à moi de leur trouver des excuses. Je suis trop petite pour ça. Je profite d'eux sans arrière-pensée.

Avec Jeannot, par exemple, nous avons notre petit cérémonial.

Grâce à lui, je suis déjà un excellent maître chanteur.

C'est un joli cœur. Il collectionne les maîtresses. Et les amène chacune leur tour au bar de la Panne.

Quand il arrive, il me jette un petit coup d'œil malicieux. Il n'en faut pas plus pour que je plonge, hilare, dans notre rituel préféré. Je m'approche de lui, l'air faussement sentencieux :

— Je t'avertis, si tu ne me donnes pas cinq francs, je vais le dire à l'autre et à l'autre et à l'autre...

J'accompagne ma menace d'éloquents frottements de mes petits doigts. D'abord index contre index puis je passe au majeur et ainsi de suite.

Parfois, je change légèrement de registre, exigeant des bonbons.

Il rit, le Jeannot ! Ça lui plaît tellement que, si par hasard j'oublie d'exercer mon chantage habituel, c'est lui qui me demande dans un clin d'œil :

— Tu n'as rien à me dire aujourd'hui ?

Il sait bien que je ne lui nuirai jamais. Je n'y pense même pas, ce n'est qu'un jeu. Et c'est évident qu'on ne me laisserait pas faire. N'empêche, avec les années et sa cohorte de femmes, il m'a rapporté un bon petit pécule !

Immergée dans ce gentil binz à longueur de journée, je m'éclate.

Ceci dit, je l'ai bien compris, pour les grands, les choses sérieuses ne commencent que le soir venu. Papa et ses amis cultivent toujours l'art de la bringue avec assiduité.

Les tontons ne prennent pas souvent part à ces petites festivités. Gaby, se dévisser la tête, c'est pas un truc dont il raffole. Lui, il est plutôt dans la maîtrise. Et ça lui plaît pas vraiment de voir son frère se lâcher. Pour Mimi, ce n'est pas une question de maîtrise. Il ne boit pas, mais il partage volontiers les bons moments.

Si j'ai un peu de chance, j'assiste en spectatrice comblée au début des réjouissances.

Au stade qui précède mon plongeon dans les bras de Morphée, le dom pérignon colore déjà gaiement les joues des convives et fait frétiller leurs langues.

Je ne peux me souvenir de toutes les anecdotes échangées à cette table. Il y en a eu tellement ! Chacun y allant de son petit sketch.

L'un de ceux qui m'ont marquée était l'œuvre de Ficelle.

Encouragé par un auditoire attentif – et quelques verres aussi sans doute –, il semble, ce soir-là, décidé à lever le voile sur son passé.

— Un jour, quand j'étais mousse, commence-t-il, je devais avoir quinze ans, j'entends une femme hurler dans sa cabine.

Mes chastes petites oreilles étant encore à portée, les copains retiennent dans des rires étouffés les explications qui leur viennent à l'esprit quant à ce cri.

— Il y avait un rat sous sa couchette, continue-t-il. Je peux vous dire que j'ai bien fait de venir secourir cette pauvre femme en détresse...

Il en fait des caisses, le Ficelle.

— Parce que quand elle m'a vu, elle m'a trouvé si beau qu'elle est tombée folle amoureuse de moi.

Là, ça va être coton pour poursuivre.

L'assemblée est morte de rire.

D'accord, il avait quinze ans, mais quand même ! Vue sa bobine, il faut déployer des trésors d'imagination ou être totalement myope pour discerner chez lui une quelconque grâce.

Pas déstabilisé pour deux sous, il reprend vaillamment :

— Elle s'appelait Inès Spécial et elle était milliardaire. Pendant des mois, elle m'a fait mener la grande vie à Buenos Aillerès.

Eh oui, en matière d'élocution, Ficelle et Thérèse, même combat ! Pour la ville, on a bien compris qu'il parlait de Buenos Aires mais pour le nom, pas sûr que ce soit le bon...

Peu importe, de toute manière. Même à cinq ans, j'ai capté que tout ça relève plus de la légende que du souvenir.

Je suis loin de m'ennuyer, donc.

Le seul que cette sympathique frénésie semble ne pas atteindre, c'est mon Pierrot.

Lui, il ne pense qu'à dormir.

Avec leur fils, les problèmes de nuits trop courtes ou de bébé qui braille sans arrêt, mes parents ne les ont pas connus.

Du matin au soir et du soir au matin, le chérubin pionce, pionce, pionce.

Moi, je ne m'en plains pas. Il me laisse le champ libre avec tous ces joyeux drilles. À commencer par mon papa.

Maman, elle, ça l'inquiète. Elle a même fait venir le docteur. Il a examiné le marmot sous toutes les coutures puis il a demandé :

— Quel est le souci exactement, madame ?

— Il dort tout le temps, docteur.

— Les bébés dorment beaucoup vous savez, a calmement énoncé l'homme de l'art.

— Je sais. Mais ce n'est plus un nouveau-né, il va bientôt avoir dix-huit mois. Et il ne pleure pratiquement jamais. Même quand on lui saute un biberon.

— C'est un bébé très calme, voilà tout.

— Vous êtes sûr qu'il n'est pas attardé, docteur ?

On y était. C'était ça, la grande angoisse de ma mère.

Une angoisse pas du tout partagée par le médecin.

— Non, je ne pense pas. Honnêtement, madame, vous devriez vous réjouir. Je vois tant de jeunes parents qui rêveraient d'avoir un enfant aussi tranquille !

Les mois ont passé depuis cette visite, Pierrot est devenu un petit môme très mignon avec ses longs cheveux châtains tout bouclés. Il a tout de même fini par quitter son couffin et se dandine quand ça lui chante. Il baragouine aussi.

Une expression revient en boucle. Deux mots qui résument ce qu'il lui faut pour être heureux.

Quand il fait l'effort de parler, ça donne :

— Ma *tutè* et mon dodo.

Ma tétine et je veux dormir.

Il est craquant quand il dit ça.

Faut-il simplement y voir l'expression précoce d'une nature profonde ?

Pas sûr !

S'ils avaient su ce qui les attendait, nul doute que mes parents auraient profité de ce répit pour prendre des forces.

Quoi qu'il en soit, à ce moment-là, ça rééquilibre un peu la balance.

Non pas que je sois une enfant turbulente ou casse-cou. Je suis juste la réplique miniature de Pierre Richard. D'une maladresse quasi pathologique, je collectionne les bleus et les éraflures.

Pour moi, les souvenirs de ces années-là sont ceux d'une gamine heureuse, choyée.

Ils sont faits de mille petites choses.

Je me souviens des jeux et des moments partagés avec les enfants Gracia.

Nos pénates sont au 584 du chemin du Littoral, les leurs au 582. Ils sont quatre. Jean-Pierre a l'âge de Pierrot, Jeanine a un an de moins que moi, Patricia un de plus. Et puis il y a Alain, le grand frère de deux ans mon aîné. Leur papa, chauffeur routier, est absent toute la semaine. Leur maman s'en occupe seule. On passe des heures à s'inventer des mondes sur le terre-plein qui sert de parking au restaurant. Et il arrive souvent qu'un ou deux d'entre eux soient présents à notre table ou viennent en escapade et en vacances avec nous.

Je me souviens des week-ends passés chez le frère de Lili, la femme de Pierrot Boulange.

C'est pratique pour mes parents, son épouse et lui ont des enfants de mon âge. Pour nous, c'est magique. Dans cet appartement situé derrière le fournil, il y a des odeurs de pain moelleux, de savoureuses brioches et de bonbons. Les ouvriers arrivent pour travailler au moment où nous nous couchons. Un sentiment de douillette effervescence berce nos nuits.

Je me souviens de la jeune Elvire.

C'est la nièce de Lolo, un ami de mes parents, patron d'un bar voisin. Pendant presque deux ans, elle vit avec nous, un peu comme une jeune fille au pair, et prête main-forte à Mémé pour prendre soin de Pierrot et de moi. Elvire n'a qu'une quinzaine d'années mais beaucoup d'idées quand il s'agit de jouer. Une nounou d'enfer !

Je me souviens des petits noms tendres dont on m'affublait.

Le Nèèènèèè, partagé par Pierrot, qui n'arrive pas à prononcer Hélène, et Thérèse, qui trouve ça si touchant qu'elle le reprend à son compte. Thérèse émaille aussi ses propos à mon intention de tendres « ma mie ». La première fois, je lui ai demandé : « Pourquoi tu m'appelles comme le pain ? » Ça les a tous beaucoup fait rire. Le Ninou de mon tonton Jojo. Ou, dans les jours de grande forme, son « ma supie royale », en référence aux supions. Et puis, mon papa, qui m'appelle sa reine de Saba, sans doute conditionné par la chanson de Michel Laurent que les clients sélectionnent à tout-va. Oh que je l'aime, ce surnom-là ! Comme dans les paroles, il me donne le sentiment de régner sur le royaume de son cœur.

Je me souviens de l'acte de bravoure de tonton Mimi.

Je vous disais plus tôt que, pour moi, Mimi était un saint-bernard. À l'aune de l'anecdote qui va suivre, cette comparaison prend tout son sens.

Tonton Mimi avait loué pour les vacances la partie supérieure d'une maison. Arrivé sur place, il constate que le propriétaire occupe le rez-de-chaussée avec un berger allemand, particulièrement prompt à aboyer et à foncer sur ceux qui entrent dans son champ de vision. Il avertit le bailleur : « Il faut attacher le chien. Ma fille a trois ans. S'il la mord, je le tue. » Quelques jours plus tard, alors qu'il lit son journal confortablement installé sur le balcon du premier étage, le chien plante ses crocs dans le bras de la petite. Ni une ni deux, Mimi enjambe la balustrade, se réceptionne sans aucun problème, attrape le chien, le bloque et le mord à son tour. Après ça, le toutou n'a plus jamais mordu personne.

Je me souviens du cadeau de tonton Gaby.

Les adultes se régalent de fruits de mer quand Gaby, ouvrant une huître, y découvre une jolie perle. Il me fait signe de venir près de lui et, sans un mot, me l'offre. Je l'ai gardée longtemps. Fière d'avoir reçu, de sa part, un tel présent.

Je me souviens des larcins de Ficelle.

Toujours prêt à rendre service, il effectue des menus travaux un peu partout, de Mourepiane à l'Estaque. Après son passage, les alcools blancs se muent mystérieusement en eau.

Je me souviens du gros raté de Thérèse.

Je passe, comme toujours, l'été à Lançon avec Dédé et elle. J'ai alors une longue et belle chevelure bouclée qui me descend jusqu'aux fesses. Notre Thérèse décide de donner un coup de punch à ma tignasse grâce à une petite coupe. Seulement, elle maîtrise aussi bien les ciseaux que la langue française, et le résultat de son rafraîchissement est un désastre. Pour rattraper les escaliers ainsi créés, le coiffeur n'a pas d'autre choix que d'égaliser au niveau de la première marche. Je me retrouve donc avec une sublime coupe au bol. Tandis que Thérèse hérite de la fureur de Maman. Elles resteront fâchées pendant des semaines, toutes les deux.

La vie à Lançon occupe, bien sûr, une grande place dans ces souvenirs. Le restaurant étant ouvert toute l'année, j'y passe presque la totalité de mes vacances scolaires. Dédé a tenu sa promesse, il s'est usé à ratisser des hectares de terrain pour façonner une belle piste destinée à ma petite Ferrari.

Malheureusement, malgré toute sa bonne volonté, les galères s'enchaînent. Le jouet n'est pas prévu pour ce genre de terrain. Il exige un vrai circuit. À défaut, la poussière bouche le carburateur et le pur-sang se cabre, refuse d'avancer. Nous en avons fait cent fois l'expérience. Avant d'admettre que ça ne fonctionnerait jamais correctement. Évidemment, je suis déçue. Mais la contrariété ne dure qu'un temps. Lançon regorge de mille autres trésors que je ne me lasse pas de découvrir.

En somme, jusqu'ici tout roule.

Et puis crac.

En fait, il y a eu trois « cracs ».

De mon point de vue, un petit, un grand et un énorme.

Dans l'ordre, en plus.

Le premier a eu lieu en 1967. Quant à l'année 68, elle a été sacrément chargée puisqu'à elle seule elle m'a fourni les deux autres.

Pour l'instant, je vais me concentrer sur le petit et le grand.

Je raconterai l'énorme un peu plus tard.

Comme je l'ai déjà dit, enfant, ma gaucherie est telle que les cascades involontaires s'enchaînent à un rythme soutenu. Jusque-là, aucune conséquence. Des petits bobos sans envergure, vite oubliés.

Mais le 1er mai 1967, j'inaugure ma nouvelle spécialité : les accidents un jour férié.

Cet après-midi-là, le printemps bat son plein. Le ciel est bleu, les arbres sont en fleurs, le soleil brille.

Pas question de rester confinée à l'intérieur, j'enfourche mon vélo et me voilà partie pour une petite balade sur les trottoirs de Mourepiane. Je reste dans le périmètre autorisé, jamais bien loin du bar de la Panne.

Que se passe-t-il exactement ? Je n'en ai pas la moindre idée.

J'ai dû perdre l'équilibre, je tombe. Dans la chute, ma tête heurte la marche d'un escalier. Je m'évanouis aussitôt.

Quelqu'un est vraisemblablement allé chercher mes parents. Lorsqu'ils arrivent, je vomis. Craignant un traumatisme crânien, ils m'enroulent dans une couverture et me transportent aux urgences.

Bien vu, car arrivée à l'hôpital, je suis dans le coma. J'y reste quelques jours. J'ai même droit à deux séances d'électrochocs.

Je m'extirpe parfois de la mélasse ouatée dans laquelle je baigne. Entre éveil et inconscience, j'entends alors ce qui se passe dans la chambre. Je ne vois rien mais je perçois les sons. Je ressens la présence de Papa et Maman.

Cruelle ironie, moi qui ne rêve que d'avoir mes deux parents près de moi, je ne garde comme souvenirs de leur veille assidue à mes côtés que quelques flashes.

Et les éclats de voix de mon père scandalisé.

Le fils de Mémé Mauricette et son épouse sont venus me rendre visite. Ils discutent tranquillement avec Papa.

Les paupières mi-closes, je suis un peu là, puisque ma mémoire est en mesure de me restituer cette conversation. Mais pas vraiment.

J'ai l'air de m'être endormie. Pensant bien faire, imaginant certainement que mes réflexes corporels sont amoindris par ce drôle de sommeil, le fils de Mémé pose sa main sur mes yeux et les ferme.

Mon père bondit comme un diable éjecté de sa boîte. Il hurle :

— Ne touche pas à ma fille ! On ne ferme les yeux qu'aux morts !

Très superstitieux lui aussi, il n'a pas supporté ce geste, pourtant effectué avec beaucoup de douceur.

Il ne savait pas encore qu'au final je m'en sortirai sans aucune séquelle.

Voilà pour le petit crac.

Passons au grand.

Celui-là a vraiment bouleversé notre vie.

28 janvier 1968. Je n'ai pas encore sept ans.

C'est la fin d'un dimanche paisible et tout commence par une bonne nouvelle.

— Ma Pope, Lolo et moi on a gagné au tiercé, m'annonce mon papa tout guilleret. Faut que je lui dise. Tu m'accompagnes ?

Et comment ! Lolo, c'est le patron du bar Maritim, situé un peu plus loin sur le chemin du Littoral. À tous les coups, moi aussi, je vais retrouver des copains. Là-bas, il y aura sûrement Jeanine, Patricia et Alain. Ou du moins l'un des trois, et d'autres enfants du quartier.

Papa met un genou à terre, je grimpe sur ses épaules et nous voilà partis. Deux cents mètres de bonheur, hissée sur mon destrier préféré.

L'atterrissage se fait en douceur. J'avais raison, ma petite bande est bien là, sur la terrasse.

J'entre tout de même dans le bar pour l'étape obligatoire de la tournée des bisous. Je contourne le comptoir pour embrasser la bouille joviale de Lolo. Lui aussi, il sent bon ! Il porte Pour un homme de Caron.

Dans la salle, des hommes essentiellement. Ils jouent aux cartes, parlent du tiercé ou d'autre chose. Je continue ma distribution de baisers. Il y a là, entre autres, le beau Louis et Gilbert le Bajard, le champion de boules marseillaises.

Puis je sors sous les hourras, accueillant probablement l'annonce de Papa sur le gain qu'il partage avec Lolo.

Mes petits amis sont lancés dans une chasse au trésor. Je me dépêche de les rejoindre. La nuit commence à tomber, nous n'avons pas beaucoup de temps.

Accaparés par notre jeu, nous ne faisons pas attention aux deux jeunes filles qui se précipitent à l'intérieur de l'établissement.

Quelques secondes plus tard, une agitation soudaine semble s'être emparée du bar. Il y a une espèce de brouhaha dont s'échappent des bruits de chaises. Et, d'un coup, ils sont tous dehors. Ils foncent droit sur deux hommes.

Ça s'apostrophe, ça s'invective.

C'est tout ce que j'ai le temps de voir.

D'une voix tendue, Papa dit à Louis :

— Ramène la petite à la maison.

Intuitivement, je sais qu'il ne sert à rien de protester.

Louis me prend par la main, me fait monter dans sa voiture. Nous parcourons les deux cents mètres en sens inverse et en silence, sur les chapeaux de roues.

Dans un crissement de pneus, Louis se gare sur le trottoir du bar de la Panne.

— Colette, vite ! crie-t-il.

Maman me confie aux bons soins de Mémé Mauricette qui m'entraîne à l'étage.

Ma mère se rue sur le chemin du Littoral. Lorsqu'elle arrive au niveau de la terrasse de Lolo, tout est déjà parti en *biberine*.

Les insultes et les coups pleuvent. Quelques poignées de secondes plus tard, les détonations prennent le relais, faisant crépiter l'air.

C'est la confusion générale mais Maman finit tout de même par comprendre ce qui a généré tout ce grabuge.

L'honneur d'une femme. En voilà un beau prétexte pour nourrir une jolie fusillade !

Entre le bar de la Panne et le bar Maritim, il y a une petite place, au milieu de laquelle trône une fontaine. Et derrière, un grand parking, très souvent occupé par les gens du voyage. Hier, une nouvelle fournée de nomades est venue s'y installer.

Les deux jeunes filles que nous n'avions pas vues se précipiter dans l'établissement venaient de descendre du bus et traversaient ladite place pour rejoindre le fiancé de l'une et le frère de l'autre, au bar Maritim.

Deux gitans étaient en train de prendre de l'eau à la fontaine. Quand elles arrivèrent à leur hauteur, ils les arrosèrent. L'une des jeunes filles les interpella :

— Eh, vous ne pouvez pas faire attention !

Pour toute réponse, elle obtint un cinglant :

— Estime-toi heureuse qu'on n'ait pas fait ça sur ton cul !

Bien entendu, à peine entrées dans le bar, les demoiselles racontèrent leur mésaventure. Et les hommes se mirent en tête de venger leur honneur bafoué.

Le problème, c'est qu'après quelques échanges musclés, les gitans menaçants avaient rallié leurs caravanes pour aller chercher du renfort et des fusils.

Comprenant que leurs poings ne feraient pas le poids, les copains de Papa s'étaient eux aussi procuré des armes. Et quelques voisins étaient venus grossir leurs rangs.

Résultat, à peine Maman a-t-elle déboulé que ça défouraille dans tous les sens. C'est OK Corral en direct live.

Mais les sirènes hurlant dans le lointain sonnent vite le glas de l'affrontement.

Les gitans se replient.

Le calme succède au chaos.

C'est l'heure du bilan. Il y a de nombreux blessés. Certains sont étendus à terre, sanguinolents.

Une sourde crainte taraude Maman.

Elle repère enfin Papa. Il est sain et sauf, à l'exception d'un gros cocard. Le soulagement délie la langue de Maman qui tance son homme comme une institutrice en colère :

— Et toi, grand con, tu te bats comme les petits !

Dans le même temps, au sol, elle reconnaît le fusil qu'elle lui a offert. Pour ses parties de chasse à Lançon.

Comment est-il arrivé là ? Sur ce point, les versions diffèrent. Pour certains, c'est Louis qui aurait profité du moment où il m'a raccompagnée pour le rapporter. Pour d'autres, c'est Papa qui serait allé le chercher en courant au bar de la Panne.

Quoi qu'il en soit, avec l'esprit d'à-propos qui la caractérise, Maman s'en saisit et le jette derrière une jardinière.

Et puis c'est le ballet des gyrophares. Pompiers et policiers investissent l'espace avant que quiconque n'ait réellement pu faire place nette.

La police embarque tous les valides, sans exception. Les pompiers se chargent des blessés.

Maman est emmenée en fourgon. Papa en ambulance.

Malgré les précautions maternelles, les forces de l'ordre, aiguillées par une âme charitable, retrouvent le fusil de Papa.

Pour ma part, consignée à l'étage sous la garde de Mémé, j'ignore ce qui est en train de se passer.

Dans la chambre, pour ne pas changer, Pierrot dort. Mauricette et moi faisons les cent pas en attendant le retour de Maman.

Soudain, on entend beaucoup de bruit. D'ici, ça ressemble à la clameur d'une fête foraine. Ça crie, ça pétarade.

N'y tenant plus, Mémé sort sur le balcon. Je suis sur ses talons. Des lumières bleues et rouges embrasent la nuit.

Nous n'en verrons pas plus. L'essentiel du spectacle nous est masqué par les majestueux platanes bordant le chemin du Littoral.

Je me souviens vaguement d'avoir avalé du bout des lèvres le dîner préparé par Mémé. Ensuite, elle m'a dit qu'il fallait aller se coucher. Ce que j'ai fait, le cœur lourd d'appréhension.

4

Prenez-moi pour une idiote !

Le lendemain matin, je décolle de mon lit comme un missile à tête chercheuse. Ma cible : Maman.

Peine perdue, elle n'est nulle part. Papa aussi brille par son absence. Même si c'est moins inhabituel, je sens bien qu'il y a un truc qui cloche.

Dans la cuisine, Mémé est pendue au téléphone. Je trépigne, imaginant déjà que la conversation va s'éterniser. Au contraire, dès qu'elle me voit, elle expédie son interlocuteur.

— Elle est où, Maman ?

— Bonjour, ma chérie.

— Bonjour Mémé. Où elle est, Maman ?

— Ton papa et elle ont dû partir à Paris, m'informe-t-elle.

— Quand ? Cette nuit ?

Elle a l'air légèrement embarrassée, ma Mémé.

— Oui, je crois qu'il y avait urgence.

— Pourquoi ? Qu'est-ce qui s'est passé ? Et pourquoi ils nous ont pas fait de bisou ?

Je ne comprends pas. Comment ont-ils pu partir sans même nous embrasser ?

— Ils ne voulaient pas vous réveiller...

Ne lui laissant pas le temps d'achever sa phrase, je reprends bille en tête mon interrogatoire :

— Ils rentrent quand ?

Je m'agace.

— Je ne sais pas.

— Tu ne sais pas quoi ? Pourquoi ils sont là-bas ou quand ils reviennent ?

— Ni l'un ni l'autre, ma chérie. Mais, promis, dès que j'apprends quelque chose, je te le dis.

Visiblement désireuse de mettre fin à la ronde des questions, elle enchaîne :

— Allez, viens, on va s'habiller.

Notre échange me laisse sur ma faim. Cette disparition est bien subite. Et l'ignorance de Mémé Mauricette me rend perplexe.

Étrange, tout ça.

Hier, il s'est passé un truc bizarre. J'ignore ce que c'était mais j'en suis sûre. La dernière fois que j'ai vu Papa, ses copains et lui avaient l'air de se disputer avec les hommes qui vivent dans les caravanes. Et aujourd'hui, voilà que mes parents se sont carapatés. En pleine nuit, sans un mot, sans un câlin.

Mémé Mauricette ne sait pas conduire. Elle n'a donc pas pu m'emmener à l'école. Je tourne, je vire dans le restaurant désert. J'ai souvent rêvé de le voir fermé, mais là, c'est lugubre.

Les jours passent et toujours pas de Maman, pas de Papa.

Le plus angoissant, c'est que la vie s'organise sans eux. Comme si ça devait durer.

Le bar de la Panne est de nouveau ouvert. Mémé a appelé un couple d'amis à la rescousse, Yvette et Vincent, qui ont tout de suite répondu présents. Lui a une jambe de bois mais il est sympa.

Ils se sont installés avec nous. C'est pas comme si on manquait de place, l'hôtel est vide.

Avec Mémé, ils font tourner le restau. Bien aidés par José, le cuisinier belge qui vit ici lui aussi. Il a la tête d'Astérix mais sur un corps de géant. Après un court répit, les serveurs habituels ont repris le collier. Et puis, bien sûr, notre bon Ficelle ne nous a pas laissés tomber.

Les habitués sont revenus. Les tontons et les copains passent nous voir. Comme si de rien n'était.

Mais ça ne marche pas avec moi.

Je sens que tout ça sonne faux.

On me cache des choses, j'en suis certaine.

Je vois bien que, quand j'arrive, les adultes baissent la voix ou même carrément se taisent. Et Mémé Mauricette qui multiplie les apartés avec les uns et les autres… Elle croit que je n'ai pas vu son petit manège ? Si elle ne sait rien, comme elle le prétend, qu'est-ce qu'elle peut bien avoir de si important à leur dire ?

J'envie Pierrot. Lui, à deux ans et demi, il est dans son monde. Sa *tutè* et son dodo lui suffisent. Il n'a pas l'air de se poser de questions.

Les miennes restent sans réponses.

Alors je décide de mener ma petite enquête. Pour ça, rien de mieux que de laisser traîner mes oreilles. Sauf qu'il va falloir que je réussisse à me faire oublier. Là, je sèche.

Heureusement, le hasard fait parfois bien les choses.

Un après-midi, Mémé Mauricette va rendre visite à Odette, sa fille, et m'emmène avec elle. Je joue sous la table depuis si longtemps que ma présence a dû leur sortir de l'esprit.

Je me retrouve donc aux premières loges d'une conversation à laquelle les grands présents ce jour-là n'avaient pas du tout prévu de m'inclure.

Et voilà, je sais.

Papa et Maman sont en prison.

D'ailleurs, si tout avait vraiment été comme d'habitude, j'aurais compris de quoi il retournait bien plus tôt.

Grâce aux journaux.

« La fusillade de Mourepiane – Dix personnes sont gardées à vue. » C'est le titre de l'un des articles paru dès le lendemain.

Sauf que, comme par hasard, depuis ce fameux dimanche soir, les publications ne sont plus sur les tables du bar de la Panne. Ce qui évite que je reconnaisse la photo du bar Maritim.

Car, évidemment, une telle fusillade n'a pas échappé à la presse. Les journalistes en font leurs choux gras.

Et la version, partiale, qu'ils donnent de cette histoire a dû faire sauter au plafond quelques-unes des personnes qui me sont chères.

Car bien sûr, en ce temps-là déjà, n'ont raison que ceux qui parlent. Et chez nous, on ne parle pas.

Ce sont donc les gitans qui se répandent dans les colonnes du *Provençal.*

Voici ce qu'on peut y lire.

— *Les coups de feu partaient du bar et des hauteurs de Mourepiane, nous a dit un gitan. Il y avait même un tireur armé d'un pistolet automatique de calibre 11.43 mm embusqué derrière un gros platane. C'est lui qui a fait le plus de mal. Regardez la plupart des caravanes sont crevées par les balles.*

— *Ce sont des bandits, des assassins, dit une grosse gitane : il y a plus de soixante enfants dans le campement, on ne tire pas, comme ça, sans raison, sur les femmes, les hommes, les enfants.*

Il aurait pu en effet y avoir des morts, hier, à Mourepiane. Fort heureusement, la sanglante fusillade s'est soldée par huit blessés légers. Cette bataille rangée a mis aux prises deux groupes de « combattants » : des gitans venus de Lyon d'une part et des habitants du quartier de Mourepiane, d'autre part.

Les investigations menées sur place par la police ont permis d'établir qu'une dispute serait à l'origine de cet échange de coups de feu qui a duré plus de dix minutes selon les témoins. (...)

Il y a plusieurs années déjà que les gitans ont pris l'habitude de camper en ces lieux lors de leurs passages à Marseille, lorsqu'ils transitent vers la Camargue : et l'on ne peut pas dire que les gitans et les habitants du quartier fassent bon ménage.

S'ensuit une description de l'origine des faits, assez proche de celle qui a été faite à Maman lorsqu'elle est arrivée au bar Maritim. Que le journaliste conclut par :

— *À l'issue de la bousculade, explique un vieux gitan, le couple et leurs amis se sont engouffrés dans une R16 qui a filé dans la nuit. On croyait tous que les choses en resteraient là.*

Les choses hélas devaient s'envenimer. Vers 20 heures, alors que les gitans discutaient devant leurs caravanes tandis que leurs femmes faisaient la vaisselle et que les jeunes enfants étaient au lit, des coups de feu éclatèrent.

— *Lorsque nous nous sommes rendu compte que l'on tirait sur nous, dit un membre de la tribu, nous nous sommes jetés au sol. Comme la fusillade continuait, certains d'entre nous sont allés prendre leur fusil et ont riposté.*

La plupart des caravanes et des voitures sont criblées de balles. Et le fait que nous n'ayons à déplorer ni blessé, ni mort tient vraiment du miracle : de nombreux enfants dormaient dans les véhicules qui ont été transpercés de part en part. De l'autre côté du chemin du Littoral, les vitres du bar Maritim *ont volé en éclats.*

Le journaliste est-il lui-même un gitan ou a-t-il simplement oublié d'insérer des guillemets signifiant qu'il reprenait le témoignage de l'un d'eux pour ce dernier paragraphe ? La deuxième hypothèse semble peu probable au regard de la phrase de clôture…

Le rédacteur nomme ensuite le commissaire en charge de l'affaire et énumère les blessés, citant leurs noms et adresses. Enfin, il achève son papier de la façon suivante :

Au cours de leur intervention, les policiers n'ont pu récupérer aucune arme sur les lieux. En revanche, des armes ont été spontanément remises à la police par des gitans qui ont déclaré avoir riposté aux coups tirés par des inconnus depuis les hauteurs dominant Mourepiane.

Dix personnes ont été arrêtées et sont actuellement gardées à vue. L'enquête a été confiée au deuxième secteur de la brigade criminelle de la Sûreté dirigée par le commissaire principal Brignol.

On l'aura compris, les pauvres nomades n'ont fait que se défendre face à l'agression des méchants habitants de Mourepiane.

Je ne suis, bien entendu, pas en mesure de détailler ce qui s'est réellement passé ce jour-là. Je n'y étais pas. Ceci dit, je me souviens de la rapidité avec laquelle se sont déroulés ces événements, du temps très court entre le moment où je suis retournée au bar de la Panne et celui où j'ai entendu les premiers coups de feu. Et ça, ça colle mal avec le compte rendu du journaliste – qui n'y était pas non plus. Un compte rendu à tout le moins assez parcellaire.

Finalement, ça a parfois du bon de ne rien avoir lu. Et puis j'ai, malgré tout, réussi à avoir accès à l'information par mes propres moyens.

Mémé Mauricette ne perd jamais son calme. Bien qu'elle ne m'ait rien dit, j'ai confiance en elle. Alors, après notre visite à Odette, dès notre arrivée à Mourepiane, je lui avoue :

— Mémé, je sais pour Papa et Maman.

— Tu sais quoi ?

— Ils sont en prison.

Elle pousse un profond soupir.

— Ça devait bien finir par arriver, lâche-t-elle, fataliste.

— Qu'ils aillent en prison ? je demande.

— Mais non, chérie. Que tu l'apprennes.

— Ils reviennent quand ?

— Je ne sais pas.

— T'es sûre ? je questionne, soupçonneuse.

— C'est pas eux qui décident, tu comprends. Ça dépend de beaucoup de choses. C'est trop compliqué à expliquer à une petite fille de sept ans. Mais, cette fois, je te le jure, je te dirai ce que j'aurai appris.

— Je te crois.

Mémé sourit, me caresse les cheveux et dit :

— Viens, j'ai des choses à te lire.

Je suis un peu rassurée. Un peu seulement.

Pas mal désorientée, aussi.

Pourquoi Papa et Maman sont-ils en prison ? Sur ce point, les explications de Mémé sont plutôt embrouillées.

Qu'est-ce qu'ils ont fait de mal ?

Maman travaille du matin au soir, je ne vois pas bien comment elle trouverait le temps de faire des bêtises.

C'est vrai qu'au bar de la Panne, j'entends souvent le mot « voyou ». C'est peut-être ça ?

Ça doit être ça. Papa est un voyou.

Mais ça veut dire quoi être un voyou ?

Moi, ce que je vois, c'est que Papa bosse dur au restau, lui aussi. Il se lève tôt, se charge des courses, s'occupe de nous. C'est lui qui vient nous chercher tous les jours à l'école catholique.

Il est généreux, le René. Je l'ai vu cent fois donner un coup de main. C'est une pâte d'homme, capable d'acheter à Mémène, la tante de Maman, tout ce qu'il lui reste sur le banc de sa poissonnerie pour qu'elle aille se reposer. Alors qu'il n'est que midi.

Vous vous souvenez du représentant de la Bovida qui s'était tiré une balle dans la tête après avoir tué sa femme et l'amant de celle-ci ? Ben Papa et Maman ont embauché leur fille comme serveuse.

En plus, tout le monde le dit, Papa est un homme juste. On lui demande souvent son avis en cas de conflit.

Ma petite caboche est en fusion.

Je ne sais plus quoi penser.

Il y a quand même quelques trucs qui me font dire que c'est possible que Papa soit un voyou.

Ça n'a pas l'air trop grave d'en être un, en plus. Tous, ils rigolent parfois de ce mot.

Je vis au restau. Forcément, je capte des choses. Je ne sais pas ce qu'ils traficotent ensemble mais il y a pas mal de gens qui viennent voir Papa. La deuxième salle, c'est un peu son bureau.

Autre pièce du puzzle, mon père a un « copain » particulier. Bézert, il s'appelle. Étrangement, celui-ci, il déboule au bar de la Panne presque chaque fois qu'un truc important s'est passé à Marseille. Je le sais parce qu'en temps normal il y a les journaux pour les clients et que mes yeux glissent dessus. Quand Bézert est là, ils se parlent jovialement de la pluie, du beau temps, des enfants. Mais dès que l'autre lui pose des questions sur ses frères ou ses amis, Papa a l'air de ne plus être au courant de rien. Ils se tutoient et s'apprécient visiblement, même si Papa lui donne du « commissaire » par-ci, par-là.

Et puis je le bade tellement mon père que je le traque souvent. Je l'ai vu, à plusieurs reprises, cacher une arme hors de notre portée, sur l'armoire. Il n'y a pas longtemps, peut-être l'année précédente, j'ai voulu l'épater. En rentrant de l'école, très fière, je lui dis :

— Aujourd'hui, une de mes copines s'est vantée que son papa est gendarme et qu'il a un pistolet. Ben moi, je lui ai répondu que mon papa à moi, il était pas gendarme mais qu'il en avait un aussi, de pistolet.

Là, Papa a pris son regard sévère, tout en m'expliquant gentiment :

— Ma Pope, les choses de la maison, ce sont les choses de la maison, elles restent à la maison. On ne vit pas exactement comme les autres, alors tu ne dois pas tout raconter.

Pfff, c'est fatigant, les questions. De toute façon, ce sont mes parents et je ne voudrais en changer pour rien au monde.

Je me réconforte en m'accrochant à ce qu'a dit Maman : elle va revenir bientôt. Mémé Mauricette m'a lu plusieurs lettres d'elle. Enfin, les passages qui me sont destinés.

Moi, je lui ai fait un beau dessin, avec un énorme soleil qui brille et prend toute la place. Mémé va le lui envoyer.

À la lumière de ce que je sais aujourd'hui, je crois qu'elle en avait bien besoin, de ce soleil, ma maman.

Ce qui lui est arrivé, elle ne l'a pas vu venir.

Quand la police a embarqué tous ceux qui étaient dans le périmètre du bar Maritim, elle s'est laissé faire. Sûre qu'elle serait dehors en moins de deux.

Elle n'avait bien entendu rien à voir avec cette bagarre.

Sauf que les policiers n'étaient pas de cet avis. Lors de son premier interrogatoire, ils l'ont mise au parfum. Elle allait être placée en garde à vue, parce qu'elle était propriétaire de l'un des fusils qui avaient servi pendant la fusillade.

Elle allait protester mais s'est arrêtée net. Effectivement. Le fusil de Papa, aux yeux du monde, c'était le sien. Quand elle l'a acheté, pour qu'il puisse chasser avec Dédé à Lançon, elle a donné son nom à l'armurier.

Penser qu'elle allait dire que ce n'était pas elle qui s'en était servi mais René Regazzi, c'était mal la connaître. Elle a assumé. Elle a couvert son homme.

Là, on l'a informée que, dans son intérêt, il valait mieux qu'elle désigne un avocat. Maître Pollack avait été l'avocat de Papa dans l'affaire de la distillerie. Elle a pensé bien faire en citant son nom.

Ensuite, elle a regagné sa cellule en se disant que les choses n'allaient pas tarder à s'arranger.

Son deuxième interrogatoire, quelques jours plus tard, lui a fait comprendre qu'elle s'était lourdement trompée. René avait tiré avec le fusil et il avait fait mouche.

Le pire restait encore à venir.

C'est cet instant qu'ont choisi les policiers pour lui apprendre que son homme, lui aussi, avait été touché. Il était bien plus gravement blessé qu'elle ne le pensait.

Une décharge de chevrotine l'avait atteint en pleine tête.

— Où est-il ? a-t-elle immédiatement voulu savoir.

— À l'hôpital-prison de la Conception.

— Vous savez ce qu'ont dit les médecins ?

— D'après eux, il ne sera pas possible de l'opérer pour enlever les plombs qui se sont logés dans son crâne.

— Pourquoi ? a insisté Maman.

— Si j'ai bien compris, lui a dit un lieutenant compatissant, le temps qu'ils ouvrent à un endroit, les plombs auront migré à un autre.

Maman était consternée. Mais ce n'était pas fini. Après un silence, elle a repris :

— Qu'est-ce qu'il risque ?

Le même l'a éclairée.

— Pas grand-chose, apparemment.

Le soulagement n'a pas duré.

— Mais son nerf optique a été sectionné. Il a perdu un œil.

« Je suis tellement beau qu'il faudrait que je me crève un œil. » La blague mille fois répétée de Papa lui aurait-elle finalement porté la poisse ?

Je ne suis pas sûre qu'elle y ait pensé sur le moment. Mais cette idée l'a rattrapée plus tard.

— Est-ce que je pourrai aller le voir ?

— Non, madame, pour l'instant il n'est pas prévu qu'on vous libère.

— Vous avez des nouvelles de mon avocat ?

— Non, madame.

Ce que Maman ne savait pas, c'était que maître Pollack avait été contacté par les gitans mis en cause dans la fusillade. Et il avait décidé de les défendre, eux. Par conséquent, il n'était pas près de voler à son secours.

Elle resta ainsi trois longues semaines. Sans avocat et donc sans visite. Seule consolation, elle pouvait écrire et recevoir des lettres.

Et puis un jour, elle reçut un télégramme de tonton Gaby qui lui disait quoi faire. C'était un jeudi.

Le lundi, tonton Jojo vint la voir au parloir. Il lui redonna presque le sourire.

— Tu sors demain.

À défaut de récupérer son homme en bonne santé, elle allait retrouver ses enfants et sa liberté.

— Maman ! Maman !

Là, même Pierrot m'emboîte le pas pour courir comme un furieux à la rencontre de celle qui nous a tant manqué.

Il l'escalade comme un ouistiti et réussit à se caler dans ses bras. Moi, je fais des bonds de cabri en attendant mon tour.

Après quatre longues semaines, normal qu'on saute au plafond.

Les jours maussades sont enfin derrière nous.

C'est ce que je crois, du moins. Je n'ai pas toutes les cartes en main. Personne ne m'a rien dit sur l'état de Papa.

Sitôt revenue au bar de la Panne, Maman s'active. Pour une fois, j'en suis heureuse. Les choses reprennent un cours normal.

Yvette et Vincent nous quittent en promettant de repasser très vite.

Les uns et les autres se pressent pour souhaiter la bienvenue à ma mère.

Elle, hormis remettre ce qui doit l'être sur les rails, ne pense plus qu'à une seule chose : aller voir celui qu'elle aime.

Pour ne pas nous traumatiser davantage, elle nous dit que les médecins ont décidé de le garder encore un peu en observation afin d'être sûrs qu'il va bien.

Nous sommes trop heureux de la croire sur parole. De toute façon, pas le choix, les enfants ne sont pas admis dans le service.

Quand elle va le voir, elle nous emmène avec elle. Mais pas jusqu'à l'hôpital. Elle nous dépose à La Plaine, un autre quartier de Marseille, sur une grande place qui ressemble à une aire de jeux. En général, c'est Mémé Mauricette qui nous surveille. Il arrive également que ce soit un autre employé du restau. Il y a un kiosque à sandwiches et un autre qui vend des bonbons. Des haut-parleurs diffusent de la musique. Surtout, on peut louer des petits vélos, des voitures à pédales ou des trottinettes.

C'est à cet endroit que j'ai entendu pour la première fois la chanson de Jacques Dutronc *Il est cinq heures, Paris s'éveille*. Moi aussi, j'ai l'impression de m'éveiller d'un long sommeil plein de cauchemars.

Pendant que nous nous éclatons à La Plaine, Maman file retrouver Papa.

Sa chambre est au dernier étage de La Conception. À ce niveau, c'est ce qu'on appelle l'hôpital-prison. Les patients y sont sous la bonne garde de matons peu commodes.

Ceux qui s'occupent de Papa, Maman les a mis dans sa poche. Pour ça, elle a une arme imparable. Ses talents de cuisinière.

C'est bien connu, la nourriture des services hospitaliers est loin d'être un régal. Comme les gardes passent le plus clair de leur temps ici, ils n'ont guère le choix. Soit ils mangent comme les patients, soit ils se rabattent sur un sandwich. Rien de bien réjouissant.

La première fois qu'elle est venue rendre visite à Papa, Maman lui avait apporté sa succulente bouillabaisse. Les regards d'envie des surveillants en direction de l'assiette ne lui ont pas échappé.

Depuis, Papa choisit le menu et Maman fait la popote pour le détenu et pour ses vigiles attitrés. Elle agrémente même ces offrandes tantôt d'une bouteille de pastis, tantôt d'un bon champagne.

Ces estomacs bien garnis lui donnent droit à un régime de faveur. Elle peut ainsi rendre visite à son René tous les jours. Et jouir avec lui d'une certaine intimité. Ce qui lui permet de donner libre cours à son envie de le dorloter. Enfin ça, c'était seulement après lui avoir crié : « Tu vois, imbécile, tu t'es porté la scoumoune avec ta blague à deux balles. »

Grâce à ces rendez-vous quotidiens, Maman reprend rapidement du poil de la bête.

D'autant que les nouvelles médicales, sans être excellentes, ne sont pas si alarmantes qu'elle l'avait pensé de prime abord. Elle n'était pas bien sûre de pouvoir accorder du crédit aux propos du policier, selon lequel mon père ne risquait rien avec ses plombs dans la tête. Les médecins le lui ont pourtant confirmé. Ils l'ont aussi prévenue : il risque de devenir un peu plus colérique. Notamment quand les gentils petits plombs qui se baladent en liberté dans sa caboche frôleront un nerf. Il n'y a désormais qu'une chose à faire : lui éviter toute contrariété.

Bien sûr, avec le nerf optique sectionné, son œil est mort. Là, pas moyen de revenir en arrière. Il ne verra plus jamais du côté droit. Mais il lui reste le gauche.

Quelques semaines plus tard, Papa est transféré à l'hôtel-Dieu.

Une super nouvelle pour Pierrot et moi. Maman va avoir le droit de nous emmener avec elle. Vraiment, cette fois. On va pouvoir passer du temps avec notre papa.

Même si elle a décidé de nous mettre au courant en douceur, le moment est venu de nous dire que, maintenant, il n'a plus qu'un œil.

Borgne, ce mot fait peur.

C'est donc avec une joie mêlée d'appréhension que je franchis le seuil de sa chambre.

La réalité est moins impressionnante que ce à quoi je m'attendais.

L'œil de Papa est toujours là. Il n'est donc pas défiguré.

Je le trouve aussi beau qu'avant.

Même si je trouve aussi qu'à force de manger les bons petits plats de Maman et de rester inactif, il a un peu forci.

Pas grave, je l'aime toujours autant.

Tout à l'euphorie des retrouvailles paternelles, nous n'avons pas vu venir la prochaine tuile.

Ce matin-là, les clients sont en train de prendre leur café, lisant le journal ou devisant tranquillement. C'est un jour ordinaire. Chacun s'affaire à ses tâches lorsque trois hommes font irruption au bar de la Panne. Ils veulent voir Maman.

— Bonjour, madame.

— Bonjour, messieurs, répond-elle poliment.

— Nous sommes venus vous signifier que votre établissement fait l'objet d'une mesure de fermeture administrative.

« Ah ! » est tout ce que Maman trouve à répondre.

— Une fermeture administrative d'un an, reprend l'officiel, histoire de l'achever.

— Vous voulez bien me laisser appeler mon avocat ? interroge Maman, qui se demande déjà comment elle va pouvoir se sortir de cette nouvelle ornière.

— Vous pouvez le faire. Mais cela ne servira à rien. Cette mesure est exécutoire immédiatement.

— Ce qui signifie... fait mine de ne pas comprendre Maman.

— Ce qui signifie que vous devez procéder à la fermeture sur-le-champ. Nous sommes là pour nous en assurer.

Et voilà.

Retour à la case départ. Au restaurant désertique, aux salles figées, à cette obscurité poisseuse dès que la nuit tombe.

On est loin de l'ambiance ordinaire du bar de la Panne !

Positivons. Au moins, Maman est là.

Elle est sans doute très abattue mais, face à nous, elle s'efforce de ne rien laisser paraître.

Comme toujours, et peut-être plus encore, elle se dépense à corps perdu. Pour ne pas sombrer, certainement, elle multiplie les activités.

À défaut de pouvoir continuer à faire la tambouille pour son René, puisque le nouvel hôpital l'interdit, elle se penche sur le côté judiciaire de l'affaire. Elle organise des rendez-vous avec les avocats, tente de faire avancer les choses plus vite.

Elle nous consacre aussi du temps. Pas facile d'aimer pour deux. Même si nous allons souvent le voir, dans ce contexte, l'absence de Papa se fait plus lourde. Ce n'est pas comme ça que je l'imaginais mais tant pis, je savoure cette nouvelle attention qu'elle est enfin en mesure de nous offrir.

Malgré tout, elle ne chôme pas.

Le bar de la Panne est fermé, d'accord. Ce n'est pas pour autant qu'on doit le laisser à l'abandon. Ce truc est immense, il en faut de l'énergie pour l'entretenir. Maman range, brique, astique. Comme la Belle au bois dormant, le restaurant est magnifique mais endormi.

Pourtant, ma mère ne peut l'ignorer, nous ne sommes pas dans un conte de fées.

Le prince charmant n'a aucune chance de se pointer pour ramener la vie par ici.

Subir, elle ne sait pas faire. Elle ne le veut pas.

Du coup, après quelque temps de ce régime, elle joue son va-tout.

Avec sa plus belle plume, elle écrit à Charles de Gaulle, le héros de la Seconde Guerre mondiale, notre président de la République. Sans vouloir faire pleurer dans les chaumières, elle retrace les grandes lignes de son histoire. Rappelle qu'elle est une pupille de la nation. Sollicite aide et compréhension pour pouvoir continuer à faire ce qu'elle a toujours fait : travailler.

Après ça, elle guette le facteur comme le Messie. Espérant que sa bouteille à la mer aura trouvé un écho.

Un matin, enfin, la missive tant attendue lui parvient.

Elle la décachette fébrilement.

L'orpheline de guerre qui ne se décourage jamais a touché juste. Elle a sans doute ému le plus haut fonctionnaire de France.

C'est écrit là, noir sur blanc. Considérant les états de service de son père pendant le conflit, le Président consent à ce que la durée de fermeture administrative soit réduite de moitié.

Youpi !

Le bar de la Panne pourra ouvrir de nouveau, bien plus tôt que prévu.

5

Micmac familial

Comme je vous l'ai dit, l'année 1968 a été particulièrement éprouvante.

Son premier mois s'est achevé sur la fusillade avec les gitans. Ça, je l'ai déjà un peu digéré. Le gros crac ne me turlupine plus que parce que le restau est toujours fermé et Papa en détention à l'hôpital.

Je suis donc prête pour le suivant, à savoir l'énorme crac.

Je n'ai pas eu longtemps à attendre, il se présente au début du second semestre de cette année maudite.

Faudrait pas qu'on s'ennuie, quand même !

C'est l'été. Ce jour-là, la fille de Thérèse et son mari ont décidé de nous emmener à la plage de Corbières. Située dans les quartiers nord de

Marseille, elle n'est pas très loin de Mourepiane. Ça nous permettra d'y passer quelques heures, même en partant en début d'après-midi.

Moi, j'y serais bien allée dès le matin. Mais on m'a fait remarquer que le soleil tape dur. Le cagnard n'est pas bon pour Pierrot, qui n'a que trois ans.

Vers 14 heures, nous sommes fin prêts. Solange et Jean-Paul ont chargé la voiture. Elvire, notre jeune nounou, nous occupe en attendant l'arrivée de Renée qui doit se joindre à nous. Renée habite à quelques mètres du bar de la Panne. Plus âgée que moi, elle est la fille du marchand d'esques. Pour les non-Marseillais, peut-être est-il utile de préciser que les esques, les piades, les piadons et les mourons que vend son père, ce sont des appâts de pêche. Un drôle de commerce assez compliqué, car toutes ces petites bestioles, il faut les conserver vivantes, aussi bien pendant le transport que lors du stockage.

Bref, Renée finit par arriver. Avec Elvire, Pierrot et moi, elle prend place sur la banquette arrière tandis que Solange et Jean-Paul s'installent à l'avant. Nous voilà partis. À nous les vagues, les châteaux de sable et l'air marin !

Le trajet n'a pris que quelques minutes et nous marchons déjà sur la promenade du bord de mer. Nous avançons tranquillement vers l'endroit où nous allons nous installer quand une jeune fille se détache d'un groupe pour venir embrasser Elvire.

— Comment tu vas ?

— Bien, répond-elle.

Les deux autres jeunes filles et les deux femmes qui étaient avec la copine d'Elvire s'approchent pour nous rejoindre.

Se tournant vers elles, Elvire leur dit :

— Je vous présente les enfants de René Regazzi.

Des remous traversent alors les deux groupes de part en part. Je n'ai que le temps d'entendre un « Mais non ! » aussi virulent qu'incrédule. Déjà des insultes que je ne saisis pas pleuvent. Puis l'une des jeunes filles s'empare du tas de gravillons qu'elle poussait du bout du pied et se met à les lancer dans notre direction.

Solange et Jean-Paul protègent Pierrot puis se mettent à courir. Renée et Elvire me prennent par la main et nous déguerpissons à notre tour.

Tout ça est allé tellement vite.

Nous roulons à présent vers le bar de la Panne. Dans l'habitacle règne un silence de plomb. Elvire a l'air mortifiée. Renée s'abîme dans la contemplation du paysage. Pierrot s'est endormi.

Moi, je n'ai rien compris à ce qui vient de se passer. Je suis abasourdie par cette colère soudaine. Elle m'était adressée, je crois. Pourtant, je n'en comprends pas l'origine. Je suis sous le choc de cette scène dont la violence ne m'est d'abord apparue qu'à cause du sprint qu'ont piqué les plus grands.

— Oh, vous êtes déjà là ? fait Maman, surprise de nous voir de retour si tôt.

Solange lâche un « oui » laconique. Jean-Paul et elle l'entraînent un peu à l'écart. Je ne les quitte pas des yeux. Sous l'effet de leurs paroles, je vois le visage dc Maman changer.

Elle a l'air contrariée.

Le temps de franchir les quelques mètres qui la séparent de moi, elle s'est recomposé le masque qui dit : « Je vais bien, tout va bien. »

Je ne suis pas dupe. Mais comme je ne comprends décidément rien à cet étrange après-midi, je ne sais pas trop quelle attitude adopter.

Le reste de la journée, chacun s'efforce de minimiser l'incident, de me faire croire que tout est absolument normal.

Le lendemain à la première heure, tonton Gaby débarque au bar de la Panne.

Premier indice que tout n'est pas aussi normal qu'on voudrait bien me le faire croire. Dès qu'il se passe quelque chose de grave concernant Papa, et *a fortiori* quand il n'est pas là, Maman appelle Gaby. Elle sait qu'elle peut compter sur lui.

Mon tonton dit brièvement bonjour à ceux qui se trouvent là. Puis, il sort sur le trottoir, ouvre la portière passager de sa Renault 16, accroche mon regard et me dit :

— Viens, j'ai à te parler.

Il procède toujours de la même manière, Gaby. Quand il a quelque chose à me dire, il m'emmène faire un tour en voiture. Comme d'habitude, je suis flattée et un peu impressionnée.

Nous roulons vers l'Estaque. Je le sens tendu. Le silence s'éternise. Rien d'inhabituel avec Gaby. Pourtant, là, c'est plus pesant.

Enfin, il se décide.

— Les filles que tu as croisées hier… Tu sais, celles de la plage.

— Oui.

— Eh bien, en fait, ce sont mes filles.

— Ah bon ?

— Oui.

— Je comprends pas alors... Pourquoi elles avaient la colère contre moi comme ça ?

Jamais je n'aurais cru voir ça. Voilà Gaby le taiseux qui me sert une bonne grosse salade sur la jalousie de mes prétendues cousines.

Plus je me tais, la chique coupée par tant d'invraisemblances, plus il s'enferre. Lui, toujours si clair et concis, enrobe, dérive, s'embrouille.

Il rame, je le sens. Et je le vois. Car, si lui fait mine d'être concentré à l'extrême sur une route qu'il connaît par cœur, moi, je le fixe.

Il m'intimide quand même, je n'ose pas lui faire remarquer que son speech manque de cohérence. À un moment donné, sachant pertinemment que je ne tirerai plus rien de lui, lasse de tout ça, je lâche l'affaire et fais semblant d'avoir gobé sa version.

De retour au bar de la Panne, par contre, je fulmine.

Je braille pour appeler Maman.

Si Thérèse avait été là, nul doute qu'elle m'aurait fait son coup de « Toinette ». Dès que je jubile ou que je monte dans les tours, elle me regarde avec son air calme, met sa main en avant et me dit : « Toinette, ne t'emballe pas ! » Dans les circonstances actuelles, de toute façon, ça n'aurait eu aucun effet.

Après avoir ratissé le restau, je débusque ma mère dans la salle de bains de notre appartement. Bien décidée à avoir le fin mot de l'histoire, je crie :

— C'était qui, ces filles, hier ?

— Gaby ne t'a rien dit ? demande-t-elle.

— Il m'a dit que c'étaient ses filles. Mais je vous crois pas !

Maman feint d'être très occupée. Ma fureur n'en est que décuplée.

— C'est pas les filles de tonton Gaby, j'en suis sûre ! Si c'est mes cousines alors pourquoi elles sont furieuses après moi comme ça ? Et pourquoi je les connais pas, hein ?

Elle a tenu un long moment sous le feu nourri de mes questions rageuses. Puis Maman a fini par cracher le morceau.

— D'accord, ma puce. Il faut que je te dise quelque chose.

— Vas-y, je fais d'un ton buté.

Je suis déjà décidée à ne pas croire un seul des mots qui sortiront de sa bouche. J'en ai ras-le-bol d'être baladée. Ça ne me rappelle que trop quand j'essayais de savoir où ils étaient passés, Papa et elle.

Mais ce qu'elle s'apprête à m'assener va sérieusement écorner mon attitude de petite mégère sûre de son fait.

— Bon... Ces filles et toi, vous avez un point commun...

Tu m'en diras tant !

Elle semble prendre son courage à deux mains avant de continuer.

— Vous avez le même père. Ton papa, c'est aussi leur père.

Je suis soufflée. Elle en profite pour clarifier.

— Papa a deux autres filles. Anne a dix-sept ans. Line a douze ans. Enfin, à peu de choses près, ça doit être ça.

J'ai encore besoin de quelques précisions.

— Elles étaient pas au courant que Papa nous avait eus, Pierrot et moi ?

— Je ne sais pas trop. Peut-être que si. Mais, hier, leur mère était avec elles. C'est sans doute pour ça qu'elles ont si mal réagi.

— C'est qui, leur mère ?

— La femme de Papa, répond Maman comme si c'était une évidence.

— C'est pas toi, la femme de Papa ?

— Non, ma puce. Il est marié mais pas avec moi.

Ça, c'est un scud. Pour ne pas trop m'y arrêter, je pose une dernière question. La réponse m'importe peu, au fond, mais je veux aller au bout de tout ça.

— Hier, y avait trois filles et deux femmes. Si je te suis, c'étaient la femme de Papa et leurs enfants. Mais les deux autres ? Qui c'était ?

— La femme de tonton Gaby et sa fille. Ta cousine s'appelle Gisèle, elle n'a même pas un an de plus que toi.

C'est toujours ça de pris, mon tonton ne m'a pas complètement baratinée.

Ma petite cervelle est de nouveau en ébullition.

J'ai sept ans. L'âge de raison, paraît-il. L'âge de raisonner un peu aussi.

D'un coup, à la lueur de ces toutes nouvelles informations familiales, certaines choses prennent sens.

À commencer par les défections paternelles. Voilà qui explique pourquoi Papa quitte le bar de la Panne si souvent après m'avoir ramenée de l'école. Certes, il passe la majorité de ses journées avec nous mais, à l'exception de quelques nuits par semaine – et encore, c'est assez récent –, il déserte dès que le soir tombe. Il doit aller rejoindre son « autre famille ».

Voilà pourquoi il ne dort pas tout le temps chez nous. Il a forcément un autre « chez-lui ».

Et dire que j'ai longtemps pensé pouvoir le faire rester en multipliant les larmes et les caprices !

De même, je saisis mieux ce qui s'est passé il y a quelques mois. Je ne me souviens plus si c'est Jeanine ou Patricia Gracia qui m'avait fait remarquer que Maman recevait des lettres au nom de mademoiselle Colette Doria. Ma petite voisine ne me l'avait pas dit méchamment. Ça l'avait juste fait rire qu'on appelle ma mère mademoiselle. Et elle était intriguée par le patronyme Doria. Pour elle, il aurait dû y avoir écrit Regazzi. Quand j'en avais parlé à Maman, persuadée que ma copine se trompait, elle s'était énervée très fort. Je n'avais pas compris pourquoi. C'était juste une remarque, une plaisanterie de gamins. Là, bien sûr, c'est plus clair.

Je me dis aussi que, quand on ne sait rien, on ne se pose pas de question. Par exemple, je ne me suis jamais demandé si, à part Claude et Isabelle, les enfants de Mimi, j'avais d'autres cousins et cousines. Ni pourquoi Gaby n'avait pas de femme. Maintenant, je sais. Il en a une. Et une fille aussi. C'est juste qu'elles ne viennent pas ici. Par contre, elles vont voir la femme de Papa et ses autres enfants. Et mon Pépé Loulou, le père de Papa ? Si ça se trouve, il a une femme lui aussi. J'ai peut-être une vraie grand-mère ?

Je ne me le formule sans doute pas de manière si claire mais l'idée est en train de germer. Papa a deux vies. Une que je connais, dont je fais partie. Et une autre qui m'est totalement étrangère, dont j'ignore tout. Ses amis, je les vois, mais les êtres qui s'y rattachent se découpent certainement en deux cercles. L'un fréquente la femme de Papa et ses enfants. L'autre nous fréquente, Maman, Pierrot et moi.

C'est presque étonnant que les deux cercles ne soient pas entrés en collision plus tôt. Après tout, Marseille est un petit village, tout le monde se connaît.

C'est étonnant aussi que dans notre famille personne n'ait fait de gaffe. Claude ne m'a jamais parlé des filles de mon père. Ceci dit, c'est un adulte, il sait garder un secret. Mais Isabelle ? Elle est à peine plus âgée que Pierrot. Comment est-ce possible qu'elle ait tenu sa langue ? Peut-être qu'on ne lui a pas dit qu'Anne et Line sont les filles de Papa ? Peut-être que comme sa maman et la mienne sont très proches, elle vient beaucoup plus chez nous que chez eux, que du coup elle ne capte pas trop qui sont les deux autres ?

Je brûle de poser toutes ces questions à mon papa. Peut-être voudra-t-il bien y répondre maintenant que le pot aux roses a été dévoilé.

Mais je ne peux pas le faire. Il est blessé. Je dois prendre soin de lui. Mes interrogations attendront.

Pour l'instant, j'ai juste envie de me caler dans ses bras. Même si je suis en colère contre lui. Même si je considère qu'il me doit des explications. Là, je voudrais oublier tout ce cirque. Me souvenir seulement que je l'aime et que, quoi qu'il en soit, c'est mon papa.

Maman a dû lire en moi. Elle me propose de l'accompagner à l'hôpital le lendemain. Elle, elle y va tous les jours. Donc elle l'a revu depuis la scène de la plage et les révélations qui en ont découlé. Je me demande bien ce qu'elle a pu lui dire. Bien sûr, cette fois-là, elle ne m'a pas emmenée.

Dès notre arrivée à l'hôtel-Dieu, Maman s'éclipse. J'avance seule vers Papa, rongée de curiosité mais bien décidée à ne solliciter aucun éclaircissement. Je l'embrasse, il m'étreint. Et m'enlève cette brûlante épine du pied.

— Alors, t'as croisé mes filles ? me lance-t-il dans un sourire.

S'ensuit une intensive conversation père-fille. Papa m'explique que quand il a rencontré Maman, il avait déjà une femme et deux enfants. Mais l'amour instantanément ressenti pour Colette a été si fort qu'il n'a pas pu se résoudre à ne pas vivre cette histoire-là. Ensuite, il a eu envie de lui faire des enfants, très envie. Voilà comment il s'est retrouvé avec deux familles. Deux familles qu'il aime tout autant. Maman, Pierrot et moi, nous sommes une grande part de son bonheur.

Ses mots mettent une bonne rasade de baume sur mon petit cœur meurtri. Mon cerveau, lui, a encore quelques questions.

— Pourquoi étaient-elles si en colère ? Il y a une femme surtout qui a eu l'air très énervée… C'était ta femme ?

Ces derniers mots, ça fait bizarre dans ma bouche.

— Si j'ai bien compris, c'était plutôt Véronique, la femme de Gaby, répond Papa.

— Mais pourquoi ? Pourquoi ça la touche autant ? Tu n'es même pas son mari !

— Tu sais, quand je l'ai rencontrée, Véronique était très jeune. Elle devait avoir seize ans à peu près. Elle n'avait pas de père. Une relation particulière s'est créée entre nous avec les années. Je pense qu'elle me voit un peu comme son père. Elle a beaucoup d'affection pour moi et elle en a beaucoup aussi pour ma femme.

— ...

Je ne sais trop quoi dire. Ça confirme un peu ce que je m'étais imaginé sur les deux cercles.

— Elle se sent sans doute doublement concernée.

Il est fort, mon Papa. Je ne sais pas comment il s'est débrouillé mais il a réussi à me faire avaler la couleuvre. C'est un as de la dédramatisation. Après en avoir parlé avec lui, la situation me semble presque normale.

Pourtant, pas facile à encaisser, tout ça. Surtout à sept ans.

Je suis chamboulée. Ma Mémé s'en est rendu compte. Elle est là, en soutien. Comme toujours. Cette fois, pour m'aider, elle a décidé de me raconter son histoire.

Elle est venue me trouver dans ma chambre. Elle s'est assise sur mon lit.

— Je sais que c'est dur, ma chérie. Mais c'est normal, c'est tout nouveau pour toi.

— Tu crois que ça s'arrangera plus tard ? Tu crois qu'un jour je me dirai plus que ma vie ressemble à un mauvais film ?

— La mienne aussi, on pourrait en faire un film...

— Un mauvais ?

— Il y a des chances, oui.

— Je vois pas en quoi…

Mémé éclaire ma lanterne.

— Quand j'étais jeune, j'étais follement amoureuse d'un homme qui s'appelait Paulo. Tous les deux, nous avons conçu un enfant. C'était un accident. Pour « réparer », il fallait se marier. Mais Paulo a dû partir au bagne. Alors son père m'a demandé d'épouser le frère de Paulo.

— Pourquoi ?

— C'était une sorte de tradition. Quand une femme était enceinte et que le père de l'enfant partait à la guerre, en général, elle épousait son frère. Là, Paulo ne partait pas à la guerre, il allait au bagne. Mais dans le fond, ça revenait au même.

— Tu l'as fait ?

— Oui.

— Pourquoi ? Tu pouvais l'attendre. Je comprends pas, tu étais amoureuse de Paulo.

— C'est vrai. Mais je ne voulais pas élever mon enfant toute seule. Tu sais, à l'époque, on les regardait d'un mauvais œil, les filles-mères. Ça a un peu évolué aujourd'hui mais à ce moment-là, c'était très dur, on m'aurait regardée de travers. Et mon enfant aussi.

— Et après ? Qu'est-ce qui s'est passé ?

— J'ai épousé le frère de Paulo et j'ai donné naissance à mon fils. J'ai fait ce qu'il fallait, même si le cœur n'y était pas.

— C'est triste.

— On peut le penser, oui. Pourtant, je n'étais pas vraiment malheureuse. Sandou était un gentil mari. Ensemble, nous avons eu Odette.

— Ta fille ? Celle que je connais ?

— Oui.

— Et Paulo ?

— Je n'ai jamais réussi à l'oublier. Quand il est revenu du bagne, je ne vivais déjà plus avec son frère. Tu t'en rappelles, de Sandou ? Jusqu'à l'année dernière, j'allais le voir, je lui faisais un peu de ménage. Je t'ai emmenée avec moi quelques fois. Il est mort il n'y a pas longtemps.

— Oui, je m'en souviens.

Sandou, paix à son âme, je m'en fiche un peu à vrai dire. Une seule chose m'intéresse réellement :

— Paulo, tu l'as revu ?

— Oui. Paulo est un ami de ton papa. Tu le connais aussi. Quand il est rentré à Marseille, ton père nous a remis en contact. Mais c'était trop tard. Nous avons passé notre temps à nous croiser. Seulement, que ce soit pour lui ou pour moi, ce n'était jamais le bon moment. Il reste ma plus belle histoire d'amour. Même si c'est un amour contrarié.

Je suis affligée. Mais Mémé Mauricette poursuit :

— Ce que je voulais te dire, ma chérie, c'est qu'au moins, tes parents auront eu la chance de ne pas vivre ça.

— C'est sûr.

Décidément, les amours contrariées ou étouffées dans l'œuf sont légion autour de nous. Pour Mémé, je l'apprends à l'instant, mais en ce qui concerne Thérèse, impossible de passer à côté. Chaque fois qu'elle entend *In the Mood* de Glenn Miller, ça lui rappelle « Valtèèè ». C'est-à-dire Walter, son GI américain. Elle l'a connu à la Libération. Dès que résonnent les premiers accords de la chanson, on sait qu'on ne coupera pas à ce qu'aurait été sa vie si elle avait accepté de le rejoindre aux Amériques et de l'épouser.

Que de frustrations !

Mes pensées ont dérivé. Mémé Mauricette en arrive pourtant au point crucial. Elle a gardé l'essentiel de son message pour la fin. Elle me regarde droit dans les yeux et énonce posément :

— Tu vois, tu n'es pas la seule à vivre une situation particulière.

Magistrale démonstration. Merci, Mémé !

L'amour que mes parents éprouvent l'un pour l'autre, la famille qu'ils ont fondée sont illégitimes aux yeux de la société, soit. Au moins, ils l'assument. Maman n'est pas la femme de Papa, Pierrot et moi ne sommes pas ses seuls enfants. C'est un fait. Dérangeant mais qui vaut sans doute mieux que de ne pas avoir existé du tout.

Grâce à Mémé, j'ai beaucoup moins l'impression d'être une bizarrerie de la nature. Son histoire me permet de banaliser la mienne. Il n'y a pas qu'à moi que ça arrive, des trucs pareils. Ça me fait un bien fou de pouvoir le penser.

Quelques mois plus tard, quand Papa quitte enfin l'hôpital-prison, la « digestion » de ma nouvelle configuration familiale est en bonne voie.

Je suis tellement heureuse de le retrouver que rien d'autre ne compte.

De son côté, tout ça a dû bien le tracasser car, peu après son retour, il me fait une surprenante proposition :

— Ma Pope, ça te dirait de rencontrer Anne ?

— Ta fille ?

— C'est ça.

— Ben oui.

Enfin, si ça se passe dans le calme. Ça, je le garde pour moi. C'est vrai que j'ai très envie de la rencontrer mais je le redoute aussi un peu. Notre brève entrevue de la dernière fois m'a laissé un souvenir cuisant. Elle n'y était pas pour grand-chose apparemment mais quand même. Ceci dit, si Papa le suggère, c'est qu'il pense que c'est une bonne idée. Alors allons-y, on verra bien ! En plus, je suis très curieuse de savoir qui elle est.

Papa a monté « l'opération réunion de familles » en deux temps trois mouvements. C'est bon signe, Anne doit également désirer nous voir.

Pourtant, je n'en mène pas large lorsque Pierrot, Papa et moi nous rendons chez les amis où doit avoir lieu la rencontre.

Il a choisi un terrain neutre. Ni chez nous ni chez eux. Il a peut-être même prévu un médiateur. Pierrot Boulange nous accompagne. Lui, il s'entend bien avec tout le monde. C'est sans doute pour ça qu'il est là. Peut-être aussi que j'ai trop d'imagination, qu'il ne fait qu'escorter son copain...

Je me dandine d'un pied sur l'autre, agrippée à la main de mon petit frère, quand je vois arriver une jeune fille d'une grâce à couper le souffle. Dans ces années-là, Catherine Deneuve, à l'apogée de sa beauté, est en pleine gloire. Celle qui se tient face à moi n'a rien à lui envier.

Gracile, Anne a de merveilleux traits fins et une somptueuse chevelure blonde.

C'est à se demander ce qu'elle a pris chez les Regazzi !

À la plage, j'avais vu qu'elle était belle. Mais n'ayant pas eu le temps de m'y arrêter, je n'avais pas réalisé à quel point.

Alors qu'elle s'avance tranquillement vers nous, son fiancé dans son sillage, je reste là, les yeux écarquillés.

Je pense : « On dirait une princesse. »

Papa incite gentiment Pierrot à s'approcher d'elle. Mon Pierrot s'exécute. Papa dit alors à Anne :

— Voilà, je te donne un frère.

L'émotion est palpable. Elle emplit tout l'espace.

Le reste est flou. J'ai le sentiment d'avoir vécu notre rencontre comme en apesanteur.

Seules m'ont marquée la gentillesse et la douceur de celle avec qui je partage mon Papa.

Ce qu'Anne, ou quiconque, s'est bien gardé de me dire ce jour-là, c'est qu'en termes de rapprochement familial, nous avions atteint la limite.

À cet instant, j'ignore tout de ce qui se passe dans l'autre famille de mon père. Et c'est tant mieux. Je n'aurais sans doute pas été en mesure de le gérer.

J'ignore qu'il y a des endroits où Pierrot et moi ne sommes pas acceptés. Parce que pour la majorité des gens, nous sommes des « bâtards ». Un mot magnifique. Seulement, la mère de mon père est très sensible à ce que pensent les gens. Elle vient de Murcia, en Espagne. Là-bas, les codes sociaux sont d'une extrême importance. On ne transgresse pas les règles de la société, fussent-elles d'un autre âge, sous peine d'en être exclu. Elle a beau vivre ici depuis des dizaines d'années, ces principes sont si profondément ancrés en elle que nul ne pourra les en déloger.

Car oui, mon Pépé a bien une femme. S'il a toujours été un grand-père extraordinaire pour nous, son épouse ne veut rien entendre. Colette n'existe pas, ses enfants non plus. Tous les trois, nous ne sommes pour elle qu'une source de honte et de colère. La mère de Papa est dure, intransigeante. À l'image de l'éducation qu'elle a reçue. De plus, elle aime la femme de mon père comme sa fille, et peut-être même plus que son propre fils. Reconnaître notre existence, *a fortiori* nous fréquenter, reviendrait à la trahir. Elle n'est pas seule à penser de la sorte. La femme de Gaby partage les mêmes sentiments, la même réaction épidermique.

Mais ce qui m'aurait à coup sûr achevée, c'est la nuance instillée dans ces pensées fielleuses à notre encontre. Pierrot, à la rigueur, pourrait être digne d'intérêt. Car il est l'héritier Regazzi. Le fils de René.

En résumé, pour elles, je suis seule à porter sur mes épaules l'ignominie de l'adultère de mon père.

Dieu merci, je n'en ai aucune idée !

À mes yeux, Anne est l'ambassadrice de « l'autre famille ». Je ne cherche pas plus loin. Si elle réagit ainsi, si elle pense cela, ça doit être pareil pour les autres.

J'envie quand même un peu Pierrot. Pour lui, il n'y aura eu aucune dissimulation. Il ne se souviendra pas de la scène de la plage, il n'y aura pas un avant et un après. Il aura échappé au choc de la révélation. Il aura le sentiment que les choses ont toujours été ainsi. Ce sera une donnée familiale parmi d'autres, normalisée avant même que son caractère hors normes n'ait pu atteindre sa conscience.

Ça ne veut pas dire qu'il ne se posera pas de questions. Mais j'aurais essuyé les plâtres des réponses peu convaincantes. Quand il en aura besoin, l'écheveau aura été démêlé depuis belle lurette.

Et puis, la vie est ainsi faite que les choses évoluent. Toujours. Parfois, dans le bon sens. Il n'y a que les imbéciles qui ne changent pas d'avis. Nous en avons un quota raisonnable dans notre famille, de ces spécimens arc-boutés sur leurs convictions. Heureusement, elle se compose en majorité d'individus humainement intelligents.

6

Ça swingue chez les Regazzi !

Face à certains événements, même les griefs les plus tenaces ne font pas le poids. Quand le cœur fait boum, la trêve s'impose.

Le must en la matière, c'est la naissance.

Quoi de mieux qu'un nouveau-né pour réunir une famille, aussi bancale soit-elle ?

Ça tombe bien !

En 1969 – donc seulement quelques mois après tout ce ramdam –, un nouvel héritier Regazzi fait son entrée en scène.

Grâce à Bernard, tonton Gaby est le plus fier des pères. Il peut à son tour se targuer d'avoir un fils.

Mon papa ne manque pas de rebondir sur cette facétie de l'existence qui, pour une fois, fait preuve d'un impeccable sens du timing.

Il aurait pu aller seul faire la connaissance de son dernier neveu. Il a choisi l'option « profitons de la situation » en m'emmenant avec lui.

— Allez viens, ma Pope, on va voir à quoi il ressemble, ce petit Bernard !

— Euh, t'es sûr ? je lui demande.

Il est sûr. On y va.

À la maternité, dans cette chambre emplie de fleurs et d'un bonheur palpable, la complicité de Papa et Véronique me saute aux yeux. Ils sont très proches, c'est évident. Voilà sans doute pourquoi la femme de Gaby se comporte comme si de rien n'était. Comme si la viscérale réaction de rejet de la plage n'avait jamais eu lieu.

Elle est sympa avec moi. Papa plaisante, elle rit. Jusqu'à ce qu'il la taquine, faisant mine de critiquer tonton Gaby. Là, elle bondit. Elle monte direct dans les tours pour défendre bec et ongles son mari. Papa calme le jeu, c'est une blague. Véronique se détend aussitôt et retrouve le sourire.

Petit malin, va ! C'est gros comme un camion. Papa veut me démontrer que la femme de Gaby est impulsive et entière.

Bon, faut pas rêver non plus. Véronique ne s'est pas transformée en une tante aimante et attentionnée d'un coup de baguette magique. Après ça, je ne l'ai plus revue pendant très longtemps.

Cette femme adore mon père. Ça ne s'étend pas à moi pour autant. Elle est juste capable de faire preuve d'amabilité en ma présence.

C'est déjà un bon pas en avant. Une progression vers une certaine forme de normalité. La possibilité d'être ensemble dans les moments importants.

Un peu plus, ce serait de la gourmandise !

Quant à la mère de Papa, ce n'est pas demain la veille qu'elle changera d'attitude. Mais comme on ne me parle pas d'elle, ça ne m'affecte pas.

De toute façon, les femmes de ses fils sont toutes mangées à la même sauce. Le mariage, c'est sacré. Seule celle qui a reçu ledit saint sacrement trouve grâce à ses yeux.

Pour ma mère, aucune chance donc.

Pour la femme de tonton Mimi, ce n'est guère mieux. La très grande faute de Dédé ? Avoir épousé Mimi en secondes noces. C'est mon tonton qui a divorcé, pourtant c'est elle qui trinque. Isabelle, leur fille, n'est pas une bâtarde, mais ça ne change pas grand-chose. Elle est issue de la deuxième femme. Or seule la première est digne d'intérêt aux yeux de la mère Regazzi. Du coup, ni Dédé ni Isabelle n'ont droit à ses faveurs. Le fait que la petite porte son prénom ne modifie pas la donne.

C'est comme ça.

Mimi est fou de sa femme et de sa fille. Papa est fou de Maman et de nous. Ils font contre mauvaise fortune bon cœur. Pas le choix. Car ils ont aussi un immense amour pour leur mère et lui vouent un profond respect.

Faut faire avec et trouver l'harmonie en évitant les sujets qui fâchent. C'est dans leurs cordes. Se taire est un art familial.

En tout cas, j'ai vu juste. Mon Pierrot n'a rien pigé à l'imbroglio qui agite notre tribu.

Perché dans son monde, il se contrefiche de savoir qui est qui, du moment qu'on est gentil avec lui.

La fille aînée de Papa l'est, gentille avec lui. Avec moi aussi, d'ailleurs. Anne ne s'est pas contentée de la rencontre organisée par Papa. Je commence à croire qu'elle aimerait bien créer un vrai lien avec nous.

Nous nous revoyons de temps en temps. Ce jour-là, nous avons rendez-vous dans un restaurant aux Catalans. Anne est venue avec son fiancé. Papa, avec Pierrot et moi. Alors que le promis disparaît en direction des toilettes, Pierrot se tourne vers Anne et lui dit :

— Où il est allé, ton père ?

Nous éclatons de rire.

Tant mieux pour lui ! Son jeune âge lui permet d'échapper au côté pesant de la situation.

Anne, décidément, est la meilleure ambassadrice de cette nouvelle branche de la famille. Douce et agréable à vivre, elle se concentre sur ce que nous avons en commun : l'amour de ce papa qui s'est fichu dans une belle mouise.

Il en profite, le coquin. On peut même dire qu'il s'est engouffré bien profond dans la brèche !

Peu de temps après, le fiancé d'Anne est devenu son mari. Les copains ont prêté aux amoureux un coupé Mercedes et une maison à Valras, sur la côte sétoise. Eh bien, croyez-le si vous voulez, mon père nous a collés sur son dos. Dans les valises de son voyage de noces, Anne avait deux passagers clandestins : Pierrot et moi. Un truc de fou. Visiblement, ça lui a fait plaisir en plus !

⁂

Ça, c'est chouette. Je ne boude pas mon plaisir et profite de cette grande sœur tombée du ciel dès que l'occasion se présente.

Mais il y en a une dont j'aimerais bien profiter un peu plus, c'est Maman. Elle trime toute la sainte journée, j'ai l'impression de ne la voir qu'en coup de vent. Avec tout ce que nous venons de vivre, un peu de temps à la cool avec mon papa, ma maman et mon frangin, ne serait pas de refus.

Dans ce domaine, deux nouveaux amis vont œuvrer pour moi.

Christiane et Jeannot sont parfaitement assortis. Grands et sveltes tous les deux, ils sont charmants, dans tous les sens du terme.

Mimi et Claude les ont présentés à mes parents il n'y a pas très longtemps. Entre les deux couples, l'entente a été immédiate. Si bien qu'ils font facilement un détour pour venir nous faire le bisou.

Moi aussi, je les ai aimés de suite.

Ils ont beau ne pas avoir d'enfants, les Lucchesi ont dans leur jeu un atout majeur. Dieu seul sait comment, Christiane a plus d'une fois réussi l'impensable : mettre, passagèrement, un peu de distance entre Maman et sa cuisine, lui faire déserter son restau.

Pour moi, leur amitié est géniale !

Dès que Maman peut se faire remplacer, nous allons passer la soirée et la nuit chez eux. Là, c'est la fête. Sous la tonnelle de leur petite cour intérieure, les dîners sont pleins de gaieté. Nous goûtons enfin aux délices de la tranquillité. Ici, il n'y a pas de service à assurer, pas de clients bruyants, plus d'obligations. Seulement le bonheur d'être ensemble.

Dans le *home sweet home* de Christiane et Jeannot, tout n'est que calme et sérénité.

Les Lucchesi m'ont offert des souvenirs magiques, dans lesquels Pierrot et moi sommes des enfants comblés. Nous qui courons sans cesse après le temps avec Papa et Maman ensemble, nous n'avons plus à le faire. Christiane et Jeannot nous apportent ces instants-là sur un plateau.

Question réjouissances récurrentes avec ces deux-là ensemble – dans un genre nettement moins paisible –, nous avons également le réveillon de la Saint-Sylvestre.

Très vite, Papa a réparti les fêtes carillonnées. Noël avec sa femme, le nouvel an avec Maman. Et nous, donc.

Notre trio ouvre les cadeaux chez tonton Jojo ou chez tonton Mimi. Cette année, ils ont fait se déguiser Loule Viguier en père Noël. La fille de Mimi n'y a vu que du feu mais Pierrot s'est tourné vers l'homme à barbe et lui a dit : « T'es pas Loule Viguier, toi ? T'as les yeux de Loule. »

Revenons au réveillon. Au bar de la Panne, c'est toute une affaire. Chaque fois, il se joue à guichet fermé. C'est complet dès début décembre.

Pour la gamine que je suis, ça aussi, c'est de la magie pure. Une magie qui commence des semaines avant le jour J, quand le fournisseur de cotillons vient voir Maman pour lui présenter les nouveautés. Tandis qu'elle fait son choix, je farfouille avec délice dans les cartons d'échantillons et rêve éveillée en regardant les confettis et autres serpentins s'étaler sur papier glacé.

Entre Papa, ses amis, les clients attitrés et l'orchestre, pour bien faire, il faudrait pousser les murs. Bien sûr, Maman met les petits plats dans les grands et concocte à tout ce beau monde un menu qui met les papilles en émoi. Je raffole de ce passage à la nouvelle année, de tous les petits rituels qui l'accompagnent. Comme le louis d'or à gagner à minuit. Il y a toujours une ambiance de folie et puis je sais que, ce soir-là, j'aurais mon papa, ma maman et plein de gens que j'aime autour de moi.

S'il y a bien une chose que j'apprécie dans la vie un peu particulière que nous menons, c'est que nous ne sommes jamais isolés. Quels que soient les chocs à encaisser, la tribu est là, fait bloc autour de nous.

Ça adoucit pas mal les choses. Les doux dingues qui nous entourent sont très forts pour ramener la gaieté quand elle tente de se faire la malle.

En 1970, la moisson de nouveaux copains a été particulièrement intéressante.

Pour commencer, il y a eu Jo Lomini. Celui-là, c'est Claude qui nous l'a amené. Jo, au départ c'était l'ami de mon cousin. Puis il a pris l'habitude de venir souvent au bar de la Panne et il est devenu l'ami de tout le monde.

Jo Lomini, c'est d'abord une carrure. Une sacrée carrure, même ! Il est massif, taillé en V et tout en muscles. La légende veut qu'il ait arrêté un taureau à mains nues. D'où son surnom : le Toréador.

Jo, c'est aussi et surtout la bonne humeur incarnée. Quand il arrive au restau, il file droit vers la cuisine pour saluer Maman d'un joyeux et retentissant : « Bonjour, belle dame ! » J'aimais tellement cette expression qu'elle m'est restée. Et puis, il chante tout le temps. « Oublie ta femme, oublie ton chien mais n'oublie pas ton stylo-bille ! » Combien de fois l'ai-je entendu fredonner cet air ! Enfin, fredonner, c'est une façon de parler. Même avec toutes les précautions du monde, sa voix de stentor a tendance à porter. Je n'ai compris que bien plus tard que le « stylo-bille » en question désignait une arme.

Pour finir, comme tous les autres, Jo a une vraie tendresse pour les gamins. Et les idées saugrenues. Un jour, voulant faire plaisir à Pierrot, il lui promet de lui offrir un crocodile. Les deux compères partent écumer les animaleries de Marseille. En vain. Il leur faut bien se rendre à l'évidence, on n'achète pas un crocodile comme ça. Même pas mal ! Ils se rabattent sur un singe.

Le Pierrot est ravi, Maman un peu moins. La bestiole est intenable. Dès qu'elle le peut, elle bondit d'un coin à l'autre de la salle, renversant tout sur son passage. OK, ça met de l'animation. Mais niveau hygiène, c'est pas top. D'autant que le primate grandit vite. Un soir, dans le restau plein de monde, il flashe sur une cliente et se masturbe en la fixant d'un regard enamouré. Fin de l'histoire, retour à l'envoyeur.

1970 est un grand cru, je vous l'ai dit. Tonton Gaby a fait entrer un autre personnage dans nos vies. Et pas des moindres.

D'un coup, il nous a sorti Tany du chapeau.

Ce n'était sans doute pas la première fois que je voyais Gaëtan Zampa. C'est néanmoins celle que ma mémoire a retenue. Quand il est arrivé ce jour-là avec Gaby, j'ai compris que je ne verrai plus guère l'un sans l'autre.

Entre ces deux énergumènes, ça a été un véritable coup de foudre.

Papa et Mimi aiment bien Tany, eux aussi. Mais c'est avec Gaby qu'a eu lieu la vraie rencontre. Ils vibrent pour les mêmes choses, ont en commun un charisme incontestable et, il faut bien le reconnaître, une certaine folie. Tany est aussi intrépide que Gaby est réfléchi, ils se complètent à merveille.

Il me plaît, Tany. Comme mon tonton, il m'impressionne un peu. Mais quand il s'adresse à moi, il parsème ses phrases de petits mots affectueux. Et puis, il est plutôt beau garçon.

Malgré tout, je sens qu'il dégage un truc particulier. Je ne suis pas aveugle, je vois bien l'effet qu'il produit sur la plupart de ceux qui m'entourent. En sa présence, ils semblent retenir leur souffle. C'est comme s'il y avait une subtile modification de l'air ambiant, infime mais bien réelle. Il a beau sourire, être poli et gentil, il émane de lui un petit quelque chose de glaçant. Ça doit venir de son regard. Tout le monde le dit, il calme net.

Moi, je ne le ressens pas comme ça. Je ne fais pas non plus trop la maligne quand il est là. Cet homme impose le respect, y a pas à tortiller !

De toute façon, quand il vient, il prend un petit café vite fait. Dans un verre, comme Gaby. Ou alors il choisit une Vittel, il en boit des litres. C'est un ascète, Tany, pas le genre à s'enfiler un litron de rouge au petit déjeuner. Ni au dîner, d'ailleurs. De même, s'éterniser pour faire la causette, c'est pas son style. En général, il monte direct dans la chambre de mes parents pour parler avec Gaby et

Papa. Ça aussi, ça le distingue du commun des mortels. En principe, au bar de la Panne, les réunions de business se passent dans la seconde salle. Papa ferme les portes et on comprend tous qu'il ne faut pas entrer.

À ce moment-là, Tany sort tout juste de quatre ans de prison. Ce qui explique que j'ai zappé notre première rencontre. J'étais probablement trop jeune pour m'en souvenir.

En revanche, je me souviens d'avoir bien ri d'une anecdote qu'il m'a racontée. Tany bégaie. Ce petit problème le complexe beaucoup. Alors quand on lui a expliqué que, pour retrouver une bonne élocution, il fallait rester six mois sans parler, il a saisi la balle au bond. Pendant les interrogatoires qui ont suivi son arrestation pour vol à main armée, il n'a pas dit un mot. Et, respectant à la lettre les instructions données, il a poursuivi cette thérapeutique « grève de la parole ». Si bien que quand il a de nouveau ouvert la bouche, six mois et un jour plus tard, partout aux Baumettes on entendait : « Le muet a parlé, le muet a parlé. »

Il a de la volonté, Tany. On ne peut pas le lui enlever. En même temps, le silence, pour lui, c'est une seconde nature. Encore un point commun avec mon tonton Gaby. Ça doit être super fun quand ils ne sont que tous les deux, s'il y en a un qui ne parle pas et l'autre qui se tait !

⁂

Deux inaugurations – bien différentes – ont également marqué cette année 70.

La première s'est déroulée rue Loubon, à la Belle-de-Mai, aujourd'hui plus connue pour abriter les plateaux de tournage de *Plus belle la vie*. Autant vous dire qu'on ne les a pas attendus. Cet après-midi-là, la vie était très belle. Il y avait un monde fou, le brouhaha des grands jours, des monticules de fleurs envoyées de toutes parts et un super article relatant l'événement dans *Le Provençal* du lendemain. Tonton Mimi fêtait en grande pompe l'ouverture de sa carrosserie, baptisée Sainte-Isabelle. Un double hommage, à sa maman et à sa fille.

La seconde a eu lieu chez nous, dans la douce intimité des hauteurs de Mourepiane, juste au-dessus du bar de la Panne. Là, Papa a créé un petit potager, cultivant amoureusement tomates et salades. Tous les deux, nous avons inauguré son nouveau hobby. À la tombée du jour, nous nous éclipsons pour arroser et tailler les plants. Loin du bruit et de l'agitation du restau, je savoure ces instants partagés avec mon papa. Lorsqu'il ne peut s'acquitter de ces tâches, elles reviennent à son fidèle Ficelle.

Au rang des trucs marquants, cet été-là, il y a les vacances avec Claude. Plus le temps passe, plus je me rapproche de mon cousin. C'est vraiment un mec extra, bourré d'humour et possédant la lucidité d'un plus grand que moi.

De lui, on dit souvent qu'il se la pète. Pas étonnant, il marche d'une drôle de façon, avec le torse en avant, donnant l'impression d'être très ambitieux et surtout très imbu de sa petite personne. Il n'y peut pas grand-chose, pourtant : il a les épaules larges et c'est son port naturel, voilà tout. Bon OK, il en rajoute peut-être un peu. Je m'en fiche, je l'adore. Il possède un chalutier, il est patron pêcheur. Un métier passionnant et épuisant. De mon point de vue, ces vacances, il les a méritées. Mais, ce coup-ci, il s'est bien payé ma tête.

Il y a peu, Maman a acheté un petit cabanon typique au Ranquet, juste à côté de l'étang de Berre. Celui-ci n'est pas encore pollué et c'est un pur régal de s'y baigner. Claude a décidé d'y passer quinze jours et il nous a embarqués, Pierrot et moi. Ici, tout est assez rudimentaire mais il y a un petit jardin pourvu d'une grande table et d'une balancelle. Mon cher cousin a d'ailleurs dû y laisser l'empreinte de son postérieur. Il y a passé des heures !

Très investi dans son rôle d'adulte face à nous les petits, il se charge de nous mitonner de bons plats. C'est sans aucune méfiance que, ce jour-là, je dévore à belles dents le repas qu'il nous a préparé. Le regard insistant qu'il pose sur moi et son sourire en coin auraient dû m'alerter. Mon assiette vide, il me lance, goguenard :

— C'était bon, on dirait ?

— Excellent, je lui réponds, pour lui faire plaisir et parce que c'est vrai.

Il se frotte les mains et se délecte, le saligaud :

— Tu vois, là, tu viens de te manger un bon steak de cheval et tu ne t'en es même pas aperçue !

Le chien ! Il sait que je fais régulièrement de l'équitation et que j'adore les chevaux.

Par ruse, voilà la seule façon de me faire ingurgiter de la viande équine. C'était la première et la dernière fois de ma vie.

La première et la dernière fois de ma vie où j'en ai voulu à mon cousin aussi.

⁂

Deux mauvaises nouvelles viennent ponctuer l'année d'après, celle de mes dix ans. Du moins, je les ressens comme telles avant de comprendre qu'elles instaurent en fait un nouveau départ.

Pour commencer, la santé de Papa nous préoccupe de nouveau. Trop focalisée sur sa bigamie, j'en avais presque oublié qu'il était borgne. Jusqu'ici, il a gardé son œil mort. Il ne lui sert à rien mais il est toujours là. Je n'ai pas tout saisi mais, apparemment, une histoire de dégénérescence pose problème. En gros, l'œil mort aurait commencé à attaquer celui qui est encore en vie. Il va falloir le lui enlever. Ça m'angoisse beaucoup.

À tort. L'opération est un succès. C'est presque un Papa tout neuf que je retrouve à sa sortie de l'hôpital. Le revoilà avec deux yeux ! J'avais peur qu'on lui mette une grosse bille toute moche, mais non. Son œil de verre est une merveille, on dirait un vrai.

Ensuite, alors que nous sommes en train de nouer une belle relation, Anne, l'aînée de Papa, part vivre en Italie. Je l'avoue, j'ai le cœur serré. Elle est la seule de l'autre famille de Papa à nous accepter Pierrot et moi, et voilà qu'elle s'en va. Je me console en me disant que ce sera peut-être l'occasion de découvrir ce beau pays.

De toute façon, chez nous, l'ambiance ne reste jamais plombée bien longtemps. Même les petites colères prêtent parfois à rire.

Comme ce jour où, avec mes parents, nous partons déjeuner chez des amis, propriétaires d'un restaurant dans les calanques. Nous devons y retrouver tatie Henriette et tonton Jojo ainsi que Lili et Pierrot Boulange. Arrivés les premiers, nous sommes surpris de voir débarquer Pierrot tout seul.

Entre Lili et Pierrot, c'est toujours un peu la même histoire. Pierrot partage sa vie entre Marseille et Paris. Il revient très régulièrement mais, pour Lili, ses absences ne sont pas toujours faciles à supporter. De petits accrochages émaillent donc souvent leurs retrouvailles.

C'est ce qui s'est passé avant ce fameux déjeuner. En route vers les calanques, le Pierrot, à bout de patience, a éjecté la gentille Lili de la voiture.

Oh, il n'a pas pris beaucoup de risque. Il était certain que sa bien-aimée ne resterait pas longtemps sur le bord de la route. Il savait que Jojo et Henriette arrivaient juste derrière, dans leur propre véhicule.

Un peu tendus à l'apéro, les deux amoureux se sont vite laissé gagner par la bonne humeur de leurs amis. Avant la fin du déjeuner, l'emportement de Pierrot est devenu un sujet de plaisanterie. Lili n'étant pas la dernière à rigoler de la fougue de son homme. Dans le fond, ça fait partie de son charme.

Notre Pierrot à nous aussi fait désormais preuve d'une fougue certaine. Oublié, le petit môme en boucle sur sa *tutè* et son dodo. Le minot s'est enfin réveillé et avec ce qu'il a dormi, il a des réserves !

Les amis, ça les fait bien rire. Ils le trouvaient trognon quand il ne faisait que dormir, mais avec le nouveau Pierrot, ils s'éclatent. Si j'ai eu droit à une formation précoce de maître chanteur, avec mon petit frère, ils ont choisi un autre créneau. Lui apprendre des gros mots, voilà ce qui les fait délirer. Évidemment, Pierrot se prête au jeu avec beaucoup de bonne volonté.

Le chérubin trop calme est devenu un enfant roi, ingérable et sans limites. Il multiplie les caprices et obtient le plus souvent gain de cause. Sans jalousie aucune, j'en suis un peu étonnée. J'ai, pour ma part, été élevée dans la tendresse mais avec une certaine rigueur.

Papa ne fait pas de différence entre ses enfants, ni matériellement ni affectivement. Mais que voulez-vous, son fils, il le bade. Pierrot, c'est Pierrot. À Elvire qui un jour l'a questionné sur cette clémence particulière, insistant sur le fait que je n'en avais pas bénéficié, il a répondu : « Hélène, ce n'est pas pareil. Elle est mon soleil. » Elle ne veut rien dire, cette phrase. Pourtant, elle dit tout. Papa m'aime avec la même force mais, chez nous, le fils, c'est le fils. C'est comme ça, faut pas chercher.

Enfin si, il faut chercher... à canaliser l'énergie du Pierrot. Perpétuant la tradition, Maman lui a offert une petite moto. Un modèle de pointe comme ma Ferrari. Sauf que là encore, être le cadet est bénéfique. Nous avons appris de nos erreurs. La poussière de Lançon a donc été épargnée au carburateur de l'engin, qui fonctionne parfaitement. Une sacrée bonne chose. Sur sa machine, le Pierrot se dépense sans compter. Ça pétarade sec sur les places et les trottoirs de Mourepiane !

Moi aussi, ça me va bien que Pierrot soit sorti de sa torpeur. Quand on est tous les trois, Papa, lui et moi, on s'amuse comme une bande de gosses. Il y a surtout un truc qu'on adore faire, c'est donner des surnoms aux gens.

L'acte fondateur de cette manie familiale date un peu. Je pense que Papa a dû commencer à m'initier à l'été 67.

Nos premières « victimes » ont été Thérèse et Dédé. Déjà, quand mes parents venaient, Dédé s'écriait : « Thérèse, les Américains arrivent ! Ils vont encore pousser la porte avec les pieds ! » Impossible de comprendre pourquoi, mais c'était drôle. On ne les a pas ratés non plus. Ce fameux été, j'étais à Lançon avec Pierrot, Mémé Mauricette et les parents de Thérèse. Bien sûr, Thérèse et Dédé ainsi que Papa et Maman nous rejoignaient pour les week-ends. Chaque matin, c'était le même rituel. Nous partions au village dans la Dauphine rouge du père de Thérèse. À peine descendu de voiture, il se tournait vers Mémé et lui disait invariablement : « Mauricette, vous allez chez le boucher, nous allons chez le boulanger. »

Je ne vous fais pas un dessin, niveau pépettes, la viande et le pain, c'est pas exactement la même chose. Le père de notre Thérèse est réputé pour son avarice. Et c'est bien connu, les chiens ne font pas des chats. Thérèse a beau être la marraine de Pierrot, avec elle, il ne risque pas d'être noyé sous les cadeaux.

Partant d'un délire à ce sujet, ajouté à la formule fétiche de son paternel, Papa et moi avons affublé Thérèse et Dédé des surnoms de Thénardière et Thénardier. Cette phrase culte est restée. Elle a toujours beaucoup amusé mes parents, même si, au final, c'étaient eux qui payaient. Par la suite, à chaque fois que Papa était en présence d'un radin, il me regardait avec un petit sourire et me disait : « Mauricette, vous allez chez le boucher. »

Thérèse et Dédé n'ont pas été les seuls à faire les frais de notre divertissement favori. Les Gracia aussi y ont droit depuis un certain temps. Pour nous, quatre enfants, c'est déjà une famille nombreuse. D'accord, Papa aussi en a quatre mais ils se répartissent en deux fournées, ça ne donne pas la même impression. Nos voisins, eux, vivent ensemble sous le même toit. Du coup, dans notre jargon, ils sont la famille Quinquempoix.

Les amis de Papa ont déjà tous plus ou moins un surnom. Suffisant pour arrêter ce plaisantin ? Bien sûr que non. Une année, Pierrot Boulange et Lili ont loué une baraque à chichis. La même que celle qui avait présidé à la rencontre de mes parents, faisant venir mon père au bar de la Panne. Ils l'avaient d'ailleurs installée à l'extérieur de notre restau. Ce qui valut à Pierrot de voir accrochée une jolie banderole confectionnée par Papa, sur laquelle était écrit : « Pierrot dit La Frite, le roi du chichi et de la panisse. »

Toujours dans le même registre, Papa s'est pris d'amitié pour un client. Ça ne doit pas être la seule raison mais, comme lui, ce monsieur est borgne. Ni une ni deux, mon père lui a attribué le sobriquet d'Agate. Celui-là, au moins, il est facile à comprendre. Les agates, ce sont de très grosses billes. Or le copain de Papa en a une à la place de l'œil, du genre de celle que je redoutais de voir apparaître sur le visage de mon père. Il n'a pas pu s'en acheter un qui ressemble à un vrai. Il est taquin, le René. Taquin et pourvu d'un cœur d'or. Cet homme, il l'a rebaptisé et, dans la foulée, lui a offert le même œil de verre que le sien.

Parce que, en réalité, notre lubie n'est pas méchante. Nous ne prenons pour cible que ceux que nous aimons bien. Pour nous, c'est une façon de plaisanter tout autant qu'une marque d'affection.

Rigoler, Papa adore ça. Il use même de son espièglerie de manière improbable. Le bar de la Panne grouille souvent d'enfants, lesquels sont parfois passablement excités. Pour les calmer, Papa a une méthode imparable. Il lui faut néanmoins s'adjoindre les services de l'un de ses copains qui a une jambe de bois pour qu'elle fonctionne à plein. Quand il semble définitivement exclu de pouvoir reprendre le contrôle des petites têtes blondes, l'un enlève son œil, l'autre sa jambe. Et les compères posent côte à côte sur la table ces deux éléments de leurs corps.

Je les ai vus faire cent fois. Sur moi, ça ne marche plus. Mais avec les autres, ça ne loupe jamais. Un après-midi, j'ai même trouvé un gamin posté devant un miroir, cherchant comment il pouvait y arriver lui aussi.

Il est facétieux, mon Papa.

Ceci dit, il n'a pas que des bons jours.

Avoir du plomb dans la cervelle, c'est une bonne chose en général. Selon l'expression consacrée en tout cas. Seulement, prise au pied de la lettre, ce n'est pas du tout la même limonade.

Depuis la fusillade avec les gitans, Papa a des chevrotines qui se baladent en liberté sous son crâne. Il suffit d'ailleurs de passer la main sur son cuir chevelu pour les sentir. Les toubibs nous avaient prévenus, quand l'une d'elles frôle un nerf, ça peut provoquer quelque irritation.

Merci, oui, on a vu !

Papa n'a jamais autant pété les plombs que depuis qu'il en a dans la tête.

Même une simple chanson le fait sortir de ses gonds.

« Nous étions quelques bons copains, y avait Fernand, y avait Firmin, y avait Francis et Sébastien. Et puis Paulette. On était tous amoureux d'elle, on se sentait pousser des ailes. À bicyclette. » L'air gai et entraînant d'Yves Montand résonne dans le bar de la Panne. Maman vient d'acheter le disque qui séduit tout le monde. Sauf Papa. Au lieu de Paulette, il a cru entendre Colette. Il est entré dans une colère noire, a déchiqueté le disque et l'a balancé sur la route devant tout le restau médusé. Une fois le calme revenu, il a compris sa méprise et expliqué qu'il voulait simplement éviter que les clients ne chantent ça et ne chambrent ma mère. Faut dire aussi qu'il est très jaloux.

Et très à cheval sur sa virilité. Ce qui ne l'empêche pas d'aller chaque matin faire les courses pour le restaurant. Papa veut bien mouiller la chemise, s'investir au côté de Maman et, pour que la machine tourne, faire ce qu'il y a à faire. Mais quand même, il y a des limites à tout. Ce matin-là, visiblement, elles ont été atteintes. Les éclats de voix de Papa en témoignent.

— Une honte ! C'est une honte !

— Quoi ? Qu'est-ce qui s'est passé ? demande Maman qui n'a pas saisi de quoi il retourne.

— J'irai plus !

— Où ça ? Pourquoi ? elle insiste, déboussolée.

— À l'épicerie, chez ce con ! Tu te rends pas compte, toi !

Lorsqu'il redescend un peu, elle finit par avoir le fin mot de l'histoire. Ça partait d'un bon sentiment. Quand Papa est arrivé à l'épicerie, il y avait foule. Reconnaissant de la fidélité de mes parents, le patron a, dans la boutique pleine, sermonné son employé :

— Tu dois pas faire attendre Monsieur Colette !

Glurps. Ça, c'est pas passé.

En même temps, on peut le comprendre.

Quoi qu'il en soit, si vous voulez éviter de dépasser un certain niveau de décibels, mieux vaut vous tenir loin de ces deux-là au moment de la foire de Marseille.

Chaque année, ils nous rejouent le même cinéma. Maman y va seule, pas question que Papa aille traîner ses guêtres par là-bas. Elle revient toute pimpante dans un taxi plein à ras bord de paquets divers et variés. Cette fois, Papa l'attend sur le trottoir devant le bar, prêt à l'engueuler. Il est ainsi le premier à voir arriver, juste derrière, les quatre ou cinq autres taxis nécessaires pour contenir la totalité de ses emplettes.

Ce n'est pas compliqué, Maman achète toute la foire. Tout ce qu'elle voit de nouveau ou de beau, elle le prend.

Cette année, la colère paternelle a été homérique. Peut-être à cause des chevrotines, mais peut-être pas. Elles ont bon dos.

La dernière trouvaille de Maman n'est sans doute pas étrangère à ce pétage de plombs-là. Elle vient de faire l'acquisition d'une majestueuse fontaine. Elle l'a fait disposer dans la deuxième salle, amputant un brin l'espace disponible. Et elle a garni l'édifice de gentils poissons rouges.

Eux, ils ont presque tenu moins longtemps que les récriminations de Papa.

— Maman ! Maman !

Pierrot arrive comme un fou.

— Oui ?

— J'ai lavé les poissons.

— Tu as lavé les poissons ? répète Maman surprise d'une telle initiative et dubitative quant à son utilité.

— Ils sont tous morts, complète Pierrot.

Forcément. Il a mis un litre de Mir dans la fontaine. Les poissons gisent tous ventre à l'air.

Pas top, niveau déco.

Une famille qui crie est une famille unie, dit-on. Ben nous, malgré – ou à cause de – notre statut de tribu de contrebande, on est sacrément unis !

Ma mère doit avoir du mal à accepter ce qu'elle avait admis au départ.

Son homme est marié.

Il est aussi aimant, drôle, impliqué dans sa vie à elle et super Papa pour ses enfants. Petit bémol, il est quelque peu irascible. Gros bémol, elle doit le partager.

Mon père a de la chance. Il aime deux femmes. Et chacune des deux l'aime en retour. Pour elles, en revanche, c'est moins évident.

Maintenant que la deuxième vie de Papa n'est plus un secret pour personne, les discussions animées de mes parents se font un poil plus audibles.

J'imagine d'ailleurs que mon père subit ça des deux côtés.

Les médecins avaient recommandé à Maman de créer une atmosphère calme autour de Papa, rapport aux chevrotines. De le ménager. Force est de constater que, parfois, elle a du mal.

Parfois aussi, sans doute, le business qu'il fait avec ses potes doit lui créer quelques soucis. De ça, Maman ne sait pas grand-chose. Nous encore moins. Elle ne s'en mêle pas, ne pose pas de questions. Elle sait sans savoir. Même si sur ce terrain, elle est sûrement plus au courant que son épouse.

Au bar de la Panne, elle fait un peu office de répondeur. Il y a pas mal de passage et on lui dit souvent : « Vous direz ci ou ça à René. » Et puis elle reçoit des confidences.

Ma mère est une femme de l'ombre. Paradoxalement en pleine lumière avec le bar de la Panne.

Du coup, ici, les hommes viennent avec leurs amantes. Parfois, c'est leur femme. Mais pas toujours. J'ai compris très jeune que l'homme est assez infidèle. Et que ça ne pose pas trop de problème qu'il le montre. Une femme qui se serait permis de venir avec son amant, ça aurait été un pugilat. Mais pour la gent masculine, c'est normal.

Ça aussi, c'est une réalité. Mado, la femme légitime, doit côtoyer les épouses. Maman, elle, fréquente les maîtresses. Logique.

7

Mes tontons sont des stars

J'ai toujours du mal à accepter le double foyer de Papa. Pourtant, de ce côté-là, les choses s'arrangent.

Pas mal de temps a passé depuis ma rencontre avec Anne mais nous sommes encore au début des années soixante-dix quand Line, la cadette, accepte à son tour de venir vers nous.

Pour ne pas modifier les bonnes habitudes, Papa a donné rendez-vous à sa seconde fille en terrain neutre, dans un restaurant.

Je dois l'admettre, je suis un peu fébrile. Anne a dû bien « nous vendre » pour qu'elle change d'avis. J'espère qu'on ne lui a pas forcé la main. Je redoute qu'on se retrouve bêtement face à face dans un silence distant.

Je me rassure en me disant qu'elle a sans doute été plus longue à vouloir nous voir parce qu'elle était plus petite qu'Anne et donc plus attachée à sa maman. Plus encline à assimiler ça à une trahison, en tout cas.

Line arrive.

Comme pour son aînée, ma première impression est bonne. Line est très mignonne. Elle a un corps de rêve ! Et contrairement à Anne, elle, c'est sûr, elle a hérité des gènes Regazzi. Qu'est-ce qu'elle ressemble à Papa !

À l'issue de notre premier déjeuner, j'en ai la certitude : personne ne lui a forcé la main. Si elle est là aujourd'hui, c'est parce qu'elle l'a décidé. Je ne crois pas que quiconque puisse lui faire faire quelque chose dont elle n'ait pas envie.

Line a une forte personnalité. C'est une jeune fille entière.

Et ça, ça me plaît !

Niveau caractère, je ne suis pas non plus toujours un modèle de souplesse. Entre elle et moi, ça frottera donc un peu parfois, mais ça nous rapprochera aussi.

Peu de temps après, je fais la connaissance de la pièce maîtresse de l'autre famille de Papa. Mado, son épouse. C'est une belle femme, très mince. On sent qu'elle prend soin d'elle. Elle a une classe folle.

Pas de doute, il a bon goût, Papa. Et plutôt deux fois qu'une ! Mado est aussi blonde que Maman est brune mais il a pris dans ses filets deux jolis spécimens, complètement différents.

Si je rencontre Mado ce jour-ci, c'est parce que nous partons rejoindre Anne, en Italie. Line vient elle aussi, bien sûr.

Ça peut sembler étrange, je vous l'accorde.

Maman laisse faire parce que ce sont les vacances et que ce voyage, c'est vraiment super pour Pierrot et moi.

Mais ne nous emballons pas. Si Maman ne vient pas, Papa non plus. Il n'est pas question de recomposer une troisième famille dont seule ma mère serait exclue.

Ces périples se reproduiront par la suite mais ce sera toujours soit avec Mado, soit avec Papa. Jamais les deux ensemble. Il n'est pas fou. Un peu gonflé sans doute, mais pas fou.

Ça s'est passé en douceur, petit à petit. À ce moment-là, ça me semble presque normal. D'aller voir Anne avec Line, que Maman le tolère, que Mado nous accompagne, qu'elle soit gentille avec nous. En gros, qu'elles paraissent toutes les deux avoir admis cette situation rocambolesque.

Avec le recul, je me dis surtout que mon père a été aimé à la folie par deux femmes qui ont accepté, bon gré, mal gré, de le partager plutôt que de le perdre. Et de faire des concessions supplémentaires pour que leurs enfants ne payent pas les pots cassés.

Ça fonctionne plutôt pas mal. Ça aide même à affronter des moments douloureux. Au sens propre du terme.

J'adore les hôpitaux un jour férié, vous vous souvenez ? Le 14 juillet 1972, le Pierre Richard qui sommeille en moi frappe une nouvelle fois.

Dans pas longtemps, la fête nationale battra son plein au bar de la Panne. Les réservations ont explosé, alors, pour avoir les coudées franches, Maman nous a fait manger tôt. En ce début de soirée, nos petits voisins nous ont rejoints et nous nous éclatons.

Jusqu'à ce qu'un de mes compagnons de jeu propose de me faire une passe. J'acquiesce, me mets en position. Le truc arrive comme un boulet de canon. Même pas peur, ce n'est qu'un ballon ! J'ignore juste un petit détail. C'est une balle pleine, très lourde. J'encaisse mais je perds l'équilibre et me sers de mon poignet gauche pour amortir ma chute.

La douleur est fulgurante. M'entendant hurler, Maman se précipite :

— Qu'est-ce qui se passe ?

Je suis seulement capable de geindre :

— J'ai mal, j'ai mal.

Pierrot lui donne sa version :

— Elle fait du cinéma ! dit-il en portant un nouveau coup à mon poignet. Puis il repart en courant.

Cependant, Maman voit bien que ma souffrance n'est pas simulée. Tant pis pour le restau, sa fille passe avant tout. Zou, direction les urgences !

À l'hôpital Nord, j'apprends que digestion et anesthésie sont incompatibles. J'ai une fracture avec déplacement mais il va falloir tenter de remettre tout ça en place… à vif ! Pas le choix, je dois être courageuse. Plus facile à dire qu'à faire. Ceux qui attendent leur tour doivent penser qu'on m'égorge. Ensuite, j'ai droit à un joli plâtre.

Seulement voilà, ma douleur si évidente a dû rendre moins précis les gestes du praticien. Quand on me retire le plâtre, j'ai encore bien mal et il me semble impossible de me servir de mon poignet normalement. Le médecin me dit qu'il faut attendre. Je patiente quelques semaines mais une radio confirme l'évidence, il faut tout recommencer.

Je dois donc retourner à l'hôpital Nord pour que les docteurs recassent l'os et le replacent. La joie ! Papa me demande qui je voudrais à mes côtés pour cette journée de cauchemar. Sans trop y croire, je demande si ça pourrait être Anne.

J'ai de la chance. Anne revient finalement assez souvent d'Italie, elle est là au moment où se déroule cette nouvelle intervention. C'est elle qui me soutient dans cette sale épreuve. Belle consolation.

⁂

Ceci dit, vous commencez à vous en rendre compte, les soucis ne nous lâchent jamais vraiment très longtemps.

Par une belle matinée d'octobre, mon cousin Claude déboule dans notre appartement, situé au-dessus du restau. Il m'embrasse vite fait, le sourire en berne. Pas son genre. J'ai juste le temps de me rendre compte qu'il a sur le dos « the » manteau à la mode – un long truc en daim, façon cow-boy – qu'il a déjà tourné les talons.

Je l'entends qui s'adresse à Papa dans la pièce voisine :

— On a levé mon père ce matin.

D'un coup, ça sent le branle-bas de combat.

Je n'ai pas besoin d'une explication de texte. J'ai compris que mon tonton vient d'être arrêté et qu'il s'avance vers la case prison. Pourquoi ? Pour combien de temps ? Aucune idée.

Le lendemain, comme chaque jour depuis un petit moment déjà, je me rends au bureau de tabac du coin, j'achète les journaux pour Mémé Mauricette.

Vu les gros titres, je vais bientôt avoir plus d'informations que je n'en demande. Eh oui, maintenant, je sais lire.

En une du premier figure un élogieux « L'habile carrossier de la Belle-de-Mai », légèrement contrebalancé par ce qu'on trouve dans les pages intérieures. Tonton Mimi y est présenté comme l'un des artisans de la French Connection, organisation sous-terraine dont la mission est d'exporter de l'héroïne.

En une du *Provençal*, le mot « Drogue », en caractères bien gras et soulignés, attire mon attention. « Un garagiste arrêté à Marseille. Le trafiquant, Barthélemy Régazzi (46 ans) appartenait au réseau qui exportait de l'héroïne aux USA via l'Espagne et le Mexique », résume l'encart qui renvoie en page 3.

Là, je découvre une jolie photo de mon tonton, surplombée d'un : « Carrossier doué. Il "bricolait" les voitures pour y dissimuler la drogue. »

Je ne résiste pas à la tentation de poursuivre la lecture.

La brigade des stupéfiants du SRPJ de Marseille, dirigée par le commissaire Morin, poursuit sa lutte intensive contre les trafiquants de drogue. Elle vient d'épingler un nouveau nom à son tableau de chasse.

C'est un certain Barthélemy Régazzi, 46 ans, né à Septêmes-les-Vallons, cheveux argentés, profil de boxeur bien connu dans le milieu sous le pseudonyme de « Mimi ».

Mimi avait déjà eu des ennuis avec la police, il y a plusieurs années, pour une affaire de trafic d'alcool, puis il semblait s'être rangé, et il dirigeait ces derniers temps le garage Sainte-Isabelle, 59, rue Loubon. Regazzi, a été entendu par le juge d'instruction Saurel, dans le cadre de l'enquête sur le réseau des transporteurs de drogue France-USA, via l'Espagne et le Mexique.

On ignore le rôle exact qu'il a joué dans le réseau, mais on peut supposer qu'il était chargé de transformer les véhicules chargés d'emporter aux États-Unis, la précieuse et mortelle marchandise. Carrossier doué, il installait sans doute les caches dans les ailes, les réservoirs d'essence.

Après un intertitre précisant « Des amis tous trafiquants », l'article continue :

Si sa place dans la chaîne du gang n'est pas exactement connue, en revanche, ses multiples fréquentations, douteuses, ont été établies avec certitude.

Il a été en relations suivies avec Fernand Chattard et Jean-Marie Lucchesi, qui avaient convoyé aux USA une voiture « bourrée » de drogue, laquelle avait été « réceptionnée » par le chanteur fantaisiste marseillais, Edmond Taillet. Ce dernier, arrêté pour cette affaire, en avril 1971, fut condamné, il y a peu, par un tribunal new-yorkais à trois ans de prison.

Chattard, 39 ans, et Lucchesi, 33 ans furent appréhendés le 22 mars 1972, le premier à Martigues et le second à Port-de-Bouc.

Régazzi fréquentait également un couple d'« amoureux » Maryvonne Caratéro et Jean-Pierre Pilato, arrêtés à Valencia (Espagne), par la police locale, alors qu'ils devaient transporter en Amérique, une importante quantité d'héroïne (112 kg dans leur voiture). La justice espagnole devait infliger 12 ans de prison à Pilato et 8 ans de prison à Maryvonne.

Régazzi ne choisissait pas ses amis dans le « who's who... »

Le journaliste en cite encore d'autres que je ne connais pas avant de conclure :

On dit souvent qu'il faut se méfier de certains de ses amis, mais dans son cas, Régazzi, en dépit de ses dénégations, aura du mal à faire croire qu'il est victime de curieuses coïncidences et qu'il n'est pas le fabricant des « caches » des véhicules transportant aux USA l'immonde marchandise.

Il y a des erreurs de ponctuation – pourtant très bien maîtrisée quand il s'agit de souligner l'adjectif « douteuses » – et des approximations patronymiques : mon nom ne comporte pas d'accent et s'il existe un Fernand Chattard, il doit être content parce que c'est Chaffard que l'auteur du papier aurait dû écrire. À part ça, cet article éclaire ma lanterne mais ne m'inspire pas grand-chose. Sans doute parce que, depuis mon plus jeune âge, on m'a appris à ne pas juger.

De toute façon, d'après ce que j'entends et ce que je comprends, excepté l'écoute téléphonique illégale qui a permis son arrestation, tout ce que les autorités ont comme preuve contre Mimi, c'est que plein de gens passaient à son garage. À ce compte-là, il doit y avoir pas mal de commerçants derrière les barreaux !

Pour ce qui concerne Jeannot Lucchesi, je savais déjà qu'il était au frais, puisqu'il arrive à Papa de conduire Christiane au parloir. Mimi va donc le rejoindre. Espérons juste qu'ils n'y resteront pas trop longtemps. Ils vont me manquer tous les deux.

⁂

Malgré l'arrestation de mon tonton et même si bien des points ont évolué dans le bons sens, jusqu'ici, la bigamie de Papa me pèse plus que d'appartenir à une famille de voyous.

Je conçois que ça puisse paraître étrange.

Bien sûr, le Milieu, c'est pas rose tous les jours. La prison, entre autres, fait partie du package.

On attend aussi de nous, les enfants, une certaine rigueur. Et pas seulement sur ce qu'on peut dire ou non.

Dans la rue qu'habitent Louis – le copain de Papa qui m'avait ramenée avant la fusillade avec les gitans – et son fils Nico, il y a une salle de judo et un bar. Parfait : les gamins font du sport et leurs pères les attendent en tapant la papote dans l'établissement d'en face. Il n'y a pas très longtemps, juste avant notre cours, Nico s'est méchamment coincé les doigts dans une porte cochère. Son index et son majeur donnaient l'impression de pendre lamentablement. Rien qu'à regarder, ça faisait atrocement mal. Eh bien, la première chose que son papa lui a dite, c'était : « Ne pleure pas. Un homme, ça ne pleure pas. » Peu importe l'intensité de la douleur. Après seulement, il s'est préoccupé de savoir comment son fils se sentait et l'a conduit aux urgences.

L'appartenance au Milieu complique également parfois nos relations avec les autres. Il y a quelques semaines, Mimi a voulu taquiner Jean-Pierre, le dernier de la famille Quinquempoix. Il lui a fait un petit geste de la main qui signifiait en gros « pas de bêtise ». Ce geste était accompagné d'un éclat malicieux dans l'œil et d'un sourire taquin. Je l'ai bien vu.

Apparemment, pas le petit.

Or, Mimi et Papa se ressemblent comme deux gouttes d'eau. D'ailleurs, quand je me promène avec mon tonton, tout le monde pense que c'est mon père. Et le petit Gracia les confond. Du coup, maintenant, chaque fois qu'il voit mon père, il file se planquer. À tel point que ça a éveillé la méfiance de son grand-père. Jean-Pierre n'a que quelques mois de plus que Pierrot, il est donc facilement impressionnable. Mais pour son papy, ça ne suffit pas à expliquer cette attitude pleine de terreur.

Il est venu trouver Papa, très contrarié :

— S'il part comme ça en courant, c'est que vous avez dû lui faire quelque chose. Un enfant n'a pas une telle trouille d'un adulte sans raison !

Ce jour-là, il avait retrouvé son petit-fils caché sous une chaise.

Même si Papa lui a assuré qu'il n'en était rien, je ne crois pas qu'il ait réussi à le convaincre.

Évidemment, quand on connaît l'amour de mon père et de Mimi pour les enfants, l'idée qu'ils aient pu vouloir lui faire peur est totalement insensée. Mais voilà, ils appartiennent à une famille de voyous, ça peut brouiller les cartes.

Et puis, on a beau dire, ce n'est pas si simple.

N'est pas voyou qui veut !

Ce n'est pas le nouveau gendre de l'un des copains de Papa qui dira le contraire.

Alors qu'ils sont tous les deux très jeunes, sa dulcinée se retrouve enceinte par accident. Amoureux, ils prévoient de se marier. Le fiancé n'ose pas avouer à son futur beau-père – qui marie sa fille aînée et tient à faire les choses en grand – qu'il est un peu gêné financièrement. Voulant à tout prix participer, il ne trouve rien de mieux que de faire un braquage. Alors qu'il n'avait jamais rien fait d'illégal auparavant.

Le casse se passe bien, le mariage aussi et la nouvelle épousée accouche dans la félicité.

Seulement, ils sont plusieurs à avoir commis ce forfait. Quelques mois plus tard, l'un d'eux se soûle dans un bar et se vante de leur exploit.

Au final, le voilà donc contraint d'abandonner femme et enfant pour cinq ans de prison. Un vrai gâchis.

Le jeune marié jura, mais un peu tard, qu'on ne l'y prendrait plus.

De même, l'un des nôtres, totalement réglo jusqu'ici, a tenté de jouer au voyou.

Cette photo-là, je ne m'attendais pas à la croiser un jour dans les journaux. Encore moins quelques semaines à peine après celle de Mimi.

Décidément, mes tontons sont des stars.

Jojo vient à son tour d'hériter d'un joli surnom. Si, en plus des Regazzi, le Doria s'y met aussi, on n'est pas sortis de l'auberge ! Pour les journalistes, il est l'Ali Baba de Saint-Henri.

Ça lui va comme un gant. Sa voiture est très souvent remplie d'un étonnant bazar. Il y a de tout.

À l'aube d'une belle matinée, les gendarmes sont arrivés chez lui, vraisemblablement à la recherche de la marchandise. Car le hic, c'est que pas mal de choses sont « tombées du camion ». Donc, les vendre revient à se rendre coupable de recel. Sous les yeux de mon tonton, de son épouse et de leurs enfants, les brigadiers ont fouillé toute la maison. En vain. L'un des gendarmes a alors demandé à Henriette s'il y avait un garage. Elle n'a pas eu le temps d'ébaucher une réponse. Sa fille aînée, quatre ans, lui a coupé l'herbe sous le pied :

— Mais oui, le garage à Papa, le garage où y a tout dedans.

La vérité sort de la bouche des enfants.

Voilà comment les forces de l'ordre ont trouvé la caverne de notre Ali Baba et, dans la foulée, un bon motif pour l'arrêter. Et dire qu'il n'emmenait jamais personne dans ce hangar... hormis sa petite !

Histoire de ne pas rester seule avec ses deux enfants, tatie Henriette est venue emménager chez nous. D'accord, elles vivent à moins d'un kilomètre de là mais elles préfèrent échapper à la maison vide.

Nous, on est ravis. Laurence est un gentil bébé que nous prenons plaisir à câliner. Et Marie-Claude nous régale de son inépuisable énergie de petite fille.

Pour Jojo, le tableau est moins idyllique. Quand Maman est allée le voir au parloir, elle a eu un choc. Son visage était massacré. Ça, ça ne serait jamais arrivé à un Regazzi. Personne n'aurait osé lever la main sur l'un d'eux. Comme quoi, il vaut parfois mieux être un vrai voyou.

Même si la justice fait preuve de plus de clémence à l'égard des amateurs. Huit semaines plus tard, tonton Jojo retrouve le grand air.

Il le jure, ça lui a servi de leçon. Finalement, il préfère le droit chemin !

Je vous l'accorde, il y a quelques inconvénients à vivre aux côtés de voyous. Mais les jours avec ceux qui m'entourent s'écoulent, la plupart du temps, de manière assez chouette.

D'abord, ce ne sont pas que des voyous. Ils ont d'autres occupations. OK, elles leur permettent sans doute de faire leurs affaires en même temps. Ou pas.

Certains tiennent des bars, rien de révolutionnaire pour moi. Claude a le chalutier, Mimi la carrosserie. En plus, il a ouvert une salle de boxe. Peut-être va-t-il découvrir le talent de demain ? Jeannot Lucchesi, lui, est scaphandrier pour la Comex. Pour les deux derniers, nous sommes d'accord, il faudra en reparler plus tard...

D'autres ont vécu des choses passionnantes. Prenez le Paulo de Mémé Mauricette. À peu près à cette époque-ci, il m'a donné à lire le manuscrit de ses mémoires.

Il en a, des trucs à raconter ! Ne serait-ce que la raison pour laquelle il est allé au bagne et la manière dont il s'en est échappé. Manque de bol, aucun éditeur n'y accorde d'importance. Pour la bonne et simple raison qu'à l'entendre, Henri Charrière, dit Papillon, lui a volé son histoire. Pas seulement la sienne, d'ailleurs, il s'est approprié celle des autres détenus aussi. Paulo ne s'en souvient pas comme du meilleur moment de sa vie, mais il a fait partie de ceux qui ont mangé leur copain de galère dans une barque à la dérive.

Les femmes ne sont pas en reste. Christiane Lucchesi et Dédé, l'épouse de Mimi, se sont associées. Dans la rue Loubon, celle où se trouve la carrosserie de tonton, elles ont ouvert l'année dernière un magasin de vêtements pour femmes et enfants. À cette inauguration également, il y a eu un monde fou.

Quant à Thérèse, elle ferait n'importe quoi pour gagner de l'argent. Elle aussi, elle vend des fringues. Ce qui a donné lieu à quelques dialogues savoureux. Quand l'un ou l'autre venait lui demander s'il lui restait des costumes Hugo Boss, elle répondait :

— Ah non, les gogo boss, j'en ai plus. C'est tout le pissecatre qui les a pris.

Comprendre le psychiatre.

Ça me fait toujours autant rire d'entendre parler Thérèse.

Voyous ou pas, pour repousser la sinistrose, les copains de Papa sont fortiches.

Entre adultes, ils ont un remède imparable : faire la bringue.

Je ne suis bien sûr pas admise dans ces petites sauteries. Pas besoin de ça pour savoir qu'elles leur font du bien au moral. Même s'il n'est parfois pas inutile qu'un garde-fou(s) – au sens propre – se manifeste.

Ce rôle revient assez logiquement à Maman. Elle n'a rien contre le fait de s'amuser, mais elle pense avant tout à faire fonctionner son restau. Pour ça, elle se lève tôt. Son arrivée a donc parfois sonné le glas des réjouissances, rappelant aux convives qu'il était temps de regagner leurs pénates. De toute façon, après des heures passées à refaire le monde un verre à la main, ils ne sont plus bien fringants. Ça laisse d'ailleurs songeur quand on sait que, parmi les fêtards, on trouve quelques éminents médecins qu'il faut parfois – comme les autres – ramener chez eux. Espérons que ces jours-là, ils n'ont pas d'intervention en vue…

Notre bon Ficelle n'est bien sûr pas le dernier à participer. Ni à reconnaître l'utilité des débarquements matinaux de Maman. Un jour, les loustics avaient décidé d'organiser, pour rire, un faux procès. Dans le rôle de l'accusé : Ficelle. Malgré l'intercession de Papa en tant qu'avocat, cette magistrature fantoche l'avait condamné. Il aurait sans doute fini ses jours au bout d'une corde si Maman, se préparant à nous conduire à l'école, n'avait mis fin à la fiesta. C'est du moins ainsi qu'il le raconte, glorifiant au passage son avocat et sa sauveuse. Il semble pourtant raisonnable d'imaginer que les « juges » auraient repris leurs esprits avant d'en arriver à de telles extrémités.

Même sans prendre part à leurs bamboulas, je persiste : au quotidien, la vie avec ces doux dingues est plutôt intéressante et sympa. Surtout maintenant que j'ai grandi.

J'apprends à conduire très tôt. L'un de nos serveurs m'a enseigné les rudiments de base sur la route goudronnée des quais, en face du bar de la Panne. Pierrot Boulange est très attentif à mes progrès. Et, à l'issue d'une leçon, il me lance :

— Maintenant, je sais que tu ne planteras pas ma voiture.

Le compliment me va droit au cœur. Ce n'est pas fini, le meilleur reste à venir.

— Tu vas la conduire et je vais t'aider à te perfectionner.

— Quoi ? Ta BM ?

— Ben oui.

Quoi d'autre en effet ? Pierrot n'a que des BMW.

Ça, c'est la classe ! Ça va me changer de la vieille 404 du serveur.

Pierrot, je l'adore. Je le vois comme un copain. À tel point que je franchis parfois les limites. Un jour, il ne veut pas me faire conduire. Pour le punir, je pars au collège avec ses clés de bagnole. Ils font tout pour les retrouver, ils démontent le restau et vont jusqu'à vider les poubelles. En vain. Bloqué, il lui faut attendre la sortie des cours, à 17 heures. Douce vengeance.

Jo Lomini m'initie aussi aux sports mécaniques. Lui, il me fait faire des tours de sa grosse moto.

Et puis, au rayon loisirs, il y a les essais des nouveaux joujoux. Depuis longtemps, Papa et Pierrot Boulange vont tester leurs nouvelles armes dans la campagne. Ils s'entraînent en tirant sur des bouteilles, des boîtes de conserve ou tout ce qu'ils peuvent trouver. À un moment, mine de rien, je les suis. Papa laisse faire, sans doute parce que ça fait marrer son ami. Si mes tontons le savaient, ils ne seraient pas forcément d'accord. Mais c'est pas bien grave, en fait. C'est un jeu pour moi.

J'adore viser et faire mouche. Une fois, un gibier surprenant est sorti. Nous venons d'arriver dans les collines de Callas, un premier coup de feu résonne et là, je vois un type partir en courant. Les hommes ont l'air un peu gênés. En réalité, ces terres qui n'appartiennent à personne sont un lieu de rendez-vous pour les couples en mal d'intimité. Ce qui n'a pas échappé aux voyeurs de tout poil, qui se planquent en espérant un beau spectacle. Celui-ci a dû croire qu'il avait été repéré et n'a pas demandé son reste, détalant comme un lapin.

À Lançon, dans un espace tout aussi sauvage, Papa et ses copains se lancent divers défis. Cette fois, il faut réussir à faire exploser le pare-brise d'une traction avant toute pourrie, sans doute abandonnée là depuis des siècles. Les six hommes présents essaient. Aucun n'atteint la cible. Alors Pierrot dit à mon père :

— Tu devrais faire essayer la petite. Elle sera peut-être plus douée que nous aujourd'hui.

Papa me passe le joujou. Bingo ! En plein dans le mille !

Pour être tout à fait honnête, si la vitre a volé en éclats, c'est un peu un hasard. Je ne suis pas, et n'ai jamais été, un tireur d'élite.

Avoir un papa et des tontons voyous présente aussi quelques menus avantages.

Gaby m'inspire une vague crainte. Papa et Mimi, pas du tout.

Mais ça, c'est moi. La plupart des gens sont impressionnés par les trois. Ça leur confère une certaine puissance. J'ai vite remarqué que quand on veut quelque chose, on l'a dans les cinq minutes. Nombreux sont ceux qui veulent se démarquer en nous rendant service ou simplement en escortant les hommes de ma famille. Sans doute espèrent-ils voir rejaillir sur eux un peu de leur aura. Ça a l'air d'être un honneur.

Même à l'école, l'attitude des autres mômes me montre que les conversations de leurs parents ne leur échappent sûrement pas.

En dignes enfants de notre père, Pierrot et moi n'avons pas pu nous empêcher de leur trouver un surnom. On les appelle les porte-couilles.

L'expression n'a, dans notre bouche, rien de péjoratif. C'est un privilège... réciproque. De toute façon, on est tous, à un moment ou à un autre de notre vie, le porte-couilles de quelqu'un.

⁂

Finalement, Jeannot ne sera resté en prison que quelques mois. Mais il était vraiment temps que ça s'arrête. Contestant ce qu'on lui reprochait, il s'était lancé dans une grève de la faim. Après plusieurs semaines de ce régime, son cœur montrait des signes de fatigue.

C'est très affaibli qu'il retrouve la liberté. Pour Christiane, l'inquiétude fait place au soulagement. Elle va pouvoir prendre soin de lui.

Lorsque, plusieurs semaines plus tard, ils arrivent au bar de la Panne, Jeannot est toujours très maigre et doit s'aider d'une canne pour tenir debout. Malgré tout, il a fière allure dans son costume noir agrémenté d'une cravate rose.

Aujourd'hui est un grand jour, Jo Lomini baptise sa fille. Jeannot en est le parrain.

Maman s'est surpassée côté cuisine, le champagne coule à flots et la joie emplit le restau bondé. Les copains n'auraient loupé ça pour rien au monde.

À l'entrée de la seconde salle, on a installé un orchestre. Pour ça, il a fallu condamner l'une des portes d'accès mais ça en valait la peine ! Jo est rayonnant, plus en forme que jamais. On ne voit que lui, on n'entend que lui. Micro en main, il nous offre un show du tonnerre. Dans son répertoire ce soir-là, *Le Prisonnier* d'Antoine Ciosi. Il faut le voir reprendre de toute son âme les paroles de cette chanson corse. Dans celle-ci, un homme emprisonné regrette de ne pouvoir aller embrasser sa maman mourante, celle « qui avait tout donné, pour qu'on dise plus tard, "C'est un monsieur très bien" ».

Pas sûr que ce soit très approprié, mais ce moment d'émotion m'a beaucoup marquée. Ensuite la fiesta reprend de plus belle. Il se donne ce soir-là, le Jo ! Le contraste avec son épouse n'en est que plus saisissant. Elle est toute fine, discrète, presque effacée, tandis qu'il est impossible de rater le Toréador, avec son imposante stature et sa bonne humeur communicative.

Pour sa petite, Jo a voulu un baptême somptueux. C'est réussi. Lorsqu'il nous quitte, visiblement ravi, il dit à Maman :

— Au revoir, belle dame. Je repasse plus tard pour te régler.

— C'est pas pressé, lui répond-elle dans un sourire.

Pressé ou pas, Jo n'en aura pas le temps.

Je ne sais pas si vous l'avez remarqué mais, en général, quand les choses s'arrangent d'un côté, elles se détraquent de l'autre.

Dans ma vie, en tout cas, c'est une constante.

Côté bigamie, ça s'est bien calmé. Donc côté Milieu, ça se corse.

« Tuerie sur le Vieux Port » titre *Le Provençal* du 1er avril 1973.

Il commence plutôt bien cet article. Le journaliste a une belle plume et une façon poétique de rendre l'ambiance. À partir du deuxième paragraphe, pourtant, j'aurais aimé que ce soit un poisson d'avril.

Marseille, le 31 mars, 18 h 50. La ville se repose. C'est le week-end. Dans les eaux noires du Vieux Port où se reflètent, symphonie bigarrée, les néons de la ville, les barques twistent, au rythme lent de l'eau qui bat comme une aorte. Ça sent bon le violet et la moule. Des passants vont et viennent d'une allure de promeneurs. Le soir est tiède. On est vraiment entré dans le printemps. Après l'élégant bâtiment de la Mairie, à la hauteur du numéro 218, il y a un bar-cabaret : le Tanagra. Il faut le dire, c'est un charmant cabaret. Les murs sont tendus d'une riche tapisserie rouge et or. Il y a de petites appliques, style romantique. La lumière est tamisée. Le comptoir est en briques sombres. Sous les arcades de pierres ocre, deux bars de même type encadrent le Tanagra : le Chou-Chou bar et le Lido. Le Tanagra, comme la plupart des cabarets en 1973, possède son Juke-box : un Jupiter. Le décor est complété par des chapeaux noirs à large bord que l'on a accroché aux murs. Derrière le comptoir, une pancarte jaune : « Demandez le cocktail Tanagra. »

Quai du port, 18 h 55. C'est la boucherie. Soudain. L'odeur du sang et de la poudre. La mort. Rapide. Distribuée comme dans Le Parrain, en moins de vingt secondes. Les victimes : Joseph Lomini, 34 ans, domicilié à Marseille, 2, Bd Piot, à la Pointe Rouge. On l'appelle « le Toréador ». C'est une force de la nature : 1 m 85, 90 kg. Il a été tué sur le coup. C'est un truand notoire, condamné pour violences et proxénétisme. En juillet dernier, son frère Roger a écopé de quinze années de réclusion criminelle devant la cour d'assises des Bouches-du-Rhône, sous le chef d'inculpation d'attaques à main armée. Il opérait dans le gang des

« Caisses d'Épargne ». Les trois autres morts sont : Carmen Ambrosio, 40 ans, née Mérino, à Madrid, domiciliée 108, Corniche Kennedy, à Marseille. Elle a été tuée sur le coup, derrière son comptoir, également atteinte à la poitrine ; Jean-Claude Napolitano, 25 ans, demeurant 146, Corniche Kennedy, et Ansan-Albert Bistoni, 62 ans, domicilié quartier Malakoff à l'Isle-sur-Sorgue, dans le Vaucluse. On l'appelait « l'Aga Khan ». Bistoni et Napolitano sont morts au cours de leur transfert à l'hôpital.

Certains diront, écriront que Jo Lomini est à l'origine de ce règlement de comptes. Il aurait tenté d'embrouiller le Belge, figure dominante du Milieu, avec Tany.

Moi, je suis à cent lieues de ces considérations. Tout ce que je sais, c'est que je n'entendrai plus jamais la voix de stentor de Jo disant gaiement : « Bonjour, belle dame. »

Les adultes nous préservent de leur business. Pour autant, ils ne peuvent nous préserver du poids de la perte et de la tristesse qui l'accompagne.

⁂

Avec ce funeste épisode et l'accablement général qui en résulte, je n'ose pas trop la ramener, mais mon poignet continue de me faire atrocement souffrir. Heureusement, même préoccupé, mon papa reste un bon papa. Il s'en rend compte tout seul et décide de passer à la vitesse supérieure.

Il est ami avec le docteur Jean-Pierre Farci, spécialiste des os. Nous allons le consulter.

Le verdict de Jean-Pierre est sans appel : la deuxième intervention a été un nouveau massacre, il faut réopérer et mettre des broches. Que du bonheur ! Il garantit cependant qu'ensuite je retrouverai un poignet normal.

Lors de cette consultation, Papa en profite pour lui demander conseil.

— Jean-Pierre, quand je m'énerve, je perds la voix.

— Ben arrête de t'énerver alors, lui répond son copain en plaisantant.

En voilà une idée qu'elle est bonne ! Mais c'est plus facile à dire qu'à faire. Avec ses deux femmes, ses quatre gosses, ses frères, ses potes et leurs affaires, la vie de mon père ressemble rarement à un long fleuve tranquille.

Reprenant son sérieux, Farci lui prescrit un truc qui devrait régler le problème.

Rebelote, donc. Quelques jours plus tard, je teste le soyeux des draps de la clinique Wulfran Puget. *A priori*, cette fois, tout s'est bien passé. En plus, on me traite aux petits oignons.

C'est pas désagréable d'être soignée par un copain de Papa. C'est même assez rentable. Jean-Pierre fait deux consultations en une. Il ausculte mon poignet tout en écoutant Papa lui décrire les symptômes qu'il ressent lors de la prise des cachets prescrits. Puis il conclut en se tournant d'abord vers moi :

— Tout va bien. C'est en bonne voie.

Il s'adresse ensuite à Papa :

— Toi, tu vas faire des examens.

Les journées s'écoulent aussi paisiblement que possible, malgré la douleur toujours bien présente après cette énième opération. Ça n'a pas échappé à tonton Gaby. Il n'habite pas très loin de la clinique et vient chaque soir me faire le bisou.

Lui, il a raté sa vocation. Il aurait dû être médecin.

C'est fou, il suffit de lui décrire un symptôme, il vous dit alors quel médicament prendre et en connaît même la posologie. Il trimballe d'ailleurs dans sa sacoche tout un échantillonnage de ceux capables de soigner les maux les plus courants. Là, il me propose :

— Si tu veux, pour te soulager, je peux te faire une piqûre ?

— Non merci, ça ira ! Ne t'inquiète pas, les gens de la clinique vont s'occuper de moi.

En réalité, je hais les seringues.

Papa et Maman aussi sont très présents et c'est bon d'avoir mon tonton en fin de journée. Pourtant ce jour-là, son attitude me laisse perplexe. Et ça n'a rien à voir avec le fait qu'il soit accompagné de Tany.

Comme d'habitude, il ne dit pas grand-chose. Je meuble, pas de problème. Mais... qu'est-ce qu'il me fait là ? Lui d'ordinaire si stoïque, lui qui ne laisse jamais filtrer aucune émotion, il a les larmes aux yeux ! M'enfin ! Reprends-toi, ce n'est qu'un poignet qu'on charcute depuis près d'un an !

Évidemment, cette exhortation est restée dans ma tête. Pas folle, la guêpe ! Je peux penser ce genre de choses, mais de là à le dire à Gaby – devant Tany qui plus est –, il y a un monde.

J'en ai ma claque des hôpitaux. Visiblement, ça tape même sur le système des plus forts. Vivement qu'on en termine !

Pourtant, ce n'est pas ce que le grand manitou de l'univers a prévu pour nous.

Sitôt revenue au bar de la Panne, on me met au parfum.

Le jour où mon tonton m'est apparu si désemparé, c'était qu'il venait de parler avec Maman dans les jardins de la clinique.

Papa a un cancer de la gorge.

Le diagnostic établi, un véritable bras de fer s'engage.

Parce qu'en plus d'être borgne, bigame et atteint d'un cancer, Papa est têtu comme une mule.

Après Jean-Pierre Farci, il s'est adressé à un autre ami, spécialiste de la gorge, qui vit dans l'immeuble de Claude. Celui-ci lui a fait faire une biopsie qui a permis de confirmer la présence du « crabe », comme l'appelle le René. D'après le toubib, tout n'est pas perdu. Il faut opérer et pratiquer une trachéotomie. Mais Papa ne veut rien savoir. Hors de question qu'on lui troue le cou !

Sa rengaine est toujours la même. Il rabâche à tout-va :

— Mieux vaut vivre trois mois comme un lion que trois ans comme un mouton !

Il accepte tout de même des examens complémentaires sous anesthésie. Mais il prévient le spécialiste :

— Si, quand je remonte, tu m'as fait le trou, je te charcle.

C'est dit dans un demi-sourire mais le message est clair.

Les résultats aussi sont clairs, il faut vraiment opérer.

Mobilisation générale ! Un à un, tous ceux qui tiennent à lui font le déplacement à la clinique pour le supplier de tenter le coup, pour lui dire qu'il sera toujours temps d'aviser après l'opération.

Moi aussi, je m'y mets, y a pas de raison. Il est buté mais je tiens bon.

— Pierrot et moi, on est trop jeunes pour être orphelins. Et je suis sûre que tes filles pensent la même chose. En plus tu as un petit-fils, maintenant !

Entre-temps, Anne a eu un mignon petit garçon.

Je ne me laisse pas déstabiliser par son absence de réaction apparente. Il n'est pas le seul à être déterminé.

— Tu ne peux pas laisser tout le monde en plan !

Toujours rien. OK, j'enfonce le clou. Avec humour.

— On s'en fout, nous, que tu aies une voix de ventriloque. On t'aimera tout autant. D'ailleurs, le trou de la gorge serait assorti à celui de l'œil.

Son autre famille a aussi dû user d'arguments percutants. Pour une fois, c'est une bonne chose que Papa soit bigame. Tout est multiplié par deux, même la force de persuasion !

Il a dû finir par comprendre que le rêve de sa tribu était de le garder auprès d'elle, quel qu'en soit le prix.

Il se laisse fléchir.

— D'accord. Mais si je suis trop diminué, j'abrège mes souffrances et les vôtres.

Ouf !

Durant les quelques jours qui précèdent l'opération, il doit multiplier les prières et les petits gestes censés lui porter chance.

Papa est très croyant. Il a d'ailleurs pour projet de se faire tatouer la Cène dans le dos.

Il est aussi très superstitieux. Déjà d'ordinaire, il est plein de petits rituels. Par exemple, deux portes permettent d'entrer au bar de la Panne. Il refuse de franchir le seuil de la première. Le matin, quand il a dormi là et qu'il nous emmène au pensionnat Saint-Joseph, il fait tourner le moteur de la voiture et en fait trois fois le tour avant de se mettre au volant. Bon OK, vu notre milieu, ça peut être pris pour une mesure de prudence. Mais ce n'est pas tout, il a toujours au moins une allumette dans chacune de ses poches, au cas où il faudrait toucher du bois.

Bref, là, avec le crabe et l'opération qui se profile, il a de quoi faire.

Maman aussi d'ailleurs. Niveau croyance et superstition, ils sont raccord tous les deux. Alors que Papa est au bloc, elle l'attend morte d'inquiétude, se réfugiant dans les prières.

Dieu doit lui prêter une oreille attentive. Les médecins ont fait du bon boulot. Ils ont réussi non seulement à enlever toutes les cellules malignes mais encore à éviter la trachéotomie. Chapeau !

Pour remercier le ciel de ce miracle, Maman en fait le serment, elle montera toutes les marches de Notre-Dame-de-la-Garde à genoux.

Chose promise, chose due. Quelques jours plus tard, munie de journaux qu'elle place sous ses genoux pour amortir les chocs, Maman fait l'ascension de la Bonne Mère. Je suis venue la soutenir moralement, accompagnée de Solidée. Elle est maintenant l'ex-compagne de Georges, l'ami arménien de Papa. Mais ça n'a rien changé pour nous. Depuis des années, Pierrot et moi partons en vacances avec elle. Ensemble, nous sommes allés dans la Drôme, le Vercors et en Corrèze. Nous les voyons simplement séparément. Avec sa générosité et son sens de l'humour, Solidée est la personne rêvée pour escorter Maman dans ce périple.

Nous ne sommes d'ailleurs pas les seules à l'observer. Aux premières loges se trouve également un car de Japonais. À l'évidence, le spectacle leur semble pour le moins désopilant. Médusés, ils mitraillent Maman de leurs flashes. Sûr qu'ils ont épaté leurs concitoyens en racontant ce qu'ils avaient vu, photos à l'appui.

Courageuse et obstinée, Maman est allée au bout de ce qu'elle avait entrepris. Une à une, elle a gravi toute la palanquée de marches de la basilique. Des jours durant, ses jambes ont été couvertes d'ecchymoses dans un joli dégradé allant du bleu au noir.

Les bonnes nouvelles, ça va un temps. Il ne faudrait pas s'y habituer non plus.

Aucun risque, ne vous inquiétez pas.

Mimi est derrière les barreaux et va y rester un moment. Ses prétendus dons de carrossier viennent de lui valoir une condamnation à dix-sept ans de prison.

Et, cette fois, moins de deux ans après son père, c'est Claude qui s'est fait arrêter. Il est accusé de proxénétisme. Ça, ça ne plaît pas du tout à Papa. Tout ce qui touche de près ou de loin à la prostitution, il déteste.

Heureusement, ce n'est qu'un malentendu. Mon cousin est juste tombé amoureux d'une femme dont il aurait mieux fait de se tenir à distance. Mais comme celle-ci vit à Paris, pour profiter de leur romance, il s'est installé chez elle. Seulement, à l'occasion, la demoiselle vend ses charmes. Il n'est même pas certain que Claude ait eu connaissance de cette information.

Quoi qu'il en soit, un mois plus tard, il est dehors et de retour dans notre bonne vieille ville.

8

La classe !

Ah mes tontons ! Entre les activités des uns et les amitiés des autres, c'est tout un programme. Mimi et Jojo ont fait la une des journaux. Gaby est inséparable de Tany Zampa, qui depuis un moment tient la corde pour le titre de Parrain de Marseille.

Quant à Papa et Maman, ils sont fichés au grand banditisme grâce à l'histoire des gitans.

Avec tout ça, pas étonnant que le commissaire Bézert vienne gentiment nous saluer. L'air de chez nous doit avoir quelque chose de spécial, car les prétextes pour venir le humer sont légion.

De toute façon, ce n'est pas compliqué, dès qu'il se passe quelque chose à Marseille, autorités et badauds sont persuadés que c'est Tany qui a fait le coup.

Nous commençons à avoir l'habitude des visites amicales, plus ou moins poussées, des policiers. Ça ne nous surprend plus vraiment. Certains plaisantent même avec nous. Ça contraint juste parfois Mémé à s'adonner à une séance de gym très matinale.

Il n'est pas encore 6 heures ce matin-là lorsque Mauricette avise aux alentours du bar de la Panne plusieurs voitures pourvues de gyrophares éteints. À l'évidence, il va y avoir une nouvelle perquisition.

À pas de loups, elle regagne l'étage et réveille Papa. Les seules choses qui pourraient intéresser nos visiteurs, ce sont ses armes. Mémé s'en saisit, rampe tout le long du balcon du premier étage pour échapper aux regards et rejoint les collines derrière le restau. Il ne lui reste alors que quelques mètres à parcourir pour cacher les objets gênants dans la cabane qui abrite nos jeux d'enfants. Quand elle en revient, Papa a déjà accueilli les agents et devise tranquillement devant un bon café.

Malgré tout, on se passerait bien de ces débarquements bleu blanc rouge. Ça fait un peu désordre, quand même. D'autant qu'en quelques années le bar de la Panne a sacrément évolué.

Ne leur en déplaise, ces messieurs ne sont plus les seuls à figurer dans les journaux. Maman aussi a droit aux honneurs de la presse. Certes, elle ne fait pas la une. Elle s'illustre dans un autre registre, bien loin des faits divers. Et, cette fois, les articles sont un pur régal !

Le guide des restaurants du *Provençal*, en date du 23 octobre 1974, titre ainsi : « La savoureuse cuisine de Colette ». Loin des piques que nous récoltons d'ordinaire, le journaliste attribue trois soleils – équivalent local des étoiles – au bar de la Panne.

Combien de fois étais-je passé, indifférent, devant cet établissement ? Pour me rendre à l'Estaque ou sur la Côte Bleue, je ne lui avais jamais accordé qu'un bref coup d'œil distrait. Et bien, j'avais eu tort. Et je fais volontiers amende honorable. À ma décharge, je dois avouer que le paysage alentour n'est pas spécialement folichon. La « poésie » du capharnaüm qui règne sur les quais me laissant généralement assez froid. Il faut donc passer sur cet aspect des réalités, et tourner le dos aux pannes. C'est la meilleure façon de passer la porte du domaine où règne Colette. Une salle toute de boiseries vernissées et une seconde à droite, en cas d'affluence. Un accueil cordial et souriant, des tables bien dressées, un service diligent. On se sent « pris en main » dès l'entrée.

Et puis c'est la surprise, l'incroyable surprise pour ceux qui, comme moi ne connaissent pas Colette et ses talents nombreux : on vous apporte la carte. Une carte-fleuve, démesurée, aux innombrables spécialités. On croit rêver. Il faut un bom moment pour mener à bien sa simple lecture. Comment peut-on mener à bien un tel bataillon de spécialités ? C'est proprement époustouflant, monumental. Car Colette ne néglige aucune rubrique, aucun produit. Dans la litanie gourmande qu'elle met sous vos yeux on trouve aussi bien les pizzas que le foie gras, la bouillabaisse que la paëlla valenciana. Les plats canaille (pieds et paquets, daubes, civets) voisinent avec les poissons, les crustacés et les fruits de mer, les pâtes et les légumes les plus divers précèdent les nombreuses grillades et autres steaks au poivre. Pour les hors-d'œuvre, il n'y a que l'embarras du choix. Bref, ma mémoire s'est révélée impuissante à retenir les détails de cette débauche culinaire.

Restait à vérifier « si le ramage valait le plumage ». C'est ce que nous avons fait en regrettant de ne nous être pas préparés à l'avance à faire un festin. (Mais nous retournerons faire d'autres découvertes dans cette carte gargantuesque et nous vous en souhaitons de savoureuse).

Pour débuter, nous avons choisi la pizza. Parfaite. Une pâte légère et croustillante, sans excès de graisse et surtout une garniture d'une abondance, d'une épaisseur rare. Nous l'avions composée pour sortir de l'ordinaire par moitié de muzzarella et de fruits de mer (moules et crevettes). J'ai ensuite fait le test « supions frits ». Impeccables. D'une étonnante légèreté, bien saisis dans leur pâte légère et si petits qu'ils étaient servis entiers. Mon convive s'était laissé tenter par un civet de lièvre. Une anthologie ! Il venait d'être cuit sur l'instant et dans le plaisir que sa dégustation procurait, on ne savait distinguer ce qui dominait, de la saveur « fauve » du gibier ou de l'excellence de la sauce au sang qui le nappait.

Comme il nous restait un soupçon de gourmandise, nous l'avons réduit grâce à de délicieux champignons à la provençale, avant de faire nos délices de crèmes-caramel qui ne devaient rien à l'industrie. Notre addition s'est décomposée de la façon suivante : une pizza, 14F ; un civet, 18F ; un supion, 16F ; deux champignons, 22F ; dessert, 8F ; vin, 7,50F ; café, 2,40F. Soit un total de 87,90F auquel s'ajoute 12 p. cent d'un service aussi efficace qu'emprunt de gentillesse.

Inutile de vous préciser que l'impression laissée est celle d'une table réputée où l'on sait ce que le mot cuisiner signifie. Et ce qui est le plus sympathique, c'est que chez Colette on ne semble pas plus fier pour cela. Alors que d'autres travaillent dans l'esbrouffe, on cherche ici à satisfaire le client en lui donnant ce qu'on a de meilleur, préparé de la meilleure façon. Ça vaut pas trois soleils, ça ?

Je ne vous ai fait grâce d'aucun détail, pardon, mais pour une fois qu'il fait bon lire les journaux…

Ça me coupe même l'envie de relever les erreurs d'orthographe et de ponctuation, tiens !

Pourquoi s'arrêter en si bon chemin ? Quelques mois plus tard, dans un numéro consacré à la condition féminine – à la couverture fort suggestive pour l'époque –, voisinant des papiers sur Simone Veil ou François Valéry, la nouvelle étoile de la chanson, un article chante encore les louanges de Colette. Il qualifie sa carte de « véritable monument » et souligne la qualité et l'éclectisme de sa cuisine. Une photo de Maman aux fourneaux illustre carrément le dossier « Les femmes et la gastronomie ».

Elle en a parcouru, du chemin, l'orpheline de guerre ! Son travail acharné a payé. D'un troquet de quartier, elle a fait une table réputée. Désormais, si vous voulez dîner ici, la réservation s'impose. Même le nom du restau est passé à la trappe, victime de l'aura de Maman. Pour tout le monde, journalistes inclus, le bar de la Panne, c'est « Chez Colette ».

En même temps, rien de surprenant. Maman est un vrai chef. Merveilleuse cuisinière, elle a aussi un caractère bien trempé. C'est rien de le dire. Elle mène son petit monde à la baguette. Pas seulement ses employés. Ce qui génère à l'occasion des réactions pas toujours sensées.

Illustration :

Deux fois par semaine, depuis pas mal de temps déjà, Papa nous emmène, Pierrot et moi, au ranch de l'un de ses copains, à Callas. Ici, nous avons appris à monter « à la sauvage ». Pendant nos balades, Papa reste avec ses potes autour de la cheminée pour discuter ou jouer aux cartes.

Évidemment, mon poignet en berne a donné un léger coup d'arrêt à mes activités équestres.

À présent, tout est redevenu nickel, mes séjours à l'hôpital sont presque un lointain souvenir. Du coup, quand Papa me propose de retourner au ranch, je saute de joie. Maman, elle, est furax. Elle vocifère contre notre bêtise et profère toutes sortes de menaces pour le cas où nous déciderions de mettre cette idée stupide à exécution. Bravant ses cris, nous prenons la direction de Callas.

Bien entendu, la balade se solde par une belle chute. Une bonne douleur vrille mon bras. Double poisse. Maman va hurler, c'est certain, et le pote de Papa, propriétaire de l'endroit, n'est pas assuré. Avec sa bonhomie habituelle, mon père le rassure :

— Pas de problème, on ne fera pas de déclaration.

Puis se tournant vers moi :

— T'as très mal ?

— Un peu, je réponds.

— Bon ben, espérons que ça va passer…

Il vaudrait mieux, en effet.

Pour des raisons évidentes, nous décidons tous les deux de ne rien dire à Maman. Pendant une semaine, je fais de mon mieux pour vivre comme si de rien n'était, comme si je n'avais pas de plus en plus mal. Une nuit, incapable de trouver une position qui m'apaise un tant soit peu, je me lève. Papa ne dort pas, il me voit et réalise ce qui m'arrive :

— On s'en fout si elle fait une scène, demain matin à la première heure, je t'emmène passer une radio !

Je baisse la tête sans répondre.

— J'avais pas réalisé que tu souffrais autant, ma Pope. Si elle n'est pas contente, c'est pareil.

Résultat des courses : j'ai l'humérus fracturé. Me voici repartie pour un mois de plâtre. Heureusement, cette fois, les choses se passent au mieux. Le jour même où on me l'enlève, Papa me ramène au ranch pour une promenade à dos de canasson. Il a bien fait, sans ça je n'aurais plus jamais approché un cheval.

Là, Maman avait sans doute raison. Elle n'a fait qu'essayer de me protéger. N'empêche, on la craint. C'est une forte tête, tendance tyran.

Malgré ses succulents petits plats, Maman n'est donc pas que facile à vivre. Et puis, mine de rien, avec un tel talent de cuisinière, il y a des conséquences.

Les années passant, nous en avons tous bien profité. On peut même dire que nous avons tous profité, tout court. Comme par hasard, il y a chez nous une légère tendance à l'embonpoint.

Le seul qui y échappe pour l'instant, c'est le Pierrot.

Maman est toujours en train d'attaquer un régime. Papa n'essaie même pas. La gourmandise, c'est son péché mignon. Moi, j'avoue que j'ai bien du mal à résister à l'appel du ventre.

Tonton Gaby, ça le rend fou. Il ne peut pas comprendre ça, lui le sportif, l'esthète, la volonté faite homme. Ça l'insupporte que je n'arrive pas à maigrir. Alors aux grands maux, les grands remèdes ! Un jour, il me coince et me dit :

— Tu auras cent francs pour chaque kilo perdu.

Pas de doute, il sait parler aux ados. J'ai gagné cinq cents francs et perdu cinq kilos. C'est le seul qui ait jamais réussi l'exploit de me faire respecter un régime. Il faut dire qu'il m'a mis sous le nez une sacrée carotte !

J'aurais pourtant pu avoir une autre motivation. C'est qu'autour de nous, il y a du beau monde.

Niveau stars, j'ai de quoi me vanter auprès de mes copains.

Tonton Jojo et Papa ont assez tôt fréquenté des vedettes. Jojo a fait son service militaire avec le fils de Fernandel et ils ont en commun le souvenir de cuites mémorables. Quant à Papa, comme vous le savez, il a eu le plaisir de croiser Charles Trenet, en prison.

Bien sûr, pour l'un comme pour l'autre, c'était sous l'égide du drapeau français. Alors forcément, quand ça se passe sur nos terres et en toute liberté, ça a une autre saveur.

Certains ont pourtant du mal à l'apprécier à sa juste valeur. Un jour, peu de temps après que nous eûmes repris le bar de la Panne, Dalida est venue y dîner. Si, à cette époque, la belle Égyptienne brillait au firmament, ce n'était absolument pas le cas de notre restaurant.

Comment s'est-elle retrouvée là ?

Mystère.

Papa et ses potes étaient là eux aussi, tranquillement installés à leur table attitrée, sur laquelle la chanteuse avait une vue imprenable. Sa présence ne leur avait bien sûr pas échappé. Et réciproquement puisqu'elle ne semblait pas insensible au charme de l'un d'eux. De regards en sourires échangés, ils ont fini par se parler. Mais, alors que n'importe quel homme normalement constitué se serait damné pour être à sa place et en profiter pour partager un instant de la vie de l'icône, après à peine quelques minutes, celui-ci lui a dit : « J'aurais volontiers passé la soirée en votre compagnie mais je vais devoir vous laisser. Là, je suis avec mes amis. » Aussi surprenant que ça puisse paraître, l'ordre de ses priorités était très clair !

Voilà pour les stars que je n'ai pas connues et dont la collision avec notre monde est quelque peu fortuite.

Ma première vedette à moi, c'est Jacques Brel. En 1967, il s'est produit pour la dernière fois en public à Marseille. Papa adore cet artiste et a toutes ses chansons dans sa voiture. Impossible donc de rater cet ultime concert !

Sur le chemin, Papa était fou de rage. Comme d'habitude, Maman était en retard et nous avec. S'il avait su d'avance ce qui allait se passer, il l'aurait remerciée au lieu de s'énerver contre elle.

Quand nous sommes arrivés, bons derniers, le chanteur était là, superbe dans un col roulé noir. (Par la suite, j'ai toujours craqué pour les hommes en col roulé… peut-être est-ce lié ?) Tout naturellement, la conversation s'est engagée entre Papa et lui. Il a un don, mon papa, pour susciter la sympathie ! Souriant jusqu'aux oreilles, Maman et moi avons assisté à cette discussion, qui a duré un bon moment. Ensuite, il lui a bien fallu rejoindre la scène. Avant de partir, il m'a affectueusement pincé la joue.

J'en étais toute retournée.

Tout ça date un peu. Mais aujourd'hui, je viens de rentrer du collège quand Papa me demande :

— Dis-moi, quel acteur tu adorerais rencontrer ?

Je n'ai pas une seconde d'hésitation :

— Alain Delon !

En bonne ado qui se respecte, je suis essentiellement intéressée par le physique. Papa en a parfaitement conscience, il n'a pas pris beaucoup de risque avec sa question. Il connaissait d'avance ma réponse. Il me sourit et dit :

— OK, je vais l'inviter à manger.

En ce moment, l'artiste tourne à Marseille un film qui aura pour titre *Le Gitan*. Il n'est pas bien loin. De toute façon, je sais par Maman qu'il a un ami à Carry-le-Rouet. Quand il va le voir incognito, il en profite pour donner rendez-vous à mon tonton Gaby par l'intermédiaire de ma mère.

Papa pense donc que ce sera un jeu d'enfant de le faire venir. Effectivement, il répond positivement à notre invitation. Excitée comme une puce, j'attends le jour J avec impatience. Malheureusement, des menaces d'enlèvement proférées à l'encontre d'Anthony, son fils, l'obligent à annuler sa venue au dernier moment. Face à ma mine dépitée, Papa tente de me réconforter :

— Ce n'est que partie remise.

Alain Delon, ça aurait été un magnifique coup d'éclat vis-à-vis de mes copines. Mais j'ai quand même de quoi me consoler. Si elles n'évoluent pas dans les mêmes sphères que l'acteur et n'ont pas tout à fait la même envergure – quoique –, nous avons aussi nos stars régulières au bar de la Panne. Celles-ci, pas besoin de leur envoyer une invitation, c'est dans leurs habitudes de venir.

Les fiestas pour Papa, c'est un peu de l'histoire ancienne. À cause du crabe, il doit se limiter à deux ou trois verres de vin rouge.

Ses copains de tablée n'ont pas déserté pour autant. Parmi eux figure l'élite de la médecine marseillaise. Il y a bien sûr Jean-Pierre Farci, le spécialiste des os, et aussi un brillant neurochirurgien, Robert Vigouroux. Il s'est occupé de Papa après la fusillade avec les gitans. Depuis, ils n'ont pas perdu le contact. Il n'y a pas longtemps, il a même offert à tous les amis présents des briquets Dupont.

Sympa, le docteur !

Au restau, on fait aussi le plein de sportifs. D'ailleurs, les murs sont tapissés de photos de champions. Ce n'est pas juste pour faire beau : ils apprécient de se retrouver ici, se régalant de la compagnie de Papa et des petits plats de Maman.

Il y a déjà pas mal d'années, Mimi s'est pris de passion pour la boxe. Très peu de temps avant son incarcération, il avait même ouvert une salle à Saint-Mauron. Il organisait des matchs et espérait découvrir de nouveaux talents.

Dans ce cadre, il a rencontré et sympathisé avec Michel et Louis Acariès, emblèmes s'il en est du monde de la boxe – ce qu'ils sont d'ailleurs toujours des décennies plus tard. Du coup, après les combats salle Vallier, les boxeurs, leurs entraîneurs et leurs amis terminaient bien souvent la soirée chez nous.

Évidemment, maintenant, tonton Mimi boxe en cellule et ils se font plus rares. Ils reviendront sans doute avec lui plus tard. En attendant, on peut regarder les clichés (dédicacés à mes parents, *of course* !) pris lors de ces repas animés. Y a pas à dire, c'est quelque chose, le trombinoscope du bar de la Panne !

D'autres sportifs emblématiques le complètent. De ce qui font des étincelles avec les pieds. Papa et Maman sont aux avant-postes des années de gloire de l'Olympique de Marseille. Skoblar, Magnusson, Bonnel… Après les pelouses, c'est le sol de Mourepiane que foule l'équipe mythique. Et lorsque, le club phocéen fait coup double, remportant la coupe de France et le championnat, ils confient le trophée à Maman. Trois jours durant, le personnel se relaie pour dormir dans la salle, histoire d'être certain qu'on ne volera pas la coupe trônant fièrement sur le comptoir !

Des affinités très fortes voient même le jour avec l'un d'entre eux. À tel point que Mémé Mauricette, Papa, Maman, Pierrot et moi accompagnons le footballeur de légende, sa femme et ses gosses en vacances sur les terres de son enfance.

C'est pas la classe, ça ?

C'est vrai, le bar de la Panne est devenu un restaurant sélect.

C'est vrai, il est fréquenté par des stars.

Ça reste chez nous quand même !

Pas si difficile de s'en rendre compte. Quelques détails nous trahissent.

À commencer par une décoration très personnelle. Si les journalistes se sont fait l'écho des boiseries qui ornent désormais la salle, ils n'ont pas parlé de ce qui les surplombe.

Les huisseries ne vont pas jusqu'au plafond, créant une espèce de petite corniche au-dessus.

Pour l'agrémenter, Papa y a installé des dizaines de bouteilles de dom pérignon, vidées avec ses potes. Serrées les unes contre les autres, elles forment une jolie rangée qui fait tout le tour de la pièce.

Accrochés aux murs, outre les photos des champions, on trouve des petits panneaux de bois ornés de slogans assez représentatifs des occupants des lieux. Sur l'un d'eux figure un pieux « Seigneur, protégez cette maison et ceux qui en franchissent le seuil », sur un autre, un caustique « Plus je connais les gens, plus j'aime les bêtes ». Sans oublier, bien sûr, le crocodile empaillé – héritage de Maman, aujourd'hui rafistolé – qui semble darder sur nous des yeux dubitatifs.

Et surtout – aussi classe soit-il – l'ambiance feutrée, notre restaurant ne connaît pas. Chez nous, c'est plutôt survoltage à tous les étages. Ça monte, ça descend, ça rit, ça crie, un vrai bordel avec personnel terrorisé, ou terrorisant, et ménagerie omniprésente.

L'épisode du singe n'a pas suffi. On a remis le couvert, cette fois avec un perroquet. Moins risqué *a priori*. Sauf qu'en plus de pousser la chansonnette, l'oiseau a de la repartie. Une cliente le cherche, le traitant de « sac à bière » ? Du tac au tac, le volatile lui répond « sac à vin ». La dame est alors prise d'un fou rire qui se propage vite à l'ensemble du restaurant. Seulement, il faut rapidement se rendre à l'évidence : la cliente est incapable de stopper son hilarité. Il faut faire venir les pompiers.

Après, on est passés aux chiens. Étienne Mosca, un ami de Papa, a ouvert le bal en offrant à Maman un petit caniche toy. Une mignonne et soyeuse boule de poils toute noire, baptisée Miss. On en était tous fous. Quand, après son opération, Papa dormait, dès que son bras dépassait du lit, elle arrivait en courant pour lui donner d'affectueux petits coups de langue.

Malheureusement, sa route a croisé celle de notre Thérèse. Connaissant sa maladresse pathologique, il aurait fallu l'empêcher de jouer avec elle. Mais non, on l'a laissé la jeter en l'air puis la rattraper dans un éclat de rire... jusqu'au moment où elle a raté la réception. La chienne est morte sur le coup. C'est un miracle que Thérèse ait échappé à une brouille définitive avec Maman.

Un miracle auquel a contribué le nouveau propriétaire des parents de Miss. Car comble de malchance, entre-temps, la French Connection a eu raison du bel Étienne, qui avait offert le petit caniche à Maman. Arrêté, il s'est suicidé en prison. Alors quand le légataire des toutous a dit à Maman : « J'ai les chiens, je vais vous en offrir un autre », elle était folle de joie.

C'est ainsi qu'une nouvelle boule de poils noirs est entrée dans notre vie. Pour le nom, on n'a pas fait preuve d'une folle imagination. C'était toujours l'année des M – pedigree oblige –, elle a donc hérité de la même appellation que celle qui l'avait précédée : Miss. Mais très rapidement, tout le monde s'est mis à l'appeler Mimi. Eh oui, comme tonton !

D'ailleurs, un jour, j'étais venue le voir, avec sa femme et sa fille, et alors que je racontais une anecdote sur notre petite bête, mon tonton m'a interrompue :

— Je le crois pas ! Colette a appelé le chien comme moi ?

J'ai acquiescé.

— Mais elle est con, cette femme ! a-t-il dit dans un sourire taquin.

Je lui ai répondu en riant :

— Pas du tout. C'est une excellente initiative parce que chaque fois qu'on appelle le chien, on pense à toi.

L'année d'après, en 1973, nous avons accueilli Lucky, un doberman mâle, offert lui aussi par un ami de Papa. Et en 1974, une femelle de la même race, Nancy, est venue le rejoindre. Cette dernière avait une fâcheuse tendance à donner de la voix. Horripilé par ses aboiements, quelqu'un lui a fait manger des éponges. Elle a bu, celles-ci ont gonflé dans son estomac et provoqué son décès.

Mimi est tendre et discrète. Quant à Lucky, c'est vraiment un gentil toutou. Lorsqu'il est content, il dodeline de la tête en découvrant légèrement les crocs. C'est sa façon à lui de sourire.

Le tri sélectif de la destinée canine aidant, nous n'avons plus, en cette année 1975, que Lucky et Mimi. Du point de vue de certains, c'est déjà beaucoup trop.

Mme Alonso est la femme de chambre du bar de la Panne. D'origine espagnole, elle a un accent très prononcé. Pierrot et moi, elle nous fait beaucoup rire car elle nous vouvoie. On a beau lui dire qu'on n'est que des enfants, elle n'arrive pas à faire autrement. En général, elle nettoie les chambres le matin et rapporte les clés à Maman en début d'après-midi, avant de rentrer chez elle. Ce jour-là, il est près de 15 heures quand Maman me demande :

— Tu n'as pas vu Mme Alonso ?

— Non.

— C'est bizarre, elle aurait dû revenir depuis un moment déjà. Va vérifier qu'il ne lui est pas arrivé malheur, tu veux ?

— J'y vais.

Je parcours les chambres. Seule l'une d'entre elles est nickel. Il est évident que Mme Alonso n'est pas venue dans les autres. Ça devient inquiétant, cette affaire.

Je finis par la trouver. Elle est dans un bungalow, terrorisée à l'idée d'en sortir. Elle a fait plusieurs tentatives et a renoncé chaque fois. Lucky l'aime beaucoup. Alors pour lui manifester sa joie de la voir, le doberman lui fait son sourire si particulier. Mieux, content de la savoir là, il l'attend. Seulement Mme Alonso ne perçoit pas du tout l'affection qu'il y a dans ce comportement. Quand elle ouvre la porte, elle voit notre Lucky, crocs à découvert, tête penchée. Persuadée qu'il se prépare à l'attaquer, elle se réfugie à l'intérieur. Leur petit manège dure depuis le début de la matinée, l'empêchant d'accomplir son travail.

Heureusement que je suis venue la sortir de cette ornière. Dieu sait combien de temps elle serait restée cloîtrée !

À sa décharge, c'est vrai que ça peut être impressionnant. À moins d'avoir le mode d'emploi, quand on voit le molosse dans une telle posture, la joie n'est pas la première émotion qu'on lui prête.

Ceci dit, quand ce n'est pas notre Lucky qui terrifie Mme Alonso, c'est le neveu de cette dernière qui traumatise les clients. Maman l'a recruté comme serveur. S'il n'est pas le fils caché de Thérèse, il en a en tout cas la maladresse. Alors qu'on célèbre un baptême, une omelette norvégienne est prévue pour le dessert. Un mets risqué – on ne va pas tarder à s'en rendre compte – car, pour le parachever, il faut le flamber. Ce qui nécessite un savoir-faire qu'à l'évidence le neveu de Mme Alonso ne possède pas. Tout ce qu'il réussit à flamber, ce sont les rideaux et deux clients, dont le père du baptisé.

Vous voyez, on est tout de même loin des quatre étoiles au guide Michelin !

9

Ado avant tout

Le 9 juillet 1975, je deviens la fille de mon père.

Eh oui, tout arrive !

Nul n'en a jamais douté, d'accord. Mais, cette fois, c'est officiel.

Un état civil banal ? Pas pour moi.

J'en aurais avalé, des couleuvres et affronté, des situations rocambolesques pour en arriver là !

Le dernier uppercut ne date que de l'année précédente.

En route pour rejoindre Anne en Italie, nous nous étions arrêtés sur une aire de repos histoire de déguster un sandwich. Alors que Mado – la femme de Papa –, Pierrot et moi allions redémarrer, je me suis aperçue que j'avais oublié mon sac sur notre lieu de pique-nique. Quand je suis arrivée près de la table, un homme l'avait déjà ouvert, sans doute à la recherche d'un indice permettant d'identifier son propriétaire.

— C'est à vous ? a-t-il demandé en me voyant.

Comme j'acquiesçais, il m'a tendu ma besace et ma carte d'identité.

— Merci.

Je m'apprêtais à remettre le précieux papier à l'intérieur lorsque mes yeux se sont posés sur la première ligne.

Nom : Doria

J'étais KO debout.

D'habitude, les adultes géraient les formalités de douanes, je n'avais donc jamais eu ce document entre les mains…

Même sous le coup de l'émotion, je conservais suffisamment de lucidité pour savoir que Mado n'était pas la personne à questionner. Durant le reste du voyage et toute notre semaine de vacances, je n'ai rien dit. J'ai gardé pour moi cette découverte qui me rongeait.

De retour à Marseille, en revanche, j'ai fait la vie à mon père.

Si sur le moment le choc m'a coupé le souffle, là, mes poumons avaient retrouvé toute leur vigueur. Ma colère pouvait s'exprimer haut et fort :

— Qu'est-ce que c'est que ça ?

Je n'ai pas pu m'empêcher de hausser le ton en jetant l'objet du délit sur la table.

— Ta carte d'identité.

— Exactement. Et tu vois ce qu'il y a écrit là ? Je m'appelle Hélène Doria.

— …

— Tu as d'autres enfants, OK. Tu n'es pas marié à Maman, OK. Mais j'ai toujours pensé qu'au moins je portais le nom de Regazzi !

— ...

— Et pourquoi Pierrot, lui, s'appelle Pierre Regazzi ?

Par-delà ma colère, Papa a dû sentir la panique qui m'envahissait. Il a cédé :

— Calme-toi, ma Pope, a-t-il dit dans un tendre sourire.

Je me suis assise en face de lui. Prête à l'écouter. Espérant de toutes mes forces que son explication saurait m'apaiser.

— Comme tu le sais, quand tu es née, j'étais déjà marié. Malgré tout, c'était important pour moi que mes enfants portent mon nom. Alors Mimi m'a proposé de te reconnaître pour que ce soit le cas. Il était le seul à pouvoir faire ça puisqu'il venait de divorcer. Gaby était marié. J'ai accepté, bien sûr.

Le geste de Mimi me touche.

— C'est vraiment gentil de sa part. Mais alors qu'est-ce qui n'a pas marché ? Pourquoi je porte le nom de Maman ?

— Parce que Mimi l'a fait trop tard. Pour que tu portes notre nom, il aurait fallu qu'il te reconnaisse dans les quarante-huit heures qui ont suivi ta naissance. À sa décharge, il ne le savait pas. Ça ne te consolera pas mais, pour Pierrot, il n'a pas refait la même erreur. C'est pour ça qu'il s'appelle Regazzi.

Encore une fois, j'ai essuyé les plâtres et quand est venu le tour du Pierrot, le manège était rodé.

Tant mieux pour lui. Tant pis pour moi.

J'étais atterrée. Hélène Regazzi n'était pas mon nom. Même si tout le monde m'avait toujours appelée ainsi. Seul l'humour pouvait me sortir de là.

— Donc en gros, je suis la fille de tonton Mimi. Finalement, les gens qui le prenaient pour mon père quand on se baladait tous les deux n'avaient pas tort. Et Claude est mon frère, c'est top !

— Maintenant, on peut changer ça, tu sais ?

— Comment ?

— Il y a depuis peu une loi qui permet de reconnaître les enfants nés hors mariage.

Je crois que je n'ai rien répondu.

Ce n'était pas nécessaire.

Avant même cet incident, dès qu'il a appris que cette loi existait, Papa a voulu officiellement devenir notre père.

Pour ça, il a dû attaquer Mimi.

Eh oui, afin de faire établir légalement notre lien, il devait intenter un procès à son frère et contester les reconnaissances de paternité de Mimi.

Évidemment, mon tonton ne s'en est pas formalisé. Il a simplement indiqué aux juges qu'il nous avait reconnus pour éviter à son frère « des scènes pénibles avec son épouse ». Argument presque jumeau de celui de Maman pour expliquer pourquoi elle avait laissé son « beau-frère » reconnaître ses enfants : « Pour éviter au père véritable, qui avait déjà deux enfants légitimes, de graves et pénibles disputes dans son ménage. »

Tout ça figure dans le jugement que j'ai aujourd'hui entre les mains. Le jugement proclamant officiellement que Pierrot et moi sommes les enfants de notre papa.

Vous voyez, même les voyous font parfois appel à la justice. Mais il faut que ça en vaille la chandelle.

Galvanisé par cette évolution, Papa ne veut pas s'arrêter en si bon chemin :

— Allez viens, je t'emmène rencontrer ta grand-mère.

— Ta mère ?

— Oui.

On ne peut pas dire que je déborde d'enthousiasme mais je lui emboîte le pas. On verra bien.

Il sonne à la porte. Elle ouvre. Utilisant sa formule habituelle, il lui dit :

— Voilà, je te présente ma fiancée.

D'ordinaire, ça fait rire les gens.

Elle me regarde. Ses yeux ne sourient pas. Puis elle se tourne vers son fils et lui répond :

— Elle te ressemble trop pour être ta fiancée.

Notre rencontre se résume à cette phrase. Coincée dans le carcan de son éducation, la mère de Papa est incapable de me considérer comme sa petite-fille.

Je lui rends la politesse. Il m'est impossible de la considérer comme ma grand-mère. Je ressens un amour profond pour mon pépé, son mari. Pour ce qui la concerne, en revanche, nos relations ont atteint leur maximum ce jour-là. Je ne l'appellerai jamais autrement que Madame et le vouvoiement sera de rigueur entre nous jusqu'au bout.

Je sais pourtant par Line et Anne qu'elle est une mamie exemplaire avec ses deux autres petites-filles. J'ai autour de moi suffisamment d'amour pour n'en être triste que par procuration. Pour Papa.

Si ça le touche, en tout cas, il n'en laisse rien paraître. Son espièglerie reprend vite le dessus. Quelques semaines plus tard, il arrive tout guilleret :

— Puisque tu es ma petite fiancée, voici une bague de fiançailles…

Elle est magnifique ! On dirait une fleur dont le cœur est en émeraude et les pétales en diamant. Je la glisse à mon annulaire, elle est parfaite. Je suis aussi très sensible au fait que Papa l'ait choisie lui-même.

Ce n'est pas ce qu'il fait en général quand il m'offre des bijoux. Même si ça n'arrive pas tous les quatre matins, d'habitude, il a un gros sac avec plein de poches de différentes tailles à l'intérieur, une pour les bracelets, une autre pour les colliers, etc. Et il me lance : « Choisis-toi une bague » ou « Choisis-toi une chaîne ».

Parfois même, ce sont ses copains qui me font de jolis cadeaux.

L'année dernière, par exemple, Gaby Graziani m'a comblée. Il m'avait demandé de le suivre dans la seconde salle du restau.

— J'ai quelque chose pour toi.

Là, il m'a tendu un écrin bleu nuit. Rien qu'à sa vue, je trépignais déjà. À l'intérieur se nichait un petit cœur en diamants. J'en aurais pleuré de joie. Une telle attention, pour moi, c'était énorme.

Ces deux merveilleux présents, je les porte toujours, alors que plus de trois décennies ont passé.

Y a pas photo, une fois encore, le Milieu est beaucoup plus facile à vivre que la double famille de Papa.

Surtout que je suis maintenant une vraie adolescente. Superficielle par définition, donc. Les choses matérielles se parent soudain d'un attrait qu'elles n'avaient pas jusqu'ici.

À commencer par les vêtements. Chaque époque a sa marque de prédilection. Pour nous, c'est JJ Garella.

Nous sommes samedi. En descendant de l'appartement, je trouve Papa qui boit tranquillement son café.

— Tu sors, ma puce ?

— Je vais aller en ville. J'ai besoin de m'habiller, faut que j'achète des pulls.

— Viens avec moi plutôt, dit-il avec un sourire coquin.

C'est pas exactement la virée shopping que j'avais imaginée mais ça a l'air de lui faire plaisir, alors je l'accompagne.

Mon scepticisme est à son comble quand il arrête la voiture devant un hangar, dans une zone qui est loin de ressembler à un centre commercial.

J'ai bien fait de taire mes doutes. Sitôt le seuil franchi, je suis à deux doigts de m'évanouir de bonheur. Face à moi, des dizaines de portants offrent, sur cintres, la totalité de la collection JJ Garella. Mieux encore qu'un magasin. Car il n'y a personne et je vais pouvoir faire une razzia !

Je ne boude pas mon plaisir et j'empile les pièces élues. Avec tout ce que j'ai pris, je vais pouvoir ouvrir des tenues encore sous blister pendant des semaines. Du rêve à l'état brut... et qui s'éternise.

Et puis, bien sûr, il y a les sorties.

Un soir, à table, je bassine Maman pour obtenir l'autorisation de m'éclipser après le repas. Elle refuse. Le ton monte entre nous deux quand Papa fait son apparition.

— Il se passe quoi ?

— Xavier et ses amis m'ont proposé de les accompagner à L'Annabel's. Maman veut pas.

— Bien sûr que tu vas y aller, dit-il.

Il s'assoit, me fixe droit dans les yeux :

— J'ai une confiance absolue en toi. Ne la trahis jamais.

C'est un instant solennel. J'en prends toute la mesure et jure à voix haute autant qu'intérieurement de ne pas le décevoir.

Je fais mine de ne pas remarquer que Maman est furax. C'est peut-être plus facile pour Papa ? Il est déjà passé par là, puisqu'il a eu deux autres filles avant moi. Même si je comprends les craintes de Maman, je reste sur la décision qui m'arrange.

En plus, Xavier est un cousin éloigné de ma mère. Ses amis et lui ont tous une petite trentaine d'années. Je sors donc sous bonne escorte.

À moi L'Annabel's ! En ce moment, c'est LA discothèque marseillaise par excellence.

Mais je n'ai pas fini d'être fliquée. Alors que je m'amuse, je remarque que Gilbert Hoareau, le patron des lieux, vient d'arriver. Je le reconnais pour l'avoir croisé quelques fois au bar de la Panne, avec Claude. Dès qu'il me voit, il fonce droit sur moi.

— Il le sait, ton père, que tu es là ?

— Tu crois qu'avec un père comme ça je peux faire le mur ? je lui réponds du tac au tac.

Cet argument frappé au coin du bon sens semble le convaincre. Suffisamment en tout cas pour qu'il me laisse poursuivre ma soirée.

Quand j'émerge le lendemain, vers 10 h 30, Gilbert est là, accoudé au comptoir. Tout en buvant son café, il parle avec Papa.

La confiance règne ! Je suis furieuse. Il ne m'a pas crue, la veille au soir. Sa présence chez nous est un signe de défiance envers moi. Je n'en reviens pas, il s'est déplacé pour venir dire à mon père qu'il m'avait vue !

Trop soufflée par la colère, je ne réalise pas qu'il a tout simplement pu vouloir s'assurer que Papa m'autorise bien à fréquenter son établissement. Après tout, je n'ai que quinze ans. Mais c'est précisément parce que j'ai quinze ans que je ne peux pas admettre que c'est surtout, de sa part, un geste d'amitié envers mon père. Il a certainement des choses bien plus intéressantes à faire que d'être ici, dans les quartiers nord, de bon matin. Moi, je le prends comme une gifle.

Voilà pour ma première sortie en boîte. Enfin, la première sans mes parents. Celle de quand j'avais quatre ans ne compte pas vraiment.

Heureusement que je ne l'ai pas faite en douce.

Marseille est décidément un petit village dans lequel j'aurais à l'évidence bien du mal à passer inaperçue.

Même quand je ne sors pas, j'arrive à générer un certain grabuge. C'est dire...

Il est 23 heures, je suis tranquillement assise à une table devant le comptoir. Je discute avec Maman, qui s'active en même temps. La porte du bar s'ouvre avec fracas. Tonton Jojo entre, se rue sur moi. Et il me pourrit :

— Tu as vu ce que tu as fait faire ! Ce que tu as déclenché ! lâche-t-il rageur.

Je le regarde, interloquée. Je ne comprends rien à ce qu'il raconte.

Maman s'interpose :

— Mais t'as craqué ou quoi ? Elle n'a pas bougé d'ici. Qu'est-ce qu'elle a fait ?

C'est au tour de Jojo d'être interloqué. Si Maman le dit, c'est que c'est vrai. Alors que s'est-il passé ?

Mon tonton et ses potes de l'Estaque sont allés voir un match de boxe à la salle Vallier. Visiblement, après le combat, les choses ont dégénéré en une belle bagarre. Ils se sont tous battus, pour moi.

Sauf que je n'ai pas mis les pieds là-bas.

Pas besoin d'être brillant pour éclaircir ce mystère. Jojo comprend vite sa méprise. Ce n'était pas moi, c'était Line. Tout en ne se ressemblant pas, on ressemble toutes les deux beaucoup à notre père et les hommes nous ont confondues. Quant à savoir pourquoi ils ont jugé utile de jouer des poings, c'est une autre histoire. Que Jojo ne me racontera pas.

Je ne passe évidemment pas mes soirées dehors mais, forcément, quand l'occasion se présente, je la saisis. Pour la virée suivante, le petit groupe composé du cousin éloigné et de ses copains a choisi de prendre la direction d'Aix-en-Provence et de sa boîte mythique – encore aujourd'hui, d'ailleurs – Le Mistral.

Là, c'est tonton Gaby que je risque de croiser. Il y passe assez souvent pour des histoires de gestion et Maman s'est même portée caution dans je ne sais quelle opération.

Pas très précis, comme info. C'est tout ce que je sais et ça ne me dérange pas. Le dessous des cartes, je m'en fous. Moi, au Mistral, j'y vais pour m'éclater.

Je ne demande jamais d'explication. Ni à Papa ni à mes tontons. Pour quoi faire ? Ils me répondraient que ce ne sont pas mes oignons. Pour être honnête, ça ne me vient même pas à l'esprit. J'ai depuis longtemps compris où était ma place.

Je ne suis pas non plus née de la dernière pluie. Je sais bien que tout ça a un rapport avec le Milieu. Faudrait être autiste pour ne pas s'en rendre compte. Radio, télé, journaux font leurs choux gras des activités présumées de Tany et de l'utilité des unes et des autres. Par exemple, les boîtes serviraient à blanchir l'argent gagné ailleurs. Mais ça veut dire quoi au juste « blanchir de l'argent » ?

De toute façon, je n'accorde que peu d'intérêt à ces élucubrations journalistiques. Même avec mes connaissances très limitées, quand je lis les articles, j'y trouve quasi systématiquement des choses fausses. Par exemple, en ce moment ils se régalent de l'arrivée des nouvelles gagneuses. Comprendre les machines à sous. Selon eux, tous les proches de Zampa s'y seraient mis, s'en seraient même réjoui parce que, en gros, la drogue coûte trop cher, les putes sont trop chiantes et ces bidules rapportent plus. En attendant, j'en ai pas vu au bar de la Panne ni dans les environs.

OK, parfois, être décrit à longueur de sujets comme un membre éminent du Milieu, ça aide. Il n'y a pas longtemps, des petits voyous ont tenté de cambrioler le restau. Ils ont réussi à forcer la porte et s'apprêtaient à faire main basse sur ce qui s'y trouvait. On n'a même pas eu besoin d'intervenir. Il a suffi que l'un d'eux, sans doute plus observateur que ses comparses, dise aux autres : « Eh les mecs, vous savez chez qui on est, là ? » pour qu'ils déguerpissent à toute vitesse, sans rien emporter.

À d'autres moments, au contraire, c'est légèrement plus problématique. J'ai un rapport privilégié avec Papa. C'est un homme bon et juste dont je ne crains pas les réactions. Il y a quelques semaines, mon petit fiancé m'a raccompagnée jusqu'à la place à côté du bar. D'un coup, je l'ai vu se figer.

— Y a ton père, y a ton père !

Papa nous attendait en effet, avec un regard faussement méchant démenti par un sourire en coin. Moi, ça m'a fait rire.

— Et alors ? Je vais te présenter. Il est où le problème ?

Le problème, c'est que mon amoureux n'y tenait pas trop.

Pour être franche, je dois avouer qu'il y a quand même une réaction de Papa qui m'a bien énervée, à l'époque. À la sortie d'un bar, on a vu un vieux qui pleurait. Toujours prêt à secourir son prochain, mon père lui demande :

— Qu'est-ce qui vous arrive ?

— On m'a volé mon vélomoteur.

— C'est pas grave, lui dit Papa. On va vous le rembourser.

— Non, gémit le type. Je ne suis pas assuré.

Ni une ni deux, mon père lui a donné le mien.

Ben voyons !

D'accord, il m'en a vite offert un autre. Mais quand même !

Ben oui, j'ai quinze ans et ce qui m'intéresse en premier lieu, c'est moi-même. Dans le fond, tout le reste, je m'en tape. Enfin presque. Ce que je veux, c'est ma petite liberté, mon petit confort et m'amuser.

Est-ce si extraordinaire pour une ado ?

Ceci dit, chez les adolescents, le modèle autocentré n'est pas le pire, je crois. Le modèle 400 coups est beaucoup plus difficile à gérer, quant au modèle à feu et à sang, il peut faire des ravages.

Nous venons malheureusement d'en avoir une bien triste démonstration avec mon ami d'enfance.

Vous vous souvenez de Nico, avec qui je faisais du judo ? Louis, son père, avait une très jeune maîtresse. Nico la connaissait, et l'avait semble-t-il acceptée. Il avait l'air de prendre ça cool. D'autant que son père restait avec sa mère. Ils venaient même de lui faire une petite sœur. Seulement, Nico est un grand sensible. Il voyait beaucoup pleurer sa maman et, un jour, il a pété un câble. Il est allé sonner à la porte de la maîtresse. Quand elle a ouvert, il lui a envoyé deux coups de fusil.

Il vient d'être condamné à passer plusieurs mois dans l'équivalent d'une prison pour mineurs. Nous correspondrons durant la totalité de sa détention. Il ne s'en remettra jamais. À peine libéré, il trouvera la mort dans un accident.

Vu comme ça, c'est sûr, Papa doit se réjouir d'avoir le modèle autocentré. Parce que, niveau famille bancale, celle qu'il a créée vaut son pesant de cacahuètes.

Quoi qu'il en soit, il ne se plaint pas de moi. Ni moi de lui.

Mon pauvre papa a bien d'autres chats à fouetter. Malheureusement, le crabe nous fait un retour en fanfare.

Depuis des mois, Papa vit sous contrôle médical renforcé, multipliant les examens. Jusqu'ici tout allait bien. Et puis patatras. Il a fallu opérer de nouveau. Là, il n'a pas échappé à la trachéotomie. Le voilà donc devenu grand consommateur de jolis foulards.

Mais Papa ne fait jamais rien comme tout le monde. Dans son malheur, il a de la veine. C'est un grand spécialiste corse qui l'a opéré et il est l'un des premiers à bénéficier d'une innovation médicale : la trachéotomie sans canule. Ne me demandez pas comment ça fonctionne mais, d'habitude, pour que le trou reste ouvert, une petite canule est placée à l'intérieur. Grâce à ce super chirurgien, Papa, lui, n'en a pas besoin. C'est toujours ça de pris !

D'une certaine manière, il faut bien reconnaître que, même si notre famille n'est pas sans évoquer un aimant à embrouilles, nous avons aussi notre lot de coups de bol. Ça compense un peu.

Maman a également beaucoup de chance. Aux jeux de hasard notamment. Mais pas seulement. Ce matin, par exemple, nous sommes allées chez le médecin. Elle m'a attrapé la main pour traverser la rue et arraché le bras en plein milieu du passage piétons quand elle s'est baissée pour ramasser du papier kraft qui traînait sur la chaussée. Il n'était pas abîmé et, comme tous les commerçants, elle en utilise beaucoup. Arrivée au bar de la Panne, elle déplie sa trouvaille.

— Ben ça alors ! s'exclame-t-elle.

— Quoi ? Qu'est-ce qui se passe ? je demande.

— Regarde !

Dans le papier kraft se trouve une grosse somme d'argent !

— C'est un signe. Avec l'opération et tout ça, je crois qu'on a tous besoin de vacances. Voilà, y a plus qu'à.

Quelques jours plus tard, Papa, Maman, Pierrot, Pierrot Boulange et moi sommes en route pour l'Italie. Cette fois, pas de chance. Nous sommes refoulés à la frontière. La carte d'identité de Maman est périmée... depuis une semaine. Papa fulmine.

De retour au restau, nous racontons notre mésaventure au serveur, étonné de nous voir là.

— Je vais appeler mon oncle, il a un super poste à la préfecture. Il pourra peut-être vous aider...

Il n'est pas encore midi, le lendemain, lorsque nous reprenons la route vers le pays en forme de botte, la nouvelle pièce d'identité de Maman bien rangée dans son sac à main.

Quand je vous dis qu'elle a de la chance ! Grâce à elle, je découvre Venise et ses trésors. J'en tombe immédiatement amoureuse.

Du coup, l'année dernière, quand elle a décidé d'acheter une maison à Sausset-les-Pins, on lui a fait confiance. Maison est un bien grand mot. Ruine conviendrait mieux. Mais ladite ruine est en face de la plage.

Tranquillement, petit à petit, la villa prend forme et nous avons tous beaucoup de plaisir à nous y retrouver. Tout le monde y est allé, même Tany. Et pourtant, avant que ma mère n'en soit la propriétaire, pas un n'y aurait mis les pieds. Ne serait-ce que par superstition.

Au moment de son acquisition, le nom de la maison était « Les Baumettes ».

Eh oui, comme la prison de Marseille !

Bien entendu, avant toute chose, Maman l'a rebaptisée.

10

Triste Noël

Ce soir-là, Papa est avec nous. Dans trois jours, il fêtera Noël ailleurs mais, pour l'instant, nous partageons un moment de calme familial.

L'appartement sent l'ammoniaque. Normal, Maman est en train de laisser poser sa teinture. Il est 18 heures, elle ne tardera pas à devoir reprendre du service.

— Colette !

C'est la voix d'un ami de mon cousin Claude. Elle vient d'en bas, du restaurant.

— Qu'est-ce qu'il y a ? demande Maman.

— Tu peux descendre, s'il te plaît ?

— J'arrive.

Papa et moi lui emboîtons le pas, curieux de savoir ce qui amène notre visiteur. À sa tête, nous comprenons vite que l'heure est grave.

— Bernard a eu un accident.

— Mon Dieu !

— Il est mort. Gaby et Claude sont partis chercher le corps.

Ce n'est pas possible. Il doit y avoir une erreur. Le fils de tonton Gaby n'a que sept ans.

Je regarde Papa. Son visage est décomposé.

Il n'y a pas d'erreur.

J'entends vaguement les explications du drame. Bernard et sa mère étaient au ski avec une amie et son fils. Les deux petits ont échappé à la surveillance du club auquel ils avaient été confiés. Ils sont retournés à l'hôtel, pour prendre des chocolats cachés par les adultes. Un courant d'air, la porte a claqué. Une poignée italienne, avec un bouton au milieu, sur lequel il faut appuyer pour ouvrir, les petits n'ont pas compris comment ça marchait. Est-ce parce que Bernard avait vu la veille *Tarzan à New York* et qu'il a voulu imiter le héros ? A-t-il été saisi de ce qu'on appelle l'ivresse des neiges ? A-t-il pensé que la neige amortirait son atterrissage ? « Je passe par la fenêtre et je reviens t'ouvrir », a dit Bernard à son copain, avant de sauter. La chambre était pourtant située à un étage élevé.

Il était encore conscient quand les pompiers sont arrivés. Il leur a dit son nom. À l'hôpital, les médecins se sont occupés de ses multiples fractures. Pas de l'hémorragie interne qui l'a tué.

Toutes ces informations me parviennent à travers une sorte de brouillard. Ai-je bien compris ?

J'ai compris l'essentiel. Je ne verrai plus mon Pierrot et notre petit cousin, aussi vifs et intrépides l'un que l'autre, se lancer dans de folles poursuites. Plus jamais notre blondinet rieur aux yeux bleus pleins de malice ne s'emparera d'une bouteille d'eau de Seltz pour doucher les clients d'un bar.

Je le revois encore ici, le mois dernier. Le couvert était mis, le dîner s'annonçait. Mais, alors que Maman avait apporté la soupière depuis un moment, les discussions d'adultes s'éternisaient. Affamé, n'y tenant plus, Bernard avait grimpé sur une chaise puis sur la table et mangé la soupe à la louche, à même le plat. Qu'est-ce qu'il m'avait fait rire !

C'est fini.

Dans trois jours, ce sera Noël. La fête des enfants. Et le plus vivant de notre famille est mort.

Le surlendemain, Papa, Pierrot et moi prenons le chemin de l'appartement de tonton Gaby.

La première chose que je remarque en entrant, ce sont les cadeaux joliment disposés sous le sapin. Ces cadeaux que personne n'ouvrira.

Il y a beaucoup de monde autour de Véronique et Gaby.

Je ne m'attendais pas à autre chose de sa part mais je dois dire que je suis soufflée par la dignité dont fait preuve mon tonton. Mis à part ses maxillaires, contractés à l'extrême, rien ne laisse supposer quelle terrible épreuve il traverse.

Gaby est maître de lui. Comme toujours.

Papa aussi affiche un self-control déconcertant.

Dans la chambre de Bernard, il y a un poster de Zorro. Écrit à la main, on peut y lire « À Bernard, ton ami ». Alain Delon le lui a dédicacé.

Sous le poster, un petit cercueil blanc.

L'accident ayant eu lieu hors du département, il est scellé. Sans doute est-ce mieux ainsi. Dans mon souvenir, Bernard sera plein de vie pour l'éternité.

Je quitte la chambre et rejoins mon Pépé Loulou. Il est très fatigué. Il a des moments d'absence. Effets conjugués du choc et de son diabète. Je suis à ses côtés quand Alain Delon s'approche de nous pour le saluer.

— Bonjour, monsieur Regazzi.

Il est confus, mon pépé. Il a regardé un film avec la star dans le rôle-titre seulement quelques jours plus tôt.

— Bonjour. Je vous connais, monsieur... Attendez, laissez-moi réfléchir... Nous nous sommes vus récemment. Ça va me revenir.

Je tire mon pépé par la manche. Il faut que je l'aide, que je dissipe la gêne qui s'installe.

— C'est normal, monsieur Regazzi. Je suis ami avec vos fils et je suis là depuis deux jours, lui répond le comédien avec beaucoup de douceur.

Joli salto arrière, M. Delon.

C'est faux, bien sûr. Et élégant.

Papa avait raison, j'ai fini par le rencontrer. J'aurais aimé que ce soit dans d'autres circonstances.

Aujourd'hui, c'est la veille de Noël.

Nous enterrons le petit garçon de Gaby.

Il sera inhumé dans le caveau de la famille Zampa. Les Regazzi n'en ont pas, alors Tany a proposé de l'accueillir.

Le seul minuscule point positif de cette journée, c'est que, pour la première fois depuis plusieurs années, aucune vitre de parloir ne nous séparera de Mimi.

Il a obtenu une permission spéciale pour assister aux funérailles.

Vrombissement des bécanes, lumière des gyrophares, son arrivée est tout sauf discrète. Les motards de la police forment sa garde rapprochée.

À côté de moi, Gaby s'efforce au calme.

— Ça ne me plaît pas, tout ce remue-ménage. Mais je vais le prendre du bon côté. Les anges de la route vont escorter mon petit.

Bernard les adorait. Il aurait été heureux qu'ils l'accompagnent jusqu'au bout.

À l'église, assise entre Papa et Pierrot, je m'abîme dans la contemplation du dos de tonton Gaby, droit comme un I, au premier rang. Une boule obstrue ma gorge.

Gaby se retourne, s'adresse à moi :

— Et surtout de la dignité. On ne pleure pas devant les étrangers. Notre peine, on la garde pour nous. Si tu dois pleurer, tu pleures en rentrant à la maison ce soir.

Bien reçu.

Eux, cette dignité, ils la portent tous comme une seconde peau. Comment font-ils ?

Moi, je doute d'en être capable.

Pourtant, j'ai réussi. Je n'ai pas versé une seule larme.

Je n'en verserai d'ailleurs plus jamais. Ce jour-là, l'avertissement de Gaby a dû bloquer mes glandes lacrymales.

Je l'ignore encore en rentrant de l'enterrement. Je monte dans ma chambre. J'ai besoin de donner libre cours à mes sanglots.

Rien ne vient.

J'allume la radio. La musique me fera du bien, je crois. Vu que je n'arrive pas à pleurer, il faut bien que je trouve un exutoire à la tristesse qui m'habite. Deux secondes plus tard, Maman déboule comme une furie et, d'un geste sec, éteint l'appareil. Elle trouve ça indécent.

Maman n'a pas pu assister à l'inhumation. Toujours la même histoire, n'étant pas la femme officielle, elle est tenue à l'écart des cérémonies officielles. Maman aussi aimait Bernard. Pour elle, à la douleur de la perte s'ajoute la frustration.

Quant à moi, pour aujourd'hui, j'ai eu ma dose d'ambiance pesante, merci ! Mais je n'avais pas non plus prévu d'inviter mes potes et de faire la fête. J'ai juste besoin d'adoucir un peu tout ça par quelques notes. Maman ne l'entend pas de cette oreille.

OK, j'ai compris. Pas de larmes dehors, pas de bruit dedans.

Comment je fais, alors ?

Gaby, lui, semble avoir trouvé son exutoire.

Il s'est lancé dans une quête effrénée des photos de son fils. Il traque le moindre négatif existant, allant même jusqu'à Nice pour en récupérer certains. S'il le fallait, il irait sans doute sur la lune.

Ensuite, il fait redévelopper toutes les photos, en divers formats. D'un cliché que j'aime beaucoup, il a tiré un poster. Nous l'avons accroché tous les deux dans ma chambre.

Depuis le drame, tonton Gaby passe beaucoup de temps au bar de la Panne. Il s'attarde parmi nous jusqu'à l'heure du coucher. Il a besoin de parler de son petit, de regarder ses photos. Ici, il sait qu'il peut le faire.

Il n'est pas encore prêt à tourner la page. L'absence de Bernard prend toute la place. C'est bon pour lui de pouvoir l'évoquer.

Pierrot et moi avons demandé à Gaby s'il était d'accord pour nous donner un souvenir, choisi dans les jouets de Bernard. Tout à l'heure, il est arrivé avec un tracteur pour Pierrot et un petit chien en peluche marron pour moi.

Je le redécouvre, mon tonton. Il ne s'est bien sûr pas transformé en moulin à paroles mais nous avons ensemble des discussions plus profondes. J'aurai seize ans dans quelques semaines. Forcément, ça change la donne. On n'aborde pas les mêmes sujets avec une adolescente qu'avec une petite fille. Et puis, cette épreuve nous rapproche.

Là encore, à quelque chose malheur est bon.

Il y a des jours plus durs que d'autres. Ce soir, visiblement, il n'a pas envie de parler. Je fais de mon mieux pour apprivoiser ses silences. Juste être là, avec lui. Devant nous, sur les clichés, Bernard sourit, cours, saute. Gaby pianote de l'ongle sur la table. Perdu dans ses pensées, il lâche :

— La croix est lourde pour tout le monde. Qui plus, qui moins…

Sûr. Même s'il n'en fait pas étalage, sa douleur est terrible. Comme en écho, il dit :

— Si je reste, c'est pour mes vieux.

Et puis, d'un coup, il se lève.

— J'y vais.

— Où tu vas ? Tu rentres ? je lui demande.

— Non. Au cimetière.

— Tonton, il est tard. Tu n'as qu'à rentrer chez toi, là. T'es pas obligé d'y aller.

J'ai dû rater un épisode. Je ne vois pas trop l'intérêt de cette visite nocturne. Dans mon esprit, quand on est mort, on est mort. Ça ne peut pas être pire.

Il me répond gentiment mais fermement :

— Tu es folle, je ne peux pas le laisser. Il avait trop peur du noir.

J'en suis bouche bée. Mais tout s'éclaire. Voilà pourquoi mon tonton traîne ici jusqu'à pas d'heure. À tous les coups, il passe ses nuits près de la tombe de Bernard. Pour qu'il ne soit pas seul. Pour veiller sur son sommeil.

J'apprendrai bien plus tard qu'il est même allé jusqu'à se faire faire un double de la clé de la porte du cimetière, fermé et donc inaccessible la nuit.

Malgré le deuil, peu à peu, la vie reprend le dessus.

Pas trop le choix, en même temps. Pour mémoire, on vit dans un restau et même si notre vie a pris une claque, celle de nos clients continue.

Le brouhaha, les discussions animées, la bonne humeur de la salle nous font du bien. Ça oblige à reprendre pied dans le quotidien.

La tristesse est toujours là. Simplement, on commence à s'y habituer, à faire avec.

Je sors à nouveau, je renoue avec le futile, avec la légèreté adolescente.

Cet après-midi, Élise, l'une de mes voisines, et une autre copine sont là pour une séance d'essayages. Le week-end approche, nous avons des projets. Avant toute chose, il faut répondre à la question cruciale : comment vais-je m'habiller ?

Mémé Mauricette passe une tête.

— Ça va, les filles ?

— On teste différentes tenues.

— Je vois, fait-elle en jetant un coup d'œil à l'amoncellement de vêtements qui nous entoure.

Je ne résiste pas à l'envie de la brancher.

— Dis, tu veux pas nous faire le mannequin ?

Contre toute attente, elle accepte. Mémé aussi doit avoir besoin de s'aérer la tête. C'est parti !

On lui met un Levi's en velours côtelé, un T-shirt Kenzo, des baskets à semelles compensées Daniel Hechter. Et, pour la touche finale, un sac Chabrand en bandoulière. En gros, tous les musts de la saison. Y a pas à dire, ça le fait.

Et après ? Ben après, on lui passe un disque de Santana, on pousse le son et on la fait danser.

Elle est à fond, ma Mémé !

Pour conclure cette folle parenthèse, elle se juche sur mon Chappy – à l'arrêt, hein, faut pas pousser quand même – et clic clac, c'est dans la boîte.

Cette photo, c'est un vrai antidote à la morosité.

Bilan des courses, on a ri à s'en faire péter les zygomatiques. Demain sera un autre jour mais, en attendant, ça fait un bien fou !

⁂

Le 1er février 1977, sur le parking de la résidence « Les trois caravelles », à Cassis, Jacky Imbert a été criblé de balles.

Il n'est pas mort.

Selon les journaux, comme d'habitude, c'est Tany qui a fait le coup.

Fait nouveau, le nom de Gaby circule aussi. Il aurait fait partie du commando armé. Mieux, d'après la rumeur, c'est lui qui aurait refusé qu'on achève le Mat – son surnom dans le Milieu. Il aurait dit : « Pas dans la tête, pour la famille. »

Le problème, c'est que Marseille est une ville de bouche. Tout le monde parle. Ça blablate, ça caquette. À tort et à travers. La vérité n'a pas d'importance, ce qui compte c'est d'être convaincu de ce qu'on raconte. Ça passionne les foules, qui en font une réalité.

C'est vrai, le Matou est un ancien ami de Tany, et il lui tire la bourre pour le titre de Parrain.

C'est vrai, Gaby et Tany sont amis.

Tout le monde le sait.

Pour le reste…

Là, vous vous dites que je dois quand même en savoir un peu plus que je ne veux bien le faire croire.

Je l'admets, je sais des choses.

Mais pas celles que vous croyez.

Oui, Gaby est mon tonton. Ça ne fait pas de moi une initiée pour autant.

Si vous pensez qu'il se confie à moi sur ces sujets, ou même simplement qu'il les évoque en ma présence, vous vous fourrez le doigt dans l'œil.

Gaby, Mimi, Claude, mon père ont tous la même façon de penser. Sur ce plan-là, pour eux, je suis une enfant. Et les enfants sont tenus loin du business.

Les enfants, c'est sacré. On les protège.

Malgré tout, j'ai bien compris que je ne vis pas au pays des Bisounours.

J'ai bien compris que les hommes de ma famille mènent une vie particulière.

Ceci dit, mes seules certitudes, je les tiens de ce que je vis, de ce que je vois.

La première d'entre elles, c'est que, même s'ils sont très liés, Papa et mes tontons ne forment pas un tout indissociable. Chacun a sa personnalité.

Usant de la parole avec une grande parcimonie, Gaby apparaît souvent comme quelqu'un de froid. C'est un esthète, mais qui veut passer inaperçu. La discrétion est son mot d'ordre. Il roule dans des voitures que personne ne remarque. Lorsque d'autres le véhiculent, il se fait déposer loin de son domicile et rentre à pied. Ainsi, très peu de gens savent où il habite.

Mimi et Claude sont presque ses contraires. Presque, parce qu'eux aussi sont très attachés à leur apparence. Même en prison, Mimi n'a pas lâché l'affaire. Ses cheveux ayant blanchi prématurément, il les teint régulièrement pour qu'ils soient blanc-bleu. À l'ombre ou pas, Mimi est un dandy. L'allure, c'est quelque chose d'important pour les Regazzi. Mais la discrétion n'a pas toujours été le fort de Mimi et Claude. Ils rient tout le temps et à un moment, par exemple, Claude a conduit une Porsche grise. On ne voyait que lui ! Il a fini par la revendre.

Quant à Papa, la maladie et les traitements qui l'accompagnent ont légèrement brouillé les cartes. Il veut paraître à son avantage, bien sûr, mais sa vie est quelque peu ralentie.

Ces quatre-là n'ont pas non plus la même façon d'envisager les choses. Gaby a toujours eu de l'ambition, à tous les niveaux. En ça, Claude lui ressemble. Mon tonton a depuis longtemps quitté les quartiers nord pour établir sa famille dans le 8e arrondissement de Marseille, le plus chic.

Mimi, pour l'instant, est hors jeu mais il était jusqu'ici comme un poisson dans l'eau à la Belle-de-Mai. Et je mettrais ma main à couper qu'il sera très heureux de la retrouver une fois dehors. Les quartiers sud, c'est pas son truc.

Comme Papa. Lui, il adore ses quartiers nord et ne les quitterait pour rien au monde. Il aspire à un bonheur simple. Son ambition primordiale est de gérer au mieux sa drôle de PME familiale. C'est déjà du boulot avec deux femmes et quatre enfants, sans même parler du crabe, de son œil en moins et des chevrotines qui poursuivent leur petite balade sous son crâne.

Ensuite, force est de constater que depuis quelques années, et pour quelques années encore probablement, Mimi vit en prison. Je vais le voir aussi souvent que possible. En général avec sa femme et sa fille. Parfois, c'est avec Papa et Claude.

D'ailleurs, il n'y a pas longtemps, lors d'une visite avec ces deux-là, certainement pour que je ne les comprenne pas, ils se sont mis à parler en espagnol. La langue de leur mère et grand-mère. D'un coup, le haut-parleur a craché un ferme : « Parlez français, s'il vous plaît. Sinon, on évacue. »

Eh oui, les parloirs, c'est pas le must de l'intimité. Il arrive aussi que dans les box alignés, je reconnaisse plusieurs têtes. Je fais coucou à l'un, coucou à l'autre avant d'aller rejoindre mon tonton.

On parle de tout, de rien, du quotidien, du restau. On essaie de lui raconter des trucs rigolos. Je lui écris aussi, tous les dix ou quinze jours. Comme quand je suis face à lui, j'en viens à raconter le moindre détail. Pour que la lettre soit longue et la visite intense, il faut meubler.

Mon tonton, lui, parle assez peu de ce qu'il vit. Il est devenu responsable de la bibliothèque. Ça, il le raconte volontiers. Il décrit son boulot, commente les livres qu'il lit et il en lit beaucoup. C'est pas le temps qui lui manque !

Autre certitude, le job de Papa ne figure pas dans le répertoire des métiers. Après avoir fait les courses pour le restau, il fait le tour des bars. Pas pour picoler, pour ramasser les paris des joueurs. Papa, c'est une sorte de PMU.

Et son compère dans l'histoire est un sacré lascar. Ce n'est pas un voyou, non. La plupart du temps, le zouave bosse dur. Il est docker. Mis à part les paris, le Zazou, ou encore l'Anchois comme on le surnomme tellement il est petit et maigre, a une façon démentielle d'arrondir ses fins de mois. Quand le besoin s'en fait sentir, sur les quais, il se crée un petit accident. Il s'arrange pour se faire tomber une palette ou autre truc bien lourd sur la main. Mais attention, il se doit d'être précis car l'idée est que seule une phalange soit écrabouillée. Avec sa petite lubie, il collectionne les indemnités et touche une rente d'un million de centimes par mois. Par contre, il ne lui reste plus que deux ou trois doigts à chaque main. Ce qui ne l'empêche pas de ramasser les prises de jeu avec mon père.

Ils ont dégotté un type qui a beaucoup d'argent. Dans cette activité, il est nécessaire d'assurer ses arrières parce que, si un ou plusieurs parieurs trouvent le bon ordre, qu'ils fassent quarante, cinquante ou cent briques, il faut les payer. Et donc avoir du cash. Mais des gagnants du gros lot, il n'y en a pas toutes les cinq minutes. L'oseille des perdants, ils le gardent et se le partagent. Du coup, ça rapporte plutôt pas mal. Surtout vue la quantité de bars inscrits à leur tournée.

Je remarque bien aussi qu'on vient souvent demander conseil ou assistance à Papa. Il a la réputation d'être un homme juste et sage. À la moindre embrouille, on vient le voir.

En général, il s'enferme avec celui qui demande son aide dans la deuxième salle du bar de la Panne. Parfois, ça se passe dans son autre chez-lui. De toute façon, rien ne filtre. De sa part en tout cas.

Une fois, un « copain » m'a raconté qu'un chauffeur de taxi, cousin d'un ami, était venu trouver Papa, mort de trouille. Lors d'une course, il avait tenté de violer une cliente. Pas le genre de trucs qui plaît à mon père, ça. Manque de bol pour lui, le mari de cette femme était un voyou. Même s'il dormait en prison, le type avait encore une certaine influence et nombreux étaient ceux qui avait décidé de tuer le chauffeur. D'après mon interlocuteur, Papa est intervenu auprès de ceux qui voulaient lui faire la peau. Il a réussi à calmer les esprits et à éviter que le sang ne coule. Ceci fait, il a filé une rouste monumentale à l'intéressé en martelant : « On ne viole pas les femmes ! »

Les problèmes qu'il règle ne sont sans doute pas tous du même acabit. Force est cependant d'admettre qu'ils n'ont pas grand-chose à voir avec ceux que gère un notaire ou un manutentionnaire.

C'est sûr, « mes » hommes ne sont pas des enfants de chœur.

Surtout quand on les humilie.

Il y a peu, Papa, Claude et moi sommes allés voir un combat de boxe, salle Vallier. Le spectacle a eu lieu dans les gradins. Un énergumène s'est précipité sur mon cousin et l'a copieusement injurié. Papa a fermement enserré le bras de Claude, donnant un sursis à l'agresseur. Plus tard, Claude s'est rattrapé. Il a conclu sa correction par une petite leçon : « La prochaine fois que tu as quelque chose à me dire, on se voit, on en parle. Mais tu me le dis pas devant mille personnes. » Il y a fort à parier que le type a compris le message.

Mais ça, est-ce si extraordinaire ? Les miens sont-ils si différents des autres ? Je ne crois pas qu'ils soient les seuls à réagir de la sorte quand on les insulte...

J'ai l'air de décrire tout ça comme si de rien n'était. Parce que, d'une certaine façon, pour moi, c'est un peu le cas.

Comprenez-moi, je ne me suis pas réveillée un matin en me disant : « Tiens, Papa et mes tontons sont des voyous. » Il n'y a pas eu de prise de conscience brutale. Ça s'est fait progressivement.

Évidemment, quand mes deux parents se sont retrouvés en prison, c'est devenu plus clair. De même avec les apparitions/disparitions des copains ou encore la mort de Jo Lomini lors de la tuerie du Tanagra.

Mais je ne me suis pas posé des tonnes de questions. Comme beaucoup d'enfants, j'ai pris les choses comme elles venaient.

Certes, à ce stade, je ne peux plus ignorer que les hommes de ma famille font partie du Milieu. Vous dire comment ils l'ont intégré en revanche... Je ne le peux pas.

Ce n'est pas de la mauvaise volonté. Je n'ai tout bonnement jamais eu ce genre de discussion ni avec

Papa, ni avec Mimi ou Claude, encore moins avec Gaby.

Même eux, je ne suis pas certaine qu'ils soient capables de fournir une réponse précise. J'imagine que, là encore, ça s'est fait progressivement. Ils vivaient dans les quartiers nord. Ça a sans doute tenu à une rencontre. Une proposition acceptée qui en a engendré d'autres et ainsi de suite. Mais ce n'est que ce que j'imagine, que mon interprétation. Sur ce point, je n'ai aucune certitude.

Ce sont mon papa, mes tontons, mon cousin. Ils sont ce qu'ils sont. Je les aime ainsi.

C'est ma vie. Depuis que je suis née. Ma normalité.

Ce n'est pas bien. Ce n'est pas mal. C'est comme ça.

Alors ce que la rumeur dit en ce moment, c'est que Gaby a participé à une tentative d'assassinat et qu'il a fait une erreur en refusant d'achever la victime. Par humanité, quelque part.

Ça peut tenir la route. Vu de loin, en tout cas.

Vu de ma fenêtre, Gaby est un homme qui continue à avancer mais qui ne sait plus vraiment où est son but. Si ce n'est retrouver le maximum de photos de son petit garçon.

Il tient debout. C'est déjà énorme.

D'ailleurs, tout à l'heure, j'étais dans la voiture avec Papa, nous allions chercher mon petit frère à l'école. Pierrot Boulange nous accompagnait. Ce dernier parlait de ceux qu'il considère comme de grands hommes. Pour lui, le meilleur, c'était Napoléon. À un moment, Papa s'est tourné vers moi :

— Et toi ? Qui est l'homme que tu admires le plus ?

À tous les coups, mon Papounet pensait que j'allais répondre : « Toi. » Mais non.

— C'est tonton Gaby. Je l'ai vu tellement digne malgré cette énorme souffrance...

Un gentil sourire a étiré ses lèvres. Beau joueur, il a commenté :

— T'aurais dit quelqu'un d'autre, je l'aurais très mal pris. Et si on m'avait posé la question, j'aurais répondu la même chose.

C'est vrai qu'il force l'admiration, Gaby. Dans ces circonstances, beaucoup se seraient effondrés.

Pas lui.

Il est peut-être un tout petit peu moins tiré à quatre épingles. Oh, pas grand-chose. J'ai remarqué que le bas de son manteau est parfois très légèrement froissé. Un infime détail, insignifiant pour la plupart d'entre nous. Immense pour lui. Ceci dit, s'il veille chaque nuit sur le sommeil de Bernard, il n'y a là rien d'étonnant.

Je suis fière de lui. Je suis fière aussi du rapprochement qui s'est opéré entre nous. Même si les circonstances sont douloureuses, je le savoure.

11

Épidémie de saturnisme

Le 3 mars 1977, comme tous les jeudis, je rentre du lycée vers 17 h 30.

J'attrape une pomme, la croque à belles dents en montant l'escalier qui mène à notre appartement. Arrivée sur le seuil, le fruit à mi-chemin de ma bouche, je remarque Papa. Quelque chose dans son regard suspend mon geste. Il est seul dans le salon, assis, droit comme un I.

En trois pas, je suis près de lui.

— Tonton Gaby est mort, dit-il.

— Il s'est suicidé.

Je pense à haute voix. Ce n'est pas une question, juste une évidence pour moi. Sans son petit garçon, mon tonton n'a pas réussi à survivre. Il a préféré mettre fin à cette douleur insupportable.

— Non, rectifie Papa. On l'a tué.

Des bruits de pas se font entendre dans l'escalier.

— Tu peux aller dans ta chambre, ma Pope.

Une tonne de questions restent coincées en travers de ma gorge. Je ne me vexe pourtant pas. Je comprends qu'une réunion de crise va se tenir ici. Sans les enfants.

La porte de ma chambre refermée, je balance ma pomme.

Plus faim.

Qu'a-t-il bien pu se passer ?

Je brûle d'allumer la radio. J'ai besoin d'en savoir plus.

Je me rappelle de la réaction de Maman lorsque je l'ai fait après l'enterrement de Bernard. Je renonce.

Je ne réalise pas vraiment. Tout ça est tellement flou.

Les heures passent. J'attends.

Nos visiteurs se retirent enfin.

Quand Papa émerge du salon, je l'interroge.

— Tu peux m'expliquer, maintenant ?

— Ce n'est pas de ton âge, répond-il tristement.

Il me caresse gentiment le bras avant de disparaître en direction du restaurant.

Je sais qu'il veut me préserver.

Je sais aussi que demain, j'irai acheter les journaux.

Le Provençal en mains, il ne me faut pas longtemps pour repérer l'article qui m'intéresse.

Au centre de la page des faits divers, une photo de Gaby.

Juste au-dessus, le gros titre : « Abattu à la sortie du cimetière. »

Je le reçois comme un coup de poing à l'estomac.

La suite n'arrange rien.

La carrière mouvementée d'un repris de justice s'est terminée, hier, le long du mur d'enceinte du cimetière Saint-Pierre, à Marseille.

Très connu dans le milieu pour ses nombreuses activités douteuses, Gabriel Régazzi dit Gaby, âgé de 45 ans, domicilié actuellement au quartier Périer est tombé sur le coup de 13 heures, fauché par une rafale de pistolet-mitrailleur. Il a été tué net.

En fin de matinée, il s'était rendu au cimetière Saint-Pierre se recueillir sur la tombe de son fils, mort accidentellement. Cette disparition brutale l'avait traumatisé. Régazzi allait, depuis, très régulièrement, chaque semaine, fleurir la tombe familiale.

C'est, à l'instant où il venait de s'asseoir au volant de sa petite Autobianchi 112, blanche, rangée devant le numéro 519, Chemin de Saint-Pierre, que Gabriel Régazzi a été pris pour cible par un tireur sans pitié. Les projectiles ont, littéralement, criblé la carrosserie de la voiture, faisant voler en éclats le pare-brise et la glace de portière avant gauche. Les balles ont atteint le sternum, le bras gauche de Régazzi, qui a, en outre, le thorax traversé par quatre projectiles.

Le règlement de comptes qui ne fait aucun doute s'est donc déroulé sans aucun témoin.

Mais Gabriel Regazzi n'était pas un homme tranquille. Il se savait certainement menacé et craignait pour sa vie. Quand on l'a abattu il avait sur les genoux un pistolet MAB calibre 7.65 avec balle engagée dans le canon et chargeur approvisionné de sept cartouches.

Cette arme prête à tirer, Regazzi n'a pas eu le temps de l'utiliser pour se défendre.

Malgré une vie agitée en marge de la légalité, Gabriel Regazzi ne possède à la police qu'un mince dossier. Il fait seulement état de diverses condamnations légères pour des délits mineurs alors qu'il évoluait dans la haute pègre. Il avait réussi au fil des années à passer au travers de diverses affaires importantes.

À une certaine époque, c'est-à-dire quelques années après la Libération il avait créé une distillerie pour produire un « pastis » portant l'étiquette « Reganis ». Ce négoce d'alcool terminé Regazzi s'était certainement reconverti dans une autre activité tout aussi intéressante par ses rapports mais qu'on ignore encore.

L'enquête est maintenant confiée au commissaire Tranchant chef de la brigade antigang qui connaît parfaitement la « carrière » de la victime. Il est fort possible à présent que les « amis » de Gaby Regazzi pardonnent difficilement son élimination et surtout son assassinat alors qu'il revenait de prier sur la tombe de son fils.

Ce papier est bourré d'erreurs, comme toujours. Gaby n'a jamais pris part à l'aventure Réganis.

Je pense malgré tout pouvoir me fier à l'essentiel.

Mon tonton a été victime d'un règlement de comptes.

À la sortie du cimetière.

C'est abject.

Je comprends mieux encore le silence de Papa.

Comment aurait-il pu m'expliquer ça ?

Pour la deuxième fois en à peine plus de deux mois, je me trouve dans l'appartement de Gaby. Moi qui n'y avais jamais mis les pieds.

Après la veillée de Bernard, celle de son papa.

Mon tonton a d'ailleurs été installé sur le lit de son fils.

Là, je réalise.

C'est fini. Je ne le verrai plus. Nous ne nous rapprocherons pas davantage. Notre belle relation s'achève ici.

Je contemple son visage au teint cireux. Un sourire l'éclaire.

Enfin quelque chose me semble cohérent dans cette histoire. Au moment de partir, mon tonton a sans doute pensé qu'il allait rejoindre son fils.

Le lendemain, nous enterrons Gaby.

Dans le caveau des Zampa.

Même cause, même conséquence. Nous n'en avons pas, Tany accueille donc son ami dans celui de sa famille.

Il n'assiste cependant pas à la cérémonie.

Tonton Mimi non plus. Il n'a pas obtenu l'autorisation de venir. L'administration pénitentiaire n'est pas complètement folle. Elle accorde des permissions de sortie à ceux qu'elle est sûre de voir revenir.

Impossible dans ce contexte de règlements de comptes.

D'ailleurs, si la foule des grands jours est massée devant l'église, les hommes en sont relativement absents.

Presque aucun mâle de notre tribu habituelle n'est là.

Ce n'est pas une question de peur. Ils veulent juste éviter de créer l'occasion d'un bain de sang.

De nombreuses voix se sont élevées pour conseiller à Papa de ne pas se rendre aux funérailles.

Il n'a évidemment rien voulu entendre.

Faisant également fi des conseils de prudence, Pierrot Boulange a aussitôt réagi : « Je t'accompagne. Tant pis si on nous tire dessus, je viens ! »

⁂

La disparition de tonton Gaby marque un tournant dans notre existence.

Jusqu'ici, nous, les enfants, avons été préservés du business des adultes.

Maintenant, les choses doivent changer.

C'est une question de survie.

Bien entendu, on ne va pas tout nous raconter non plus.

Seulement ce qui est indispensable à notre sécurité.

Papa nous a réunis, Pierrot et moi. Mon petit frère a senti le vent tourner. Pour une fois, il semble très calme.

— Vu ce qui vient de se passer, il y aura certainement d'autres représailles, dit Papa.

Nous hochons la tête. Il poursuit :

— Je suis probablement en danger. Il va falloir modifier notre façon de vivre.

La notion de danger nous était jusqu'ici relativement étrangère. Surtout, elle n'était pas directement liée au Milieu.

Ce n'est plus le cas.

Serait-ce l'explication de l'attitude différente de Papa ces derniers jours ? Il se fait rare. J'ai l'impression qu'il nous évite, qu'il tente de nous détacher de lui.

La suite me le confirme.

— À présent, je vous interdis d'être près de moi, à l'extérieur ou en voiture. À la maison, nous pourrons continuer comme avant mais c'est tout.

Je ne suis pas d'accord.

— Mais... Papa. Au contraire, si je suis avec toi, il ne t'arrivera rien.

— Je n'en suis pas si sûr, ma Pope, répond calmement mon père. Et ce que je viens de vous dire est aussi valable pour les copains. Je ne veux plus que vous soyez en contact avec des hommes qui risquent d'être exécutés à tout moment. Il n'est pas question que vous preniez une balle perdue.

Le respect que j'éprouve pour Papa m'empêche d'insister.

Je vais devoir me plier à ses consignes, accepter de m'éloigner de lui.

Nous venons d'entrer dans une autre dimension.

Malgré ma bonne volonté, je n'en prends certainement pas toute la mesure.

Je n'ai pas encore compris que de toutes petites choses peuvent désormais prendre des proportions hallucinantes.

Depuis des semaines, l'une des personnes que je fréquente le plus assidûment est mon dentiste. Ma bouche est un vaste chantier qui nécessite de lui rendre de très fréquentes visites. Je dois d'ailleurs y aller ce jour-là.

Seulement, le matin, j'ai oublié de prévenir qu'en quittant le lycée je ferai étape par la rue Saint-Ferréol où se situe le cabinet.

Lorsque j'arrive devant le bar de la Panne, le plan alerte enlèvement familial est sur le point d'être lancé. Pensant que je devais rentrer directement après les cours, Papa est fou d'inquiétude. Trois de ses amis sont là, prêts à se déclencher.

Mon apparition provoque un immense soulagement.

Cette fois, j'ai saisi. Au fond, ils redoutent qu'un plus fou que les autres ne s'en prenne à leurs enfants.

Papa accuse le coup de la dernière tragédie en date.

Désormais, non seulement il a peur pour ses enfants mais, en plus, l'absence de Gaby lui pèse.

Il ne parlait pas beaucoup avec lui. Forcément, pas facile avec un taiseux. Leur amour l'un pour l'autre s'exprimait différemment, dans une proximité quotidienne ou presque. Ils étaient aussi très proches de leurs parents, chez lesquels ils se retrouvaient chaque dimanche.

« Je savais que j'aimais mon petit frère mais je ne savais pas à quel point », m'a-t-il dit.

Cette perte le ronge. Pas besoin d'être dans le secret des dieux pour s'en rendre compte.

Papa est à fleur de peau. Il s'énerve très souvent. Avec son trou dans la gorge, ses emportements sont tout sauf discrets : il s'étouffe.

Parfois, ça va même encore plus loin.

Tout à l'heure, nous avons frôlé un nouveau drame.

Pierrot est rapidement redevenu lui-même. L'enfant roi ingérable est de retour. Lancé à plein tube dans un caprice, il l'a tellement soûlé que mon père a fini par lui jeter le premier truc qui lui est tombé sous la main.

Sa sacoche.

Sauf que depuis l'assassinat de Gaby, Papa est toujours armé. Pour se protéger, pour nous protéger. Il ne met jamais le cran de sûreté, afin d'être réactif. Son arme est tout de même soigneusement rangée.

Dans sa sacoche.

Quand elle a atteint le sol, le coup est parti. Un silence glacial a envahi le restau.

Heureusement, la balle est passée à côté du Pierrot.

Pour couronner le tout, Papa n'arrive plus à dormir.

Je sens bien que chez lui, la tristesse le dispute à la colère.

Parfois, la colère l'emporte.

Comme lorsqu'il est allé reconnaître le corps de Gaby à la morgue. On m'a rapporté qu'en désignant les tiroirs il avait dit au préposé :

— Vous n'en aurez jamais assez tellement je vais les remplir !

En fait, j'ai appris bien plus tard qu'à ce moment-là il n'avait qu'une idée en tête : venger la mort de son frère. Un jour, il est même parti avec quelques copains pour réaliser ce sombre dessein. Mais quand la cible est arrivée, il a dit aux autres : « On abandonne. » L'homme tenait son fils par la main. Papa a renoncé.

Je sais, ce n'est pas très glorieux.

Pas d'avoir renoncé. D'avoir pensé le faire.

Mais je crois qu'il y a des choses qu'il faut vivre pour savoir si on n'aurait pas fait pire.

Dans cette période difficile, il m'arrive à moi aussi de ressentir une immense colère.

Je prête un peu plus attention aux diverses rumeurs, relayées ou non par la presse et la radio. Celle qui disait Gaby responsable de la tentative d'assassinat du Mat n'était peut-être pas fondée. Quoi qu'il en soit, elle a suffisamment circulé pour tenir lieu de vérité. La suite nous l'a démontré.

En tendant l'oreille, je recolle donc les morceaux du puzzle. Au départ, visiblement, Tany Zampa et le Mat étaient amis et travaillaient ensemble. Puis le Mat est devenu plus indépendant. Il y aurait eu entre eux plusieurs sources de discorde, à commencer par une histoire de courses truquées. Et puis, tout le monde tient pour acquis que le Matou aurait rackетté un client que Tany avait décidé de laisser tranquille. La fusillade de Cassis, dont il a miraculeusement réchappé, serait le résultat de l'un ou l'autre de ces désaccords. L'échec du commando aurait ensuite entraîné la mort de mon tonton puisque, toujours selon les bruits de la rue, Gaby en aurait fait partie.

Si je résume bien, mon tonton est donc mort pour une histoire de territoire. Et, surtout, d'argent.

Je vis dans un monde où l'on ôte la vie pour du pognon.

Dans un monde où l'on assassine un homme à terre.

Ils n'ont pas eu à le chercher bien loin, Gaby. Incapable de vraiment laisser partir son petit, il était sans cesse fourré au cimetière. Lui qui n'a quasiment jamais révélé où il vivait, il a, deux mois durant, garé sa voiture exactement au même endroit. Toujours devant la même entrée du cimetière. Parce que la tombe de Bernard est à trois mètres de celle-ci.

Je l'avoue, quand je pense à ça, la colère me dévore.

D'autres ont sûrement fêté la mort de mon tonton au champagne.

Pour moi, c'est terrible.

⁂

L'été suivant, pour m'éloigner du danger et me changer les idées, Papa et Maman m'envoient passer un mois dans la maison de Sausset-les-Pins.

Élise, mon amie de Mourepiane, m'accompagne. Mes parents viennent les week-ends mais la plupart du temps, nous sommes seules.

Ici, nous ne craignons rien. L'idée principale de notre séjour ? Nous amuser !

Pour ça, Élise est toujours partante. Elle est une alliée de taille pour lutter contre le chagrin dans lequel je m'englue ces derniers temps. Elle l'a déjà prouvé lors du relooking de Mémé Mauricette.

En plus de la plage, où nous nous adonnons à un farniente assidu, à Sausset, il y a une boîte de nuit. Élise et moi avons le droit d'y aller une fois par semaine. Papa en connaît les gérants et Solange, la fille de Thérèse, est amie avec la fille de la patronne. Ça aide.

Quelques personnes de Mourepiane passent aussi une partie de leur été ici.

Parmi elles, il y a Eddy.

Eddy est un canon, blond aux yeux verts. Il est scaphandrier pour la Comex.

À force de le croiser, un soir, je flirte avec lui.

Et il flirte avec moi.

Je n'en reviens pas !

Eddy a vingt-six ans – soit dix de plus que moi. Non seulement il s'intéresse à une gamine mais en plus, cette gamine, c'est moi. Et non Élise. Pourtant, mon amie est une bombe atomique. En général, elle me rafle tous les mecs.

Pas celui-ci.

Forcément, je profite à fond de ce bonheur inattendu.

Je me rends à nos rendez-vous le cœur battant. Ensemble, nous refaisons le monde. Il est gentil et il sent bon.

Notre relation reste cependant très chaste.

Je me réserve pour le grand amour. La confiance que Papa m'accorde sur ce terrain n'y est pas totalement étrangère. Pour franchir le pas, j'attends le bon. Même s'il m'émoustille, je ne crois pas que ce soit Eddy.

Atout supplémentaire, mon prétendant a l'air de le comprendre. Très respectueux, il ne tente pas de me forcer la main. Celui-là, je n'ai pas à l'arrêter.

Je me doute que mon père a quelque chose à voir là-dedans. Eddy et lui se connaissent. Je vois d'ici Papa lui dire : « C'est bien, elle est mieux avec toi. Tu contrôles ce que tu fais et tu jettes un œil. »

Peu importe, de toute façon. Ce flirt m'apaise.

Avec lui, la vie est belle et simple. Je me régale.

Quand Élise et moi arrivons en boîte ce soir-là, je sais que je ne l'y trouverai pas. Eddy est rentré à

Marseille pour quelques jours. Pas grave, on va passer un bon moment quand même.

J'aperçois Solange, la fille de Thérèse, ainsi que d'autres copains. Je leur fais un petit signe de la main et m'installe au bar avec mon amie.

Une blonde fonce alors sur moi. Elle me demande, agressive :

— C'est toi qui sors avec Eddy ?

Je n'ai pas le temps de lui répondre. Solange et la fille de la patronne attirent la blonde à l'écart et se mettent à parler avec elle. La discussion a l'air houleuse.

Je n'ai rien compris. Sauf que, à l'évidence, ça lui pose un problème que j'entretienne une relation avec Eddy.

Quand je le revois, quelques jours plus tard, je ne peux m'empêcher de lui demander des éclaircissements.

— Effectivement, je suis avec cette fille.

Bien sûr. C'était trop beau.

Face à mon silence, il développe.

— De toute façon, avec toi, c'est platonique. Elle, c'est une chose. Toi, c'est autre chose, m'explique-t-il.

Il a raison. Je ne veux pas aller plus loin. Je dois me rendre à l'évidence : c'est un bel homme en pleine possession de ses moyens, il est normal qu'il veuille assouvir certaines pulsions.

J'imagine que je dois déjà m'estimer heureuse qu'il me trouve de l'intérêt bien qu'il n'y ait rien de sexuel entre nous. Je m'accommode donc de sa franchise et nous continuons sans rien changer jusqu'à mon retour à Mourepiane.

Je suis rentrée à Marseille depuis plusieurs semaines.

Il m'arrive parfois de revoir Eddy. C'est toujours un plaisir. Notre parenthèse estivale m'a fait du bien.

Cette petite *love story* mourra bientôt. C'est écrit.

Je ne m'attendais juste pas à ce que ce soit écrit dans les journaux.

Papa vient d'en poser un devant moi, ouvert à la page des faits divers. Pour tout commentaire, il m'a lancé gentiment :

— J'espère que tu vas lui écrire, à celui-là.

Puis il m'a laissée seule avec le journal.

Pour résumer, la blonde avec laquelle j'ai partagé Eddy cet été est une prostituée. Mon hidalgo n'était en fait que son amant, le mec officiel de la belle étant également son mac.

D'après l'article, Eddy vient d'être arrêté pour le meurtre du souteneur.

Super !

Désolée, Papa, mais non. Je ne crois pas que je vais lui écrire.

Eddy n'est qu'une amourette de vacances. Si j'avais été amoureuse, j'aurais déplacé des montagnes pour lui.

Ce n'est pas le cas.

Pour tout dire, je suis effrayée par ce que je viens de lire.

Avec ce qui arrive à ma famille ces derniers temps, j'ai mon compte d'histoires de l'autre monde. Ça va aller, merci.

⁂

Finalement, ça tombe bien qu'Eddy soit sorti du paysage.

Bien sûr, j'aurais préféré qu'il ne se mette pas dans ce pétrin. Mais bon...

Cette année est une année importante pour moi. Il va falloir que je bosse dur car il y a le bac de français.

Ensuite, il y aura le bac, le vrai.

Il n'y a pas longtemps, Claude est venu au bar de la Panne.

Je l'adore, mon cousin. Il me fait rire. Il prend un malin plaisir à m'appeler « ma sœur qui est en fait ma cousine ».

La discussion que nous avons eue était un poil plus sérieuse que d'ordinaire. Claude voulait savoir ce que je comptais faire après.

— Des études de droit, ai-je répondu.

— Ça, c'est une bonne idée ! a-t-il commenté avec un sourire jusqu'aux oreilles.

Je n'aurais pas cru que le choix d'une filière puisse générer tant d'enthousiasme chez lui.

Claude s'est tourné vers Papa.

— Super ! On va économiser l'avocat.

Nous y voilà.

Il doit être sincèrement ravi de ma récente vocation. Juste après, il est revenu pour m'offrir ses disques de Paul Anka. En guise d'encouragement.

Toute sa collection de vinyles.

Et il m'a promis la moto de mes rêves si j'avais de bonnes notes à mon bac de français. Quel soutien !

Je sens que Hugo, Voltaire et Baudelaire vont me passionner...

Quelques semaines plus tard, je n'ai pas encore passé le bac mais j'ai déjà ma bécane. Je m'en donne à cœur joie sur les routes de la région.

Sympa, Papa a un peu anticipé le cadeau de Claude.

Je pense qu'il essaie de me faire oublier autant que possible l'ambiance pesante. De me rendre les choses plus légères malgré le danger qui rôde.

J'y suis sensible.

Ça ne m'empêche pas d'avoir peur. Peur de perdre encore quelqu'un que j'aime.

Hier, j'ai dîné avec Claude.

Pour arriver jusqu'à lui, ça a été tout un bazar. Je n'ai pas le droit d'utiliser mon Chappy la nuit. On est donc venu me chercher en voiture. Puis, à mi-parcours, on m'a fait changer de voiture. Question de sécurité.

J'ai tout de même fini par le rejoindre.

Comme d'habitude, nous avons parlé de tout, de rien et pouffé comme des débiles. On est très forts pour ça, il ne nous faut pas grand-chose.

Je n'ai cependant pas réussi à lui cacher mon inquiétude. À la fin du repas, je n'ai pas pu m'empêcher de lui dire :

— Tu fais très attention, hein ? Avec Papa, il ne me reste plus que toi...

— Je te jure, ma cousine, si jamais ils viennent me charcler, je meurs mais j'en emporte un avec moi !

Je le reconnais bien là, mon Claude. Il fait le fier avec son ton bravache et son vocabulaire fleuri.

Personnellement, je préférerais que personne ne vienne pour me le « charcler ».

⁂

Cette année, le mois d'octobre est pourri. Aujourd'hui, le ciel est bas et sombre, il pleut des cordes.

Comme de nombreux clients, nous sommes retranchés à l'intérieur du bar de la Panne.

Il est presque midi. Le téléphone sonne.

Maman répond.

— René, c'est pour toi, l'informe-t-elle.

Papa saisit le combiné. Il écoute son interlocuteur.

— J'arrive, dit-il simplement.

Il raccroche, marche jusqu'au portemanteau, prend son imperméable.

— Je vais à l'Évêché, lâche-t-il, le visage fermé.

Cette phrase, c'est tout ce que nous redoutions.

Le temps semble suspendu.

Nous avons compris.

Gaby a été tué il y a un peu plus de sept mois. Dès le début, nous savions qu'il ne serait pas le seul.

Mimi est en prison. Papa est là et le commissariat vient de lui demander de passer pour « affaire le concernant ».

Il ne reste que Claude.

Si seulement nous pouvions nous tromper…

12

La promesse

Avant que mon père ne parte pour l'Évêché, j'ose un timide :

— Je peux venir avec toi ?

Papa me fixe. Il hésite.

— Oui, dit-il finalement.

Du bar, un vieux de la vieille, reconnu et respecté de tous dans le Milieu, a suivi notre échange. Il n'ignore bien sûr rien de ce que notre famille a vécu cette année.

— Je vous accompagne, fait-il en se levant.

Arrivés à destination, alors que nous nous apprêtons à descendre de voiture, le vieux voyou arrête Papa.

— Attends, René. Tu vas pas entrer dans l'Évêché avec le calibre.

Depuis la mort de Gaby, Papa a toujours une arme sur lui. Il ne veut plus s'en séparer.

D'une petite voix, je propose :

— Tu veux que je le prenne, moi, Papa ?

Je n'aurais pas dû. Papa s'étouffe de colère.

— Non, répond-il fermement. Il n'en est pas question.

— La petite a raison, intervient notre accompagnateur. Ils vont pas la fouiller. Toi, par contre, s'ils veulent pas que tu meures dans les jours à venir, ils vont t'arrêter et te faire prendre cinq ans pour détention d'armes.

Papa cède, de mauvaise grâce. Je prends son arme, la glisse dans mon sac et nous entrons.

Effectivement, personne ne me fouille.

Un policier nous entraîne dans son bureau. Visiblement, Papa et lui se connaissent. Ils se tutoient.

Il prend place derrière son bureau, nous nous asseyons face à lui.

— Il y a encore eu un règlement de comptes, ce matin. La victime, c'est ton neveu, Jean-Claude Regazzi.

Nous avions raison de craindre le pire pour Claude.

Nous encaissons le choc. Sans broncher.

Je maîtrise maintenant cet exercice presque aussi bien que les hommes de ma famille. Je me suis faite à eux.

Après un silence, le flic reprend :

— Bon, René... Je présume que tu as une idée sur tout ça. Au stade où on en est, ce serait bien que tu nous dises ce que tu sais, histoire qu'on puisse faire notre travail.

Papa le regarde. Puis il énonce placidement :

— J'ai pour habitude de régler mes problèmes moi-même. Je n'ai besoin ni de toi ni de personne.

À l'évidence, ce n'est pas la réponse attendue.

Après un nouveau silence, le policier s'adresse à moi :

— Vous pouvez nous laisser quelques minutes, mademoiselle ?

Je m'exécute.

Je suis seule, assise sur une chaise devant la porte fermée du bureau. À un mètre de moi, deux agents discutent. J'entends le nom de mon cousin.

— Oh putain ! Il s'est fait charcler méchant, dit l'un des deux.

Et les voilà qui étalent les détails croustillants.

Quelle délicatesse !

Ils m'ont vue, pourtant.

En général, quand une ado est seule devant la porte close d'un bureau, c'est qu'elle attend la personne qui est à l'intérieur. Il y a même de fortes chances qu'elle fasse partie de sa famille.

Ces deux petits malins auraient pu faire preuve d'un peu de jugeote. Mais non.

En m'excluant de sa conversation avec mon père, le policier qui nous a reçus a sans doute voulu m'épargner les explications qui pouvaient être difficiles à entendre.

Raté.

De toute façon, j'aurais bien fini par tout savoir.

Le lendemain, l'événement est disséqué en page 3 du *Provençal.*

L'article a pour titre : « Les truands règlent leurs comptes… »

Cette fois, nous avons deux photos pour le prix d'une. En haut à droite, celle de Claude. En bas à gauche, un cliché du mur du numéro 103 de la rue Albe. La légende indique que les balles ont fait sauter des morceaux entiers de béton.

« Jean-Claude Régazzi (32 ans) abattu à la mitraillette, rue Albe, 7 mois après son oncle », annonce l'accroche du papier.

La guerre des gangs continue à Marseille. Un repris de justice a été abattu, hier, vers 10 h 30, devant le numéro 131 de la rue Albe.

Jean-Claude Régazzi a été criblé de balles au moment où il s'apprêtait à monter dans son véhicule, une 403 camionnette, immatriculée 3009 QU 30, qu'il avait très certainement louée.

Bien connu des services de police, Jean-Claude Régazzi n'était pas homme à rouler dans ce genre de véhicule. On peut donc se demander ce qu'il avait l'intention de transporter pour avoir loué une camionnette. Que faisait-il dans ce quartier, alors qu'il demeure rue de la République. Enfin, pourquoi lui a-t-on tiré dessus sans lui laisser la moindre chance de s'en tirer ?

Toutes ces questions, les hommes du commissaire Picone, patron de la brigade anti-gang de la Sûreté urbaine et ceux du commissaire Girel, chargés de l'enquête pour la P.J., ont du se les poser avant nous. Pourront-ils leur apporter une réponse ?

Quoi qu'il en soit, plus que jamais les truands semblent bien décidés à régler leurs comptes. Pourquoi ? La drogue ? Les jeux ? Les femmes ? Le racket ? Sans aucun doute un peu de tout cela, car Jean-Claude Régazzi faisait partie d'une famille très bien connue dans le milieu.

Son père, Barthélémy Régazzi, dit « Mimi », est en prison. Il purge une peine de dix-sept ans pour trafic de drogue. Il a été arrêté le 9 octobre 1972. C'est lui qui « trafiquait » les voitures permettant à Jean-Baptiste Croce et Joseph Mari de passer des tonnes d'héroïne en Amérique. « Mimi » était considéré comme un patron du milieu à Marseille.

L'oncle de Jean-Claude, Gabriel Régazzi, a également été abattu à Marseille. Comme hier, pour tuer un Régazzi, les gangsters ont utilisé une mitraillette. « Gaby » a été abattu le 4 mars dernier, au moment où il montait dans sa voiture, une Autobianchi A-112, garée chemin de Saint-Pierre. Des inconnus l'ont pris pour cible.

Avant de mourir, Gabriel Régazzi avait sorti une arme, un 7,65, qu'il avait sur lui et dont il n'a pas eu le temps de se servir.

« Gaby » avait été abattu en fin de matinée. Il s'était rendu au cimetière Saint-Pierre se recueillir sur la tombe de son fils, mort accidentellement. Aucun témoin n'avait pu fournir, à l'époque, le signalement des tueurs qui courent toujours.

Sa mort pourrait avoir un lien avec une course de chevaux truquée à Marseille.

La mort de Jean-Claude ressemble beaucoup à celle de « Gaby », son oncle. C'est au moment où il allait monter dans une voiture que les tueurs ont surgi. Une voiture arrive en trombe, près de la 403, de très nombreux coups de mitraillette crépitent : Jean-Claude Régazzi s'écroule. Il a lui aussi à peine eu le temps de sortir son arme.

Hier encore, aucun témoin n'a vu les tireurs qui ont réussi à disparaître sans laisser de trace. De nombreuses douilles, 30 au total, seront récupérées par l'inspecteur divisionnaire Révilloud qui a procédé aux premières constatations sur place.

Jean-Claude Régazzi était bien connu des services de police. En 1974, il était « tombé » pour proxénétisme. Après avoir purgé sa peine, il avait réussi, comme l'on dit, à « se faire oublier ». Sans atteindre les sommets dans la pègre marseillaise, Jean-Claude Régazzi avait un nom. Certains affirment que depuis que son oncle avait été abattu, il ne sortait jamais sans son arme.

Pour les policiers, Jean-Claude Régazzi, son oncle Gabriel et son père Barthélémy faisaient partie de la même « équipe », dirigée par un grand « patron » du milieu marseillais qui aurait un œil sur tout (racket, jeux, drogue et prostitution). Ce « grand chef » semble actuellement perdre ses troupes. En effet, à « Gaby » et Jean-Claude Régazzi, il faut ajouter Jacky Imbert. Ce dernier revient de très loin. Au début de l'année, il avait essuyé de très nombreux coups de feu à Cassis et ce n'est que miracle s'il est encore en vie aujourd'hui.

Aux policiers, Imbert avait affirmé qu'il ne savait pas pourquoi il avait été pris pour cible et qu'il n'avait rien à voir avec le milieu. « C'est très certainement une erreur », se contentait-il de répondre. Lui aussi, était un habitué des champs de courses.

Les tueurs qui opèrent dans cette « série », paraissent pourtant ne pas commettre beaucoup d'erreurs. Ces hommes ne tirent pas au hasard.

Pour qui travaillent ces hommes ? Les amis de la famille Régazzi doivent actuellement chercher celui qui paye ces tueurs. Tout comme les policiers, mais avec très certainement d'autres moyens. Les armes vont-elles encore « parler » dans les rues de Marseille ? Ce n'est pas impossible.

Pour ce qui est de la scène de crime, je peux me fier à l'évocation qu'en fait l'auteur de l'article. Elle reprend les détails mentionnés par les deux policiers dans le couloir.

Pour ce qui est de l'« équipe »... De deux choses l'une, soit le journaliste ne vit pas à Marseille et n'a pas entendu les rumeurs qui y courent, soit il n'a rien compris.

Même s'il n'est pas mentionné nommément, tout le monde comprend bien que le « grand chef » dont on parle, c'est Tany Zampa. Mais faire figurer le Mat parmi les troupes de Tany, bonjour le contresens.

Quoi qu'il en soit, l'expression est lâchée : « guerre des gangs ».

La guerre semble effectivement avoir été déclarée à ma famille.

Le voir écrit noir sur blanc a quelque chose de vertigineux.

Jusqu'ici presse et commères s'accordaient pour dire que la mort de Gaby était la conséquence de son implication dans la tentative d'assassinat du Mat. Mon cousin, lui, n'y avait jamais été associé.

Ça n'a pas empêché son exécution.

Il devient désormais évident que le seul fait d'être un homme portant le nom de Regazzi suffit à figurer sur la liste des victimes.

J'ai peur pour Papa.

Je suis en colère, aussi. Parce que tout ça renforce une idée reçue.

Celle de l'existence d'un clan.

Je ne suis pas aux premières loges de leurs activités, c'est vrai. Mais il y a tout de même des choses que j'ai comprises. Parce que je connais le caractère de « mes hommes », que je sais leurs goûts et leurs dégoûts, que je les vois vivre.

Le clan est encore un cliché lié au Milieu.

Et là, cette idée de clan n'est bonne qu'à emmener les hommes que j'aime à la mort. À faire en sorte que cette épidémie de saturnisme se poursuive. Si ça continue, la « maladie du plomb » emportera tous les miens.

Or, il n'y a jamais eu de clan.

Même entre eux, Gaby, Mimi, Claude et Papa ne formaient pas un clan.

C'était juste impossible.

Question de caractères.

Par exemple, Gaby n'aurait pas supporté l'originalité de Mimi et Mimi n'aurait pas supporté la rigidité de Gaby.

Alors, imaginer un clan encore plus vaste dont ils auraient tous fait partie est absurde.

Il faut démystifier tout ça.

Seul Gaby était très proche de Tany. En ce qui les concerne, amitié et business étaient en effet liés.

Pour les autres, chacun faisait sa vie, était autonome. Ils en parlaient sans doute avec Tany, pour garantir une bonne harmonie. Ça s'arrêtait là. Ils ne servaient pas les intérêts financiers d'un hypothétique clan Zampa.

Le clan est une idée reçue, ce n'est pas la réalité.

À l'inverse, il est vrai que, pour tous, l'amitié est une valeur forte.

Même s'ils ne géraient pas d'affaires ensemble, Tany est venu voir Papa quand il s'est fait opérer. De même, je me rappelle être allée lui rendre visite dans son appartement du Prado. Ce devait être vers

1974-1975. Tany sortait de prison, Papa et moi venions lui souhaiter un bon retour.

Aujourd'hui, le danger qui menace peut fausser la perception. Faire penser qu'il y a toujours eu un clan.

Parce que l'ennemi frappe sans distinction tous les membres d'une même famille.

Parce que, face à cet ennemi, c'est sûr, l'amitié va jouer. Plus que jamais, ils vont se soutenir les uns les autres.

Quand tout va bien, c'est chacun pour soi.

Si clan il y a, il n'existe que dans la galère.

Quand il s'agit d'une question de survie.

La guerre des gangs, comme il est convenu de l'appeler, change la donne.

Elle oblige à impliquer les enfants.

Elle crée les gangs, les clans.

⁂

La veillée de Claude a lieu chez sa mère.

Logique, vu que mon tonton est en prison.

L'absence de la mère de Papa, en revanche, peut sembler moins logique.

À la veillée puis à l'enterrement de Gaby, elle n'était pas là non plus.

En fait, Papa a décidé de protéger leur maman.

Quand Gaby a été assassiné, il a pensé qu'il valait mieux ne pas l'en informer. Le décès de Bernard, survenu seulement deux mois plus tôt, l'avait déjà beaucoup fragilisée. Et, là, il s'agissait de son propre fils.

Pour qu'elle reste dans l'ignorance, il a fait preuve d'ingéniosité. Un jeune a été chargé de monter sur le toit. Sa mission ? Brouiller l'antenne. Juste pour deux ou trois jours, le temps que les médias trouvent un sujet plus croustillant à se mettre sous la dent. Papa a également bloqué les journaux.

Restait à justifier l'absence de Gaby. Papa a raconté à sa mère qu'il s'était battu dans un bar, pour une histoire de match, et que, comme il y avait eu des blessés, Gaby était en détention préventive.

Elle a cru à cette version. D'autant plus facilement qu'Isabelle Regazzi n'est pas femme à fréquenter les parloirs.

Quand Claude est mort à son tour, il a pensé qu'elle n'était pas en mesure de supporter le décès d'un autre de ses petits-fils, moins d'un an après celui du premier.

À cela s'ajoutait également la façon dont Gaby et lui étaient morts. Elle aurait non seulement eu à gérer leurs disparitions mais en plus la peur que cela n'arrive à Papa.

La décision a été prise de poursuivre la supercherie protectrice. Retour sur le toit et blocage des journaux.

Le récit qu'il lui a servi est devenu de plus en plus rocambolesque. Dans un autre bar, quelqu'un aurait évoqué la supposée bagarre de Gaby et insulté ce dernier. Claude l'aurait défendu, atterrissant lui aussi en préventive.

Là encore, c'est passé comme une lettre à la poste.

Voilà pourquoi la mère de Papa n'est pas là.

S'ils sont encore de ce monde, il n'y a aucune raison de veiller Gaby ou Claude. Évidemment.

J'aurais aimé pouvoir y croire, moi aussi.

Dans la réalité, le lendemain, nous enterrons mon cousin adoré.

Un enterrement en tous points semblable à celui de tonton Gaby.

Claude est inhumé dans le caveau de la famille Zampa.

Tonton Mimi n'a pas obtenu la permission d'assister aux funérailles de son fils.

Au cimetière Saint-Pierre, Papa et Pierrot Boulange sont les deux seuls hommes de notre habituelle tribu.

Je ne verse pas une larme.

⁂

Au bar de la Panne, l'ambiance est lourde.

Lourde de chagrin. Lourde d'appréhension.

Que se passera-t-il demain ?

Une fois de plus, la routine du restaurant nous pousse à aller de l'avant.

Au-dehors, la vie continue.

Elle continue, d'ailleurs, de manière aussi folle qu'auparavant.

Papa et Maman ont récemment confié ma petite Ferrari à un garagiste pour réparation. Tout à l'heure, un client nous a appris que ledit garagiste était mort hier, tué par l'amant de sa femme.

Pour cette famille, c'est une tragédie.

Nous, ça nous apparaît presque comme une broutille.

Trop de trop tue le trop, comme on dit.

Papa devrait aller réclamer ma voiture d'enfant. Il n'en a pas la force.

Ce n'est pas très important.

Physiquement, le cancer l'affaiblit. Moralement, il est très affecté par la perte de Gaby et de Claude.

De plus, être en alerte en permanence, c'est usant.

Il y a deux jours, il a été obligé de lâcher du leste et de m'emmener en voiture à un rendez-vous médical. C'était indispensable, voilà pourquoi il a admis de me prendre à bord, avec lui.

Manque de bol, un chauffeur routier a choisi cet instant précis pour lui chercher des noises.

Persuadé que Papa lui avait fait une queue de poisson, il nous a bloqué la route avec son poids-lourd. Il est descendu de sa cabine, fou de rage, hurlant à Papa : « Tu vas me sucer ! » Un grand classique de la circulation marseillaise.

Papa est sorti de la voiture, très calmement. D'un geste souple, il a dégagé son manteau et laissé apparaître l'arme qu'il portait à la ceinture. Et, tout aussi calmement, il a répondu :

— C'est toi qui vas me sucer.

L'autre a pris ses jambes à son cou et filé sans demander son reste.

Quand il est remonté en voiture, Papa n'a pas dit un mot. Il semblait abattu.

Pauvre Papa.

Sa vie n'est pas simple.

La compagne de Claude est venue nous voir au bar de la Panne. Avec elle, mon père a voulu avoir une attitude chevaleresque. Il n'a pas été bien compris.

Mon cousin est mort depuis quelques semaines et elle vient de se rendre compte qu'elle est enceinte.

Papa n'y a pas réfléchi à deux fois. Perpétuant la tradition familiale, il lui a proposé de reconnaître son enfant. De cette façon, il pourrait porter le nom de Regazzi, le nom de son père.

Seulement la future maman l'a mal pris. Face à Papa, elle n'a trop rien dit. Quand il est parti, elle m'a assené :

— Si tes parents veulent un enfant, ils n'ont qu'à se le faire !

— Tu n'as pas saisi, lui ai-je répondu. Ils n'ont plus l'âge. Tout le monde est en train de se faire tuer, c'est pour le protéger...

En y repensant, je me dis que l'argument n'était, cette fois, pas très convaincant. Par les temps qui courent, s'appeler Regazzi n'est pas forcément la meilleure idée qui soit.

Cette période n'est décidément facile pour personne.

Heureusement, la malice de Papa refait parfois surface et balaie d'un seul coup la morosité ambiante.

Aujourd'hui, c'est le cas. Impossible de passer à côté de son sourire canaille.

— Dis, ma Pope, si on s'amusait un peu ?

— Bonne idée ! Tu veux faire quoi ?

— Une blague... à ton frère !

Je suis partante, évidemment.

Assis ensemble à la table du salon, nous fabriquons une fausse lettre du collège de Saint-Henri. Pierrot y est scolarisé, nous allons lui faire croire qu'il est renvoyé.

Pour le texte, nous nous servons de la machine à écrire du restau. Il faut que ça ait l'air authentique, nous devons donc reproduire le cachet de l'école. Je cisaille le bouchon d'une bouteille de vin, à l'effigie de l'établissement, le trempe dans l'encre et l'appose sur la feuille. Parfait ! Ça bave bien, comme le vrai.

Tout à notre œuvre, Papa et moi devons avoir l'air de deux diablotins.

Nous allons rivaliser d'effronterie avec le Pierrot !

La missive incendiaire est prête. Papa se lève et, impatient, me lance :

— Bon, on va le chercher !

De retour du collège avec le Pierrot, Papa fait mine de découvrir du courrier sur le bar.

— Tiens, une lettre à mon nom.

Il décachette l'enveloppe et feint de s'étouffer de colère à la lecture du contenu.

D'un ton sévère, il appelle Pierrot :

— Viens ici !

Pierrot arrive, légèrement inquiet.

Je n'en perds pas une miette.

— Qu'est-ce que c'est que ça ? lui demande Papa, en lui mettant l'objet du délit sous les yeux.

Découvrant les critiques virulentes qui lui sont faites, mon petit frère se liquéfie. Avant de se mettre à pleurer.

Les plus courtes sont les meilleures, c'est bien connu. Nous lui dévoilons rapidement le pot aux roses.

Les sanglots cessent. Pierrot est interdit.

Enfin, il éclate de rire.

— Vous êtes très forts tous les deux. Mais je me vengerai ! nous annonce-t-il.

C'est de bonne guerre. Il nous en fait voir de toutes les couleurs, l'enfant roi ! Pour une fois, c'est nous qui avons ri à ses dépens.

⁂

La journée, Papa donne le change. La nuit, ses angoisses reprennent sûrement le dessus.

Il ne dort presque plus, je le sais.

Il reste seul, accompagné d'un verre de bon vin rouge. Prescription médicale, paraît-il. Les yeux dans le vague, il le sirote doucement jusqu'à ce que le sommeil daigne l'emporter.

Il est 2 heures du matin. Je dors profondément. D'une caresse, Papa m'extirpe des bras de Morphée.

— Tu peux venir ? J'ai à te parler.

Dans le brouillard, je me dis : « Il n'est pas bien, il a besoin de compagnie. » Je me dévoue.

Nous nous installons au salon.

Sa première phrase me fait l'effet d'une douche froide.

— Tu sais, je pense qu'il ne me reste pas longtemps.

Là, je suis bien réveillée.

Je bondis :

— Mais qu'est-ce que tu racontes ? T'es complètement fou !

Je sais pourtant qu'il est difficile de voir les choses autrement. Ébranlée par les morts violentes de ceux que j'aime, je suggère :

— On n'a qu'à vendre le restau et partir aux Bahamas.

Pourquoi les Bahamas ? Je ne sais pas, c'est la première idée qui m'est passée par la tête.

Face à son silence, je poursuis :

— On vient avec toi et tu emmènes même Mado, Anne, Line, tout le monde. On sera tous d'accord pour partir, si c'est pour ta vie.

— C'est plus compliqué que ça, me répond Papa. Pour l'instant, tu es jeune. Mais, plus tard, quand tu seras une femme, tu préféreras que ton père soit mort comme un homme et pas comme un lâche. Je ne vais pas fuir alors qu'on a tué mon frère et mon neveu. Je ne vais pas fuir pour préserver quelques jours.

Je ne suis pas convaincue.

Papa reprend. Il me parle de ses filles.

— Anne fait sa vie. Même si vous ne vous entendez pas toujours, Line est quelqu'un de bien. Elle est entière. Tu verras, si demain on touche un seul de tes cheveux, ce sera la première à être là.

Je l'écoute, me demandant où il veut en venir.

— J'ai confiance en toi, ma Pope. Tu es très sensée. Ce que je vais te demander n'est pas facile. Je sais que c'est une croix que je pose sur ton dos...

Il marque un temps. Ce qu'il s'apprête à dire lui pèse, c'est certain.

— Avec Pierrot, on a fait d'énormes erreurs. Je l'ai pourri. C'est trop tard maintenant, je n'ai plus le temps de revenir en arrière. Il va sans doute te faire passer la misère... Pourtant, il faut que tu me promettes que, quoi qu'il arrive, tu ne le laisseras jamais tomber. Que, quoi qu'il fasse dans l'avenir, tu seras toujours là pour lui.

J'ai envie de lui répondre que cette promesse ne sert à rien. Que c'est lui qui nous protège, Pierrot et moi, et qu'il va continuer à le faire.

Mais, j'en suis consciente, il se peut que les choses ne se passent pas ainsi.

La gorge nouée, je me contente d'un :

— Oui, Papa. Je te le promets.

13

12 avril 1978

À la fin des années soixante-dix, la grande mode, ce sont les boums de l'après-midi. Les horaires décents encouragent les parents à laisser leur progéniture s'éclater tranquillement. Tout le monde y trouve son compte.

Plusieurs établissements organisent ces fiestas pour ados en folie. Parmi ceux-ci, situé dans une petite rue paumée derrière le Vieux Port, il y a Le Faust.

Le lieu de prédilection des petits bourges du 8e.

Le mien aussi.

Prendre un peu de champ par rapport aux quartiers nord me fait du bien ces derniers temps.

Je me suis fait une bonne bande de potes. Bien qu'ils n'évoluent pas dans le même monde que le mien, nous avons pas mal de choses en commun. À commencer par l'envie de nous amuser.

Blanche, qui fait partie de ce petit groupe, m'a invitée à venir au ski avec elle pour les vacances de Pâques.

À dix-sept ans, partir avec une copine, c'est le pied.

Même si l'indépendance n'est pas totale.

Sa mère est du voyage et j'appelle chez moi tous les soirs.

Enfin, en principe.

Aujourd'hui, nous ne sommes sur les pistes que depuis deux heures quand je suis prise d'une pulsion assez violente.

Je le sens, il faut que je parle à Papa.

Tout de suite.

Je plante là ma copine, le moniteur chargé de perfectionner notre glisse et rejoins la station aussi vite que je peux.

Arrivée en bas, je repère une cabine téléphonique. Plusieurs personnes attendent devant. Je prends sur moi, il faut patienter.

Mon tour arrive. Je compose le numéro du bar de la Panne.

Un serveur décroche. En fond sonore, j'entends comme des bouchons de champagne qui sautent.

— Qu'est-ce que vous êtes en train de fêter ? je demande.

— Attends, me répond-il. Je te passe ta mère.

Une bonne minute s'écoule.

Puis, à l'autre bout du fil, Maman me dit :

— Reviens vite. On vient de tirer sur Papa. Il n'est pas mort, on a appelé les pompiers. Trouve un moyen, redescends !

Je suis sonnée.

Ce besoin soudain et viscéral de parler à Papa...

Les bouchons de champagne qui n'en étaient pas...

Je n'ai pas le temps d'y penser.

Pas maintenant.

Je fonce à l'appartement. Je me change à toute vitesse et rédige un mot à l'attention de mes hôtes. J'explique que Papa vient d'avoir un accident, m'excuse de ce départ précipité et les remercie.

Je prends l'argent donné par mes parents pour les vacances et claque la porte.

Le chauffeur de taxi est vite localisé.

Je sors la liasse de billets et lui dis :

— J'habite Marseille. Mon père vient d'avoir un accident, je ne sais pas combien de temps il va vivre. Ça, c'est pour vous si vous m'y emmenez le plus rapidement possible.

— Montez dans la voiture, dit-il simplement.

J'ai un peu de chance, quand même. Cet homme est un amour et le taxi de la station, c'est aussi l'ambulance. Durant tout le voyage, il actionne les gyrophares et double dès qu'il le peut.

Il me semble malgré tout que le trajet dure une éternité.

Nous arrivons enfin devant le bar de la Panne.

Je tends la liasse au chauffeur. Il la prend, prélève quelques billets.

— Je ne profite pas du malheur des gens, dit-il en me rendant le reste.

Je remercie d'un sourire et sors du véhicule.

Les serveurs du restau m'apprennent que Papa est dans le coma, à l'hôpital de la Conception.

L'un d'eux m'y accompagne en taxi.

Aux urgences, je demande à voir mon père. D'un mouvement de tête, la réceptionniste me désigne les sièges en plastique :

— Attendez, on va venir vous voir.

J'attends.

Cinq minutes.

Je retourne au guichet. La préposée me fait la même réponse.

Cinq nouvelles minutes. Puis dix.

J'ai l'impression d'être là depuis des heures. Et personne ne vient jamais.

Je n'ai pas beaucoup d'espoir mais je suis persuadée que Papa attend de me voir pour rendre son dernier souffle.

Confrontée pour la énième fois au mutisme de la femme de l'accueil, je perds mon sang-froid.

— Maintenant, ça suffit ! Il est temps que quelqu'un vienne effectivement me voir !

Une infirmière fait son apparition. L'air contrariée, elle me lance :

— C'est quoi ce grabuge ? Qui vous êtes, mademoiselle ?

— Je suis Hélène Regazzi. Je viens voir mon père, je sais qu'il a été amené ici. Je voudrais avoir de ses nouvelles. Si vous me répondez, je suis tout à fait calme. Le tout, c'est qu'on ne me fasse pas attendre une demi-heure en me disant que quelqu'un va venir.

— Si vous voulez voir votre père, vous allez à la morgue du Pharo, me répond-elle.

Je lui souris et j'articule calmement :

— Voilà, il suffisait de me le dire.

Tout en moi est glacé.

Je tourne les talons et reprends un taxi en direction du Pharo.

L'attitude du médecin légiste est à l'opposé de celle de l'infirmière.

Nous sympathisons. La discussion s'engage.

Il finit par me demander :

— Votre papa, il ne se plaignait pas ?

— De quoi ?

— Il n'avait pas de douleurs ?

— Ben non... Enfin, comme d'habitude, quoi. Il s'étouffait un peu quand il s'énervait.

— Vous savez, mademoiselle, reprend-il, vous devriez remercier les personnes qui ont fait ça.

— Pardon ? ! ?

Les yeux doivent me sortir de la tête. Comment peut-il proférer une telle ineptie ?

— Ce n'est peut-être pas le moment pour vous dire ça, continue le légiste. Mais ils lui ont rendu service, à votre père. Son cancer s'était généralisé, il devait souffrir le martyre.

C'est ça, oui. Je vais les remercier. Ils ont délivré tonton Gaby de ses souffrances mentales et Papa de ses souffrances physiques. Trop cool, les mecs !

Mon papa...

« Tu sais, je pense qu'il ne me reste pas longtemps. »

Il a prononcé cette phrase il y a moins d'un mois.

Peut-être savait-il que le crabe était en train de gagner la partie ?

Ces derniers temps, quand il allait à ses examens de contrôle en ville, il ne voulait plus qu'on monte avec lui. Il disait : « Non, non, ne cherchez pas de place. Faites un tour avec la voiture, j'arrive. »

Peut-être la douleur psychique prenait-elle le pas sur la douleur physique ?

Quoi qu'il en soit, c'est fini.

Cet instant, je l'ai imaginé, bien sûr. Impossible de faire l'autruche, les miens tombaient comme des mouches.

Dernièrement, chaque fois que j'embrassais Papa, je me disais que c'était la dernière.

Mais entre l'imaginer et le vivre...

Je suis de nouveau dans un taxi. Je roule vers le bar de la Panne.

« Le bonheur est un état de perte. » Avant les vacances, j'ai eu à commenter cette citation du philosophe Alain... Quand Bernard est mort, j'étais terrassée de tristesse. J'ai pensé que c'était la fin du monde. Je l'ai aussi pensé pour tonton Gaby. Et encore pour Claude.

Maintenant, je réalise que la vraie fin de mon monde, c'est aujourd'hui.

Papa est mort.

Je n'ai pas versé une larme.

Maman, elle, est une pisse-l'œil.

Je suis arrivée à Mourepiane. Il va me falloir affronter l'évidence de son chagrin.

J'entre dans la salle.

Maman est secouée de sanglots. Elle me serre dans ses bras. Et me demande d'annoncer la nouvelle à Pierrot. Elle n'y arrive pas.

J'appelle mon petit frère.

— Viens, Pierrot. J'ai à te parler.

Il me suit dans la seconde salle.

Nous nous asseyons face à face.

— C'est fini. Papa est mort.

Il me regarde, l'air totalement perdu.

Je sais déjà que ce regard me poursuivra longtemps.

Il est si fragile tout à coup.

— Qu'est-ce que je vais devenir ? Qu'est-ce que je vais devenir ? interroge-t-il, avant d'être submergé par les pleurs.

Il me semble que cette journée a commencé depuis cent ans.

Elle n'est pas encore terminée.

Dès qu'elle a appris le décès de Papa, Dédé, l'épouse de Mimi, a appelé la prison de Nîmes. Mon tonton y est actuellement incarcéré.

Son neveu, puis son frère, son fils et maintenant son autre frère… Les interlocuteurs de ma tante ont dû trouver que ça commençait à faire beaucoup de décès à encaisser pour le même homme.

D'autant plus qu'au début de sa détention Mimi a fait une longue grève de la faim. Depuis, son cœur montre régulièrement des signes de faiblesse.

Pour adoucir le choc de cette nouvelle disparition, l'administration a suggéré que l'annonce soit faite par la famille.

Dans le même esprit, Dédé et sa fille m'ont demandé de les accompagner, pensant que ça passerait mieux si ça venait de moi.

Nous voici donc devant la prison de Nîmes.

Je ne l'avais jamais vue comme ça.

Il est 22 heures, tous les miradors sont allumés. C'est impressionnant.

Le directeur avait dit être prêt à ouvrir l'établissement pour nous à n'importe quelle heure. Il a tenu parole.

Je dois reconnaître que je suis touchée par l'humanité de ce geste.

Bien sûr, nous n'échappons pas à une fouille minutieuse.

À l'instant où mon tonton me voit, derrière sa femme et sa fille, son visage perd toute couleur.

Tous les autres sont morts. Il a droit à un parloir spécial, à une heure indue. Bien que n'étant pas sa fille, je suis là.

Il n'est pas idiot, Mimi.

— C'est ton père, me dit-il.

Je hoche la tête.

⁂

Je suis enfin dans ma chambre. Seule avec mes pensées.

Hier, Papa et Maman sont allés se ressourcer dans la maison de Sausset-les-Pins. Ils y ont dormi.

Ce matin, Papa était très calme. Il a longuement regardé la mer.

Et s'est envoyé cul sec une bouteille d'eau bénite, rapportée de Lourdes par des amis.

Après, Papa et Maman sont rentrés à Mourepiane. Il fallait s'occuper du restau.

En faisant les courses, Papa a croisé Georges, son ami arménien. Depuis plusieurs années, Georges vit en Savoie et ne revient que rarement à Marseille.

Georges était heureux de retrouver Papa et de lui présenter sa fille, âgée de trois ans.

— Tu tombes bien, lui a-t-il dit. Je vais venir avec toi montrer la petite à Colette.

C'est la plus mauvaise idée qu'il ait jamais eue.

Arrivés devant le bar de la Panne, ils se sont garés en travers du trottoir, comme d'habitude.

Un serveur a émergé du restau pour les aider à décharger.

Au même moment, une fourgonnette a stoppé net à leur hauteur.

Papa n'a eu que le temps de se retourner et d'attraper la fillette de Georges. Il l'a presque lancée au serveur.

En cuisine, notre bon Ficelle était occupé à faire la plonge. Il n'a pas confondu les détonations avec des bouchons de champagne, lui. Il est parti comme un fou.

Les clients ont vu une grande chose maigre et gesticulante traverser la salle en hurlant : « Ne tuez pas mon René ! Ne tuez pas mon René ! »

Il a foncé dehors et ceinturé l'un des membres du commando.

L'homme s'est dégagé, a braqué son arme sur la tempe de Ficelle.

Il a tiré.

Rien ne s'est produit.

Chargeur vide ? Arme enrayée ?

Quoi qu'il en soit, les hommes encagoulés avaient terminé leur basse besogne. Ils ont réinvesti la fourgonnette et décampé.

Une de nos voisines est sortie. Entendant Lucky – notre doberman – hurler à la mort, elle voulait voir ce qui se passait.

Ce n'était pas Lucky.

C'était Pierrot.

Mon petit frère venait d'assister à l'exécution de son papa.

⁂

Le lendemain, 13 avril 1978, le *Provençal* nous fait l'honneur de sa une.

« Deux truands exécutés dans leur voiture à Mourepiane ».

Voilà ce qui figure juste au-dessus des photos de Papa, de Georges et du bar de la Panne.

LA GUERRE des gangs qui semble avoir repris assez intensivement à Marseille, depuis l'automne dernier, a fait deux nouvelles victimes, hier.

Peu après midi, chemin du Littoral, des tueurs circulant à bord d'une fourgonnette n'ont pas laissé la moindre chance à Jean-René Regazzi ni à son ami, Georges Kieusseyan. La fillette de Kieusseyan, installée à l'arrière de la voiture, a miraculeusement échappé à la fusillade.

L'encart renvoie ensuite en page 3.

On y trouve un joli cliché de la voiture de Papa.

« La guerre des gangs a fait deux nouvelles victimes », annonce le titre.

Nouvel épisode meurtrier de la guerre des gangs, hier, à Marseille. Deux « patrons » du milieu de la Côte d'Azur ont été exécutés à Mourepiane. Jean-René Regazzi et Georges Kieusseyan ont été abattus par deux tueurs professionnels devant une pizzeria appartenant à la concubine de Regazzi.

Atteint de plusieurs balles, Georges Kieusseyan a été tué sur le coup, Jean-René Regazzi, grièvement blessé, a succombé quelques minutes plus tard à l'hôpital de la Conception, où il avait été transporté.

12 h 15, hier, sur le chemin du littoral, une Mercedes se range le long du trottoir à quelques mètres de la pizzeria « Chez Colette ». À bord du véhicule, Jean-René Regazzi, qui conduit et à ses côtés, un de ses amis, Georges Kieusseyan. Les deux hommes viennent de faire des provisions pour la pizzeria. Kieusseyan sort le premier et s'apprête à ouvrir la portière arrière pour prendre les marchandises. Au même moment, une Renault 4L fourgonnette, qui roule très lentement, stoppe devant la Mercedes. Là, tout se passe très vite : la porte arrière de la Renault s'ouvre, allongés sur le plancher deux hommes ouvrent le feu, Georges Kieusseyan tombe sur le trottoir, puis les armes sont dirigées vers Regazzi qui est toujours au volant. La vitre, côté conducteur, vole en éclats, Regazzi est touché, bien que blessé, il s'affaisse sur son volant et ne bouge plus.

Kieusseyan, lui, essaie de se traîner. Les deux tueurs descendent de la 4L et vident sur lui un chargeur.

Kieusseyan est mortellement atteint. Les tueurs se précipitent vers leur véhicule, à ce moment un témoin très courageux ou inconscient s'empare de l'un des deux hommes qui ont le visage dissimulé sous des cagoules. Froidement, le gangster appuie le canon de son arme contre la tempe du témoin et appuie sur la détente. Le courageux témoin entend le déclic du percuteur. L'arme était vide. Le tueur le bouscule et s'engouffre dans la fourgonnette où l'attendaient déjà ses complices, dont un chauffeur qui est resté au volant durant le règlement de comptes.

Tout cela s'est passé vite, très vite, guère plus d'une minute, c'est le temps qu'il aura fallu aux tueurs pour éliminer deux « patrons » de la pègre marseillaise.

Quelques secondes après les coups de feu, les témoins de passage ou qui déjeunaient dans la pizzeria se précipitent. La concubine de Regazzi ouvre très vite la porte de la Mercedes, elle aura encore un espoir. Jean-René n'est pas mort. Très grièvement blessé, il est transporté, par les pompiers, à l'hôpital où il succombera, vers 15 heures.

Bien connu des services de police, Jean-René Regazzi était fiché au grand banditisme.

Pour homicide volontaire en 68, il purgera un an de prison. Il était, en outre, impliqué avec toute sa famille dans un trafic d'alcool quelques années plus tard. Georges Kieusseyan, lui, était interdit de séjour à Marseille. Il avait été plusieurs fois condamné pour vols et recels.

Lorsque l'inspecteur divisionnaire Gazzera et l'équipe de la Section spécialisée de la recherche criminelle, de la Sûreté urbaine de Marseille, dirigée par le commissaire Picone, arriveront sur les lieux du drame, ils comprendront très vite qu'ils devront ouvrir une nouvelle enquête pour règlement de comptes.

Cette fois, encore une exécution parfaite, faite sans aucun doute par des tueurs professionnels, peut-être les mêmes qui ont abattu Jean-Claude Regazzi, le neveu de Jean-René, il y a quatre mois, rue Albe, à Marseille.

Le scénario était le même. Les tueurs avaient également employé une 4L fourgonnette pour se cacher et attendre l'arrivée de leur victime.

L'audition des parents et des rares témoins qui ont bien voulu se faire connaître de la police, n'a pas permis, semble-t-il, de faire progresser les recherches pour identifier les tueurs.

En fait, les « hommes » du commissaire Picone et ceux des commissaires Girel et Etcheverry du S.R.P.J., qui travaillent en collaboration sur ce nouvel épisode de la guerre des gangs, ne comptent pas trop sur les témoins pour identifier les tueurs. Les policiers savent très bien que pour ce genre d'affaire, les langues ne se délient pas très facilement. Lorsque plusieurs membres de sa famille avaient été abattus, Jean-René Regazzi, qui avait répondu à une convocation des policiers, avait, lui-même, dit qu'il avait l'habitude de régler, seul, ses affaires.

Pour le commissaire divisionnaire Chatelain, qui dirige la Sûreté urbaine de Marseille, il est impossible de dire s'il s'agit là d'un règlement de comptes entre deux bandes rivales du « milieu » marseillais.

Pourtant, il semble, après élimination de la famille Regazzi, Jean-Claude, Gabriel et Jean-René abattu, et les meurtriers de Mariano et Santoni ces derniers mois, toujours à Marseille. Que cette hypothèse est la bonne. Aujourd'hui, seul Barthélémy Regazzi est en vie. « Mimi » purge une lourde peine de prison aux Baumettes pour trafic de drouge. Il est difficile de penser que les membres d'une même famille, appartenant au « milieu », ne travaillent pas pour le même patron. Mariano et Santoni, eux, avaient souvent été vus et « contrôlés », ensemble au temps où ils tenient le haut du pavé de la pègre de la Côte d'Azur.

Alors qui tire les ficelles ? Qui sont ces deux « parrains » qui se disputent Marseille ? Regazzi se doutait-il qu'il était sur la liste des condamnés à mort par le « milieu » ? Kieusseyan, est-il mort parce qu'il se trouvait en compagnie de Regazzi ou avait-il d'autres activités plus importantes que celles connues des policiers dans le « milieu » ?

Autant de questions auxquelles aimeraient bien répondre les enquêteurs.

Cette fois encore l'enquête s'annonce très difficile. En effet, Jean-René Regazzi ne se déplaçait jamais sans sa petite sacoche noire. Hier, les policiers ont appris ce qu'elle cachait. Près de la Mercedes, cette sacoche a été découverte. À l'intérieur, un 11.43 avec balle dans le canon et deux chargeurs approvisionnés.

Seules, quelques douilles de petit calibre ont été retrouvées sur la chaussée, ce qui pourrait, également, signifier que les deux hommes ont riposté, mais que leurs armes ont été enlevées par leurs amis, avant l'arrivée des policiers. En effet, on imagine mal des tueurs « travaillent » au 6.35 pour abattre deux hommes…

Tout cela, c'est à présent aux policiers de le préciser, mais il faut bien reconnaître qu'à l'heure actuelle, les représentants de la loi ne semblent pas avoir toutes les cartes maîtresses entre leurs mains.

Ça, c'est l'article.

Avec ses habituelles approximations, incohérences, coquilles et fautes de ponctuation.

On y apprend aussi qu'il faut trois morts pour que les journalistes sachent orthographier correctement notre nom. Dans ce registre, la répétition, ça aide…

Le quotidien s'est également fendu d'un encadré spécial, intitulé « La malédiction des Regazzi ».

Dans l'esprit de certains observateurs, il ne va bientôt plus y avoir de place pour le moindre doute. Il y a bel et bien une guerre des gangs à Marseille, et une guerre qui oppose pour l'essentiel, deux de ces gangs, rescapés de la « grande époque ». Cet affrontement était d'ailleurs attendu. Depuis novembre 1973.

Il aurait commencé avant, du moins se serait-il poursuivi dans la foulée du « Tanagra » et autres expéditions punitives spectaculaires, si la justice ne s'était pas mêlée, en expédiant par exemple en prison, un certain Francis Vanverberghe, dit « le Belge »…

Qu'est-ce qui est en jeu ?

Le contrôle de toutes les activités criminelles sur la place de Marseille ? Ce contrôle est aujourd'hui une vue de l'esprit. Le « milieu » local n'est plus ce qu'il a été. Et les grosses ficelles sont tirées à un échelon international qui déborde largement le cadre phocéen.

Il s'agirait plutôt de représailles qui tireraient leur cause des filières de la drogue, aujourd'hui, démantelées malgré quelques velléités de résurrection. Cette sorte de « vendetta » paraît d'autant plus probable qu'il faut s'interroger sur la « malédiction » qui frappe la famille Regazzi.

Le premier à faire parler de lui a été Barthélemy, dit « Mimi ». Dans la « French Connection », qui inonde les États-Unis d'héroïne entre 1970 et 1972, « Mimi » était le carrossier. Il aménageait les voitures des passeurs débarquant sur le port de New York ou de Mexico... Et il excellait dans son art, camouflant jusqu'à 100 ou 200 kg de « came » dans les véhicules. Il sera arrêté en octobre 1972, précédant de quelques mois Jean-Baptiste Croce et Joseph Mari. Il purge actuellement une peine de prison, mais « Mimi » aurait récemment introduit une demande de « permissionnelle »...

Son frère, Gabriel, dit « Gaby » n'ira pas en prison. Le 3 mars 1977, alors qu'il sort du cimetière Saint-Pierre (où il était allé se recueillir sur la tombe de son jeune fils, décédé d'un accident), « Gaby » est criblé de balles. Il ne se sentait pas en sécurité, puisqu'on retrouva dans sa poche un « Mab » de calibre 7.65 en parfait état de marche.

Le fils de Barthélemy Regazzi, Jean-Claude, connaîtra la même mort violente le 21 octobre dernier, rue Albe. Comme son oncle, il portait une arme sur lui, également un 7.65.

Il ne restait donc plus que Jean-René Regazzi, frère de « Mimi » et de « Gaby ». Son destin a basculé, hier, près de la pizzeria que tenait son amie. Et lui aussi portait une arme de calibre 11.43.

Avant de recenser les coups portés à l'adversaire, chaque clan doit donc commencer par compter ses morts. Il est difficile dans ces conditions, de faire un pronostic et de désigner le vainqueur probable de cette guerre à outrance. On prête aux uns des appuis « prestigieux » dans l'internationale des criminels. Les autres sont peut-être « poussés » également par la même puissance qui jouerait les antagonismes en misant sur les deux tableaux, pour être dans le camp des gagnants, à l'arrivée. Une chose est sûre : le temps n'est pas encore venu de refermer les feuilles de score et de clore le décompte des points.

Tout ça pour ça ? D'accord, ils avaient trouvé un titre bien accrocheur mais cet encadré spécial n'apporte pas grand-chose de plus que le papier principal.

Il a pour unique mérite de bien enfoncer le clou.

Mis à part Mimi – le chanceux, il est incarcéré ! –, tous les hommes de ma famille sont morts.

Papa n'était pas un saint. Il avait choisi une vie en marge, c'est certain. De là à être un « patron de la pègre marseillaise »…

De mon point de vue, sa seule ambition était de vivre tranquille dans ses quartiers nord, avec ses femmes et ses enfants. Plus qu'une ambition, c'était même devenu un impératif médical, cancer oblige.

Beaucoup d'enfants du Milieu ne connaissent pas vraiment leurs papas, plus occupés à être de bons voyous que de bons pères.

Ce n'était pas le cas du mien.

Pourtant, les balles l'ont fauché.

Il faut bien l'expliquer. Aux lecteurs. À tous.

Quitte à user pour ce faire d'un raisonnement logique en apparence, mais fondé sur des données erronées.

Depuis le temps, je devrais m'y être habituée…

Cette saine lecture achevée, j'ai très envie de voir mon papa une dernière fois.

Problème, la veillée a lieu chez son épouse.

En fait, ce n'en est pas un.

Mado est une bonne personne. Pierrot et moi sommes immédiatement les bienvenus sous son toit.

Aujourd'hui, près de lui, Papa a tous ses enfants.

Sa mère est là aussi.

Cette fois, il n'a pas été possible de recommencer le petit manège protecteur.

Papa n'est plus là pour l'orchestrer. Surtout, mon pépé et elle vivent dans la même maison que Mado et Papa. La famille légitime de mon père étant installée au rez-de-chaussée, ses parents au premier étage.

Maman n'est pas venue.

La situation est délicate. Auprès de Mado, je me fais son émissaire.

— Croyez-vous que, si elle se mêle très discrètement à la foule, Maman pourrait venir à l'enterrement ?

Je dépasse sans doute les bornes. Bien que Maman ne m'ait rien demandé, je ne peux pas me résoudre à la laisser pleurer, seule dans son coin, celui qu'elle aussi a aimé.

Mado n'a pas une seconde d'hésitation.

— Bien sûr, répond-elle.

Jusqu'au bout, par amour, elle aura accepté ce que beaucoup n'auraient même pas envisagé.

Je viens de quitter « l'autre maison » de Papa. Malgré la gentillesse de Mado, c'était étrange.

Là, tout de suite, j'ai un furieux besoin de me changer les idées. De m'échapper, ne serait-ce qu'une heure.

Pour ça, je sais exactement à qui m'adresser.

Depuis un petit moment déjà, mon meilleur ami, c'est Fred.

Je ne sais plus trop où je l'ai rencontré. Sans doute, comme le reste des copains de ma petite bande, dans les boîtes de l'après-midi ou à La folle époque, un bar sympa, situé place Félix Baret.

Il habite une maison hallucinante avec accès direct à la mer. Ses parents partent souvent en week-end. Du coup, notre petit groupe investit régulièrement les pénates de Fred. Un tel endroit rien que pour nous, génial !

Ce soir, une bonne partie de mes amis s'y trouve.

Évidemment, je n'ai pas le cœur à la fête mais ça me fera du bien de les voir.

Je suis accueillie par des cris d'orfraie.

Chacune des filles présentes est attachée sur une chaise. Dans une marmite, les garçons ont préparé une superbe mixture. Ketchup, moutarde et tout ce qui leur est tombé sous la main y ont été incorporés. Les saligauds sont en train de forcer mes copines à ingurgiter l'infâme mélange !

À ma vue, l'un deux, magnanime, lance :

— Elle, on la touche pas. Avec tout ce qui vient de lui arriver, on va pas en rajouter !

Ça tombe bien, je ne suis pas d'humeur.

De toute façon, la blague de potache a assez duré. Les victimes chouinent comme des gamines.

Le calme revenu, je discute avec Fred et JP.

JP, c'est le petit bourge par excellence. Mignon et arrogant. Ce qui ne nous a pas empêchés de devenir très potes.

Dans la famille de Fred, on trouve pas mal d'avocats. Donc, des histoires comme la mienne, il en a déjà entendu.

Ce n'est pas le cas de JP. Les trucs de ce genre, ça lui fait perdre sa superbe.

Le pauvre s'enlise dans un débat intérieur.

— Je ne peux pas ne pas y aller. Tu es mon amie, je ne peux pas te laisser comme ça...

Il fait référence à l'enterrement de Papa.

Depuis qu'il a appris son décès, il vit un véritable calvaire. Il voudrait me soutenir mais il a une trouille bleue des règlements de comptes.

Je tente de le rassurer :

— Ils n'ont jamais tiré sur personne à un enterrement jusqu'ici. Je ne vois pas pourquoi ils le feraient juste le jour où tu es là. Mais si tu as peur, ne viens pas. Ce n'est pas grave.

Quand je quitte mes amis, il est toujours en train de se mordiller les lèvres, torturé à l'idée de ne pas trouver le courage de venir.

Le lendemain, nous sommes de retour au cimetière.

Pour la quatrième fois en moins d'un an et demi.

Pour Papa.

Il ne sera pas inhumé dans le caveau des Zampa. L'hôtel affiche complet. Un cousin germain a mis le tombeau de sa famille à disposition, au Canet.

La foule des grands jours s'est pressée dans l'église.

Mimi, bien sûr, n'a pas pu s'y joindre.

Tonton Jojo était là. De même que beaucoup d'autres hommes « normaux », Papa n'ayant pas fréquenté que des voyous.

Avec Pierrot, j'étais assise à côté d'Anne et de Line.

Les quatre enfants de Papa. Ensemble. Au premier rang.

Maman est venue incognito.

C'était l'idée en tout cas. Elle voulait tellement être discrète qu'elle a poussé le procédé un peu loin. Toute en noir comme il se doit, elle a également mis des lunettes noires et un foulard noir sur ses cheveux.

À son arrivée, tous les regards ont convergé vers elle. On aurait dit Audrey Hepburn. Avec trente kilos de plus.

Ce n'était pas évident pour moi de la voir reléguée au fond de l'église. Mais, aujourd'hui, je voulais être là, au premier rang, pour enterrer mon papa.

À la sortie de l'église, j'ai vu Fred.

Accroché à son bras comme un naufragé à son radeau, il y avait JP. Il était tremblant.

— Tu as vu, je suis venu ! m'a soufflé mon courageux ami.

C'était bon de se sentir soutenue.

Nous sommes à présent tous réunis devant le caveau.

Lili, la femme de Pierrot Boulange, me touche l'épaule.

— Va la déposer à René, dit-elle en me tendant une rose. Je ne suis pas de la famille.

Je prends la fleur, la lance sur le cercueil et regagne ma place.

Sans une larme.

Gaby aurait été fier de moi.

14

La belle humanité

Papa était très superstitieux.

Impossible de lui faire franchir le seuil de la première porte du bar de la Panne. Il n'entrait que par la seconde.

Papa était aussi très croyant.

Il est mort devant la première porte, après avoir ingurgité une bouteille d'eau bénite de Lourdes.

Que faut-il en penser ?

Au minimum, j'ai quelques doutes sur l'efficacité du breuvage.

Certains faits, en revanche, ne laissent plus aucune place au doute.

Gaby a été exécuté à quelques mètres de la tombe de son fils.

Georges a été exécuté alors que sa fille de trois ans se trouvait dans la même voiture que lui.

Papa a été exécuté devant notre Pierrot, treize ans.

Au cimetière, sous les yeux des enfants... Lorsqu'il règle ses comptes, le Milieu n'a décidément plus aucune limite.

Mon père était en outre diminué par la maladie et donc peu impliqué dans le business. Ils ont pris pour cible un zombie. Parole de légiste.

C'est maintenant une certitude, le code moral, garant de la protection des familles et du respect de valeurs fondamentales, appartient au passé.

À en croire ce que nous venons de vivre, la notion d'« hommes d'honneur » n'est plus qu'une coquille vide.

Du moins chez nos ennemis.

Si les conséquences en sont douloureuses, cette constatation n'est cependant pas la plus pénible. Même si j'en ai été longtemps préservée, la violence des comportements dans le Milieu n'est qu'une demi-surprise.

Avec la mort de Papa, c'est l'humanité dans toute sa diversité qui se révèle à moi.

Les hommes sont capables du pire comme du meilleur. Ça, ce n'est pas une question de milieu.

Lorsque l'ambulancier-chauffeur de taxi m'a déposée au bar de la Panne, j'ai reçu un appel de Blanche, juste avant d'aller à l'hôpital.

— Je suis vraiment désolée d'être partie si vite, lui ai-je dit.

Au téléphone, l'amie que je venais de laisser sur les pistes enneigées s'est montrée très attentionnée.

— C'est pas grave, y a pas de problème, m'a-t-elle gentiment répondu. L'important, c'est ton père.

Ce coup de fil ne remonte qu'à quelques jours.

Là, je suis dans la salle quand un taxi s'arrête devant le restaurant. Je vois le chauffeur sortir et se diriger vers le coffre. Il en extrait des sacs que je connais. Ce sont ceux que j'ai pris pour partir au ski avec Blanche.

Je m'avance.

— Bonjour, me dit l'homme. Je cherche Hélène Regazzi.

— C'est moi.

Il pose les bagages à mes pieds.

— La cliente qui a payé cette course me demande de vous dire de ne plus fréquenter sa fille, m'informe-t-il avant de s'en aller.

Charmant.

Je peux comprendre que, face à ce qui vient de se passer, les parents de certains de mes amis aient peur.

C'est légitime.

Je peux comprendre qu'ils préfèrent que leurs enfants prennent de la distance par rapport à moi.

Il existe cependant, je crois, des façons plus élégantes de faire passer ce message.

Il en existe d'encore moins directes, aussi.

Les parents de Fred, mon meilleur ami, ne se sont pas joints à la meute qui me désigne comme une personne à fuir. Mal leur en a pris. Ils reçoivent désormais des coups de fils outrés. « Comment pouvez-vous accueillir Hélène Regazzi ? », leur dit-on régulièrement.

Cela ne changera heureusement rien à leur ligne de conduite. L'été suivant, je partirai même avec eux en Corse. À l'initiative de ces vacances communes, le père de Fred. Il dira à son fils : « Avec tout ce qui se passe, on ne va pas la laisser à Marseille. On va l'emmener avec nous, ça lui changera les idées. Là-bas, personne ne sait qui elle est. »

À peu près au moment où nous nous prélasserons sur l'île de Beauté, l'une des interlocutrices les plus vindicatives à mon encontre recevra un sérieux retour de bâton de la part du destin.

Pour convaincre la famille de mon ami de m'exclure de leurs fréquentations, elle invoquait la moralité. Compte tenu de mon nom, j'en étais, selon elle, forcément dépourvue.

Serait-ce le résultat de ce que j'appelle « l'effet miroir » ? J'ai remarqué que, bien souvent, les gens ont tendance à reprocher à leur voisin ce qu'ils sont eux-mêmes. Papa disait : « Comme on est on croit les autres. »

Que pourra dire cette femme de son mari ? Il a joué l'argent de sa famille, allant même jusqu'à dépouiller les comptes bancaires de ses enfants. Ayant tout perdu, il s'est suicidé dans une chambre d'hôtel. Il s'agissait pourtant d'un homme d'affaires, pas d'un voyou.

Pour l'instant, je ne sais pas grand-chose de tout ça. Ces événements – dont je ne tirerai aucune joie revancharde – n'ont pas encore eu lieu et Fred ne fait qu'effleurer le sujet des appels malveillants. Il ne peut les passer totalement sous silence mais tente malgré tout de me préserver.

Ils ne sont pas nombreux dans ce cas.

Notre quotidien est loin d'être évident.

Ceux qui, hier, se battaient pour faire partie de notre cercle, nous tournent le dos. Aujourd'hui, nos hommes sont morts et le pouvoir de notre famille avec eux.

Nous ne pouvons plus leur être utiles.

Nous encaissons, pas le choix.

L'école reste un lieu d'apprentissage.

Nous y apprenons simplement d'autres choses. Notamment que l'être humain, quel que soit son âge, a une certaine prédisposition à enfoncer le clou, à stigmatiser, à attaquer ceux qui ont le malheur de ne pouvoir cacher leur fragilité.

Les morts de notre tonton, de notre cousin puis celle de Papa ont été disséquées dans les journaux, à la radio, à la télévision. Personne n'ignore ce que nous traversons.

Quand ce ne sont pas des regards en coin qui nous le rappellent, ce sont des réflexions.

Durant des semaines, mon petit frère les a subis à longueur de journée. Jusqu'à la provocation de trop.

Pierrot a perdu son sang-froid. Lors d'une bagarre, il a mordu un autre élève à la main. La paume du petit était en piteux état.

Pour exprimer sa souffrance, il y avait sans doute mieux à faire.

Il n'a pas su, il n'a pas pu, mon Pierrot. Il a beau faire partie des balaises du collège, il n'est qu'un enfant traumatisé par l'exécution de son papa.

Ce film d'horreur tourne en boucle dans sa tête.

Affronter la méchanceté de ses camarades est au-dessus de ses forces. Il ne va donc plus à l'école.

Je n'ai pas été épargnée non plus.

La semaine dernière, j'attendais le début des cours dans le couloir avec ma classe. L'une des grandes baies vitrées avait dû prendre un choc pendant le week-end. Comme le lycée est équipé de vitres Sécurit, elle ne s'était pas cassée mais présentait un impact en forme d'étoile.

Alors que le calme régnait, une imbécile qui devait s'ennuyer regarde l'impact et lance à la cantonade :

— D'après vous, qui était visé ?

D'un coup, trente paires d'yeux se sont tournées vers moi.

Il faut le vivre.

C'est cependant plus facile à dix-sept ans qu'à treize.

Ou qu'à dix.

Ma petite-cousine, la fille de Jojo, en a elle aussi fait l'expérience cuisante.

Elle n'est pourtant qu'en primaire.

La forme de l'attaque a donc été primaire. Les enfants ont fait une ronde autour d'elle, chantant à tue-tête : « Un de plus en enfer, un de plus en enfer, un de plus en enfer. »

Nous vivons ce genre de choses presque tous les jours depuis que Papa nous a quittés.

En plus du chagrin, il nous faut composer avec ça.

Et encore, certaines choses m'échappent.

Je découvrirai par exemple, plusieurs années après, une lettre anonyme adressée à Maman. On la menaçait de nous faire du mal, à mon frère et à moi, si elle ne versait pas une certaine somme d'argent. Un ami de Papa sur lequel on pouvait encore compter est allé au rendez-vous.

Fin de l'histoire. La lettre émanait de petites frappes du quartier. Les gros malins avaient lu dans le journal que tous les hommes étaient morts et espéraient profiter de l'aubaine.

D'accord, les miens ont fait des choix particuliers. Contestables.

Celui d'un univers qui se révèle sans pitié, par exemple.

Et ils l'ont payé. Cher.

Nous, leurs enfants, ne sommes pour rien dans ces choix.

Comment est-ce possible que ça n'ait jamais effleuré ceux qui nous infligent cette double peine ?

D'autant qu'ils sont morts. Donc plus là pour nous protéger.

Cet univers, par contre, est encore le nôtre.

Cerise sur le gâteau, tout est maintenant de notoriété publique.

Alors quand je croise un copain de Papa, que j'ai toujours vu graviter dans notre périmètre, ça me fait du bien.

À l'Estaque, avec moi, cet homme fait preuve de chaleur humaine. Il me prend dans ses bras pour me réconforter, me parle de Papa, de sa tristesse. Il me dit, des larmes dans les yeux :

— Si un jour tu as besoin de quoi que ce soit, tu n'hésites pas.

Lui, il a toujours été sympa avec moi. Depuis que je suis ado, je le vois parfois lors de mes sorties. Il m'offre toujours quelque chose à boire. Si nos routes se rencontrent dans un restaurant, lorsque je demande combien je dois, on me répond « rien ». Ce sont des choses qui se font, pour la fille d'un copain. C'est une marque de considération.

Enfin un truc cool.

Vraiment cool car les copains de Papa ne débarquent plus comme avant au bar de la Panne.

Le lieu est marqué. Fiché. Il n'évoque plus précisément l'endroit où on se détend en se régalant.

Peu de temps après, je croise quelqu'un qui était très proche de Papa.

Je lui raconte un peu ma vie.

— Ah, au fait, j'ai vu Machin. Il m'a embrassée comme du bon pain, m'a dit que si, un jour, j'avais besoin de quelque chose…

L'ami de Papa se décompose. Mais ne dit rien.

Vingt-quatre heures plus tard, il est de nouveau face à moi. Pas franchement habituel en ce moment.

Visiblement, il a consulté avant de s'adresser à moi.

— On a pris la décision de t'en parler même si c'est pas de ton âge, parce qu'il faut que tu saches. À part les très proches, il vaut mieux ne plus embrasser personne.

Super. Le mec dont il ne dit pas le nom fait partie de ma vie depuis que je suis toute petite. Je ne l'ai pas embrassé à reculons.

L'ami de Papa n'a pas fini.

— On ne sait plus qui est qui et surtout qui est avec qui. Alors dans le doute…

Cette phrase résonne bizarrement.

La manière dont il l'a dite.

Je ne suis pas sûre d'avoir bien compris.

L'homme qui m'a serrée dans ses bras est certainement impliqué dans la mort de mon père.

Voilà ce que j'ai compris.

Plus rien de ce que je croyais connaître n'existe. Je ne peux me fier à aucun repère.

Hormis ma famille.

Ce qu'il en reste, du moins.

*
**

Avec ça, je ne sais pas par quel miracle j'ai réussi à terminer ma première. Mais j'ai réussi.

Deux trucs marrants ont apporté une petite bouffée de légèreté.

Le premier avait mal commencé.

Je roulais en Dax. J'ai été arrêtée, pour un contrôle de routine. Les policiers m'ont fait monter dans leur camion.

Je pensais qu'ils voulaient me faire parler de la guerre des gangs. J'étais ravie.

— C'est qui, votre père ? m'a demandé l'agent.

Et voilà.

La suite m'a prise au dépourvu.

— C'est Jean-René ou c'est Barthélemy ? Le fichier nous a sorti les deux. Mais ça peut pas être les deux.

Le deuxième truc s'est produit quand Anne et moi sommes allées nous occuper de papiers concernant Papa.

Le type de l'administration voulait savoir avec qui Papa était marié. Anne lui répond :

— Avec ma mère.

— Je ne comprends pas, me dit-il. Il était marié avec votre mère, non ?

Je désigne Anne.

— Non, il était marié avec la sienne.

Le type insiste.

— Mais vous êtes plus jeune.

— Qu'est-ce que vous croyez ? a répliqué Anne. Il était pas con, le mec, il a gardé les deux.

Pour le coup, c'est notre interlocuteur qui a eu l'air bête.

Les occasions de rigoler un peu sont bonnes à prendre. Toutes.

La preuve, même ce qui nous pesait fait l'affaire. Parce que ça renvoie à notre vie d'avant. Au bon vieux temps, finalement.

Bref, l'année du bac s'ouvre devant moi. Elle commence fort.

Logiquement, la mort de mon père a mis fin au carnage des miens. Il ne reste plus que Mimi, bien à l'abri dans sa prison.

À part ça, les choses ne changent pas beaucoup.

Nous sommes le 3 octobre 1978.

Aujourd'hui a eu lieu l'une des tueries les plus meurtrières.

Cinq ans après celle du Tanagra, qui avait coûté la vie à Jo Lomini, c'est la tuerie du Téléphone.

Un bar encore. Sauf que celui-ci est situé juste en face de chez Lili et Pierrot Boulange.

Quand Lili a entendu les coups de feu, elle a tout de suite compris qu'il y avait eu un nouveau règlement de comptes.

Papa était l'un des plus fidèles amis de Pierrot. L'un de ses nombreux amis décédés aussi.

Lili a eu très peur que, cette fois, son Pierrot ne figure parmi les victimes.

Elle s'est précipitée au bar du Téléphone. Elle a regardé partout, dévisagé les morts pour vérifier que Pierrot n'était pas des leurs.

Soulagée, elle a filé.

Il y a eu dix victimes.

Comme d'habitude, le suspect numéro un de cette tuerie, c'est Tany Zampa.

Voilà.

Qu'on le veuille ou non, le Milieu fait toujours partie de notre vie.

Pour couronner le tout, petit à petit, Maman a lâché prise.

Depuis un moment, quand je rentre le midi, je fais les pizzas.

Pendant des mois, Maman a bien tenu le choc. Pourtant, depuis la mort de Papa, ce n'est pas simple de gérer le bar de la Panne. Chaque jour, des curieux ralentissent ou s'arrêtent carrément pour voir l'endroit où a eu lieu un double homicide. L'endroit où mon père et Georges ont été criblés de balles.

Mais les curieux ne font que passer. Leur envie de sensations fortes est vite rassasiée. Ils n'ont pas prévu de déjeuner ou de dîner.

Quant aux vrais clients, ils ne se pressent plus au portillon.

La mort de Gaby puis celle de Claude n'avaient rien changé.

Papa, lui, est mort ici.

Ça change tout.

À commencer par la fréquentation de notre restaurant. Elle enregistre une chute vertigineuse.

Là, Maman a tellement perdu pied et lâché l'affaire que ça prend l'eau de tous les côtés. Même le personnel a déserté.

À l'exception de notre bon Ficelle, bien sûr.

Quand tout va bien, on peut compter sur les autres. Quand tout va mal, on ne peut compter que sur sa famille. C'est ce que dit un proverbe chinois.

Ma famille est relativement clairsemée. Heureusement, j'ai des amis.

Pour pallier la défaillance momentanée de Maman, mes petits copains du 8e et moi avons constitué une équipe de choc.

Nous avons donc une étudiante en médecine au comptoir, une esthéticienne et une étudiante en BTS tourisme au service, un étudiant qui cherche encore sa voie se charge des pizzas et j'œuvre en cuisine.

On peut aussi compter sur tonton Jojo, nommé responsable des courses.

Plus qu'un coup de main, mes amis m'offrent un soutien constant. Ensemble, nous ouvrons et fermons le bar de la Panne. On ne s'en sort pas trop mal.

Ce qui fait dire à mon tonton Jojo que ça présente finalement assez peu d'intérêt que je passe le bac. Eh oui, avec de l'aide, j'arrive à faire tourner un restau, alors à quoi ça sert ?

« Hors de question ! », répond Mimi quand je vais le voir.

Le bac, justement, est dans un mois. Alors Maman reprend les rênes.

Et pour être sûre que je réussisse, l'une de ses cousines a la méthode idéale : m'enfermer chez elle jusqu'au début des épreuves. Directrice d'école, elle travaille la journée et consacre ses soirées à m'interroger, s'assurant ainsi que je travaille correctement.

Ça marche !

À dix-huit ans, malgré cette année difficile, me voici bachelière.

Ça ne règle pas tout, mais c'est déjà ça de pris.

J'ai aussi eu mon permis de conduire.

Ceci dit, je devrais me méfier. L'une des premières fois où j'ai pris la voiture, j'ai eu comme une hallucination.

Je rentrais de boîte avec une copine. Nous avions décidé d'aller dormir dans la maison de Sausset. En passant devant le bar de la Panne, j'ai vu, tranquillement installés dehors, Papa et Jeannot, le deuxième parrain de mon frère, buvant des verres.

Jeannot était bel et bien en train de se soûler.

Pas avec Papa, évidemment.

Son acolyte n'était autre que mon Pierrot.

Ma copine et moi les avons rejoints pour discuter cinq minutes.

Jeannot était en grande forme. Il manipulait un tube d'aspirine, rempli de pierres précieuses. Ça, c'est Jeannot. Quand il a trois sous d'avance, il achète un diamant. Sa manière à lui d'épargner.

Il a tout renversé sur la table et m'a dit :

— Y en a un pour ton frère, mon filleul. Je vais lui faire cadeau du gros caillou, là.

Quelques jours plus tard, Jeannot a été abattu dans son bar de la Joliette.

Quand Maman et moi sommes arrivées chez lui, il y avait des trous partout dans le jardin. Intérieur et extérieur, les siens avaient retourné toute la maison, à la recherche du fameux tube d'aspirine. En vain.

Décidément, les histoires du Milieu…

Pour y échapper, forte de la bonne expérience de l'année dernière, je retourne passer une partie de mes vacances d'été en Corse.

Pas avec Fred. Avec l'une de mes copines.

Elle appartient à la famille d'une personnalité de l'île. Souhaitant profiter de sa présence pour lui rendre visite, elle m'embarque avec elle.

Erreur stratégique.

Son hôte refuse de me recevoir.

Ma copine y va tout de même. Elle est venue pour ça.

Quand elle ressort, elle m'explique, gênée : « Il m'a dit : "Tu comprends, si jamais quelqu'un la voit entrer, ils vont penser que je suis sympathisant avec eux." »

Je suis donc restée dans la voiture, devant la grille.

15

Au vert… carton rouge

Tout ça a assez duré.

Les hommes que nous aimions sont morts. Nous ne demandons pas à être plaints. Mais il y a des limites à ce que nous pouvons endurer.

Nous pensions que les gens passeraient rapidement à autre chose. Ça n'en prend pas le chemin. Leur attitude nous est chaque jour un peu plus pénible.

Et puis Maman a peur.

Peut-être sommes-nous tous devenus paranos ? Ce ne serait pas franchement étonnant.

Quoi qu'il en soit, elle est la seule à avoir encore un fils en vie.

OK, Pierrot mesure maintenant 1,92 mètre. Ça ne constitue pas une protection suffisante contre la folie qui s'est emparée de Marseille depuis des mois.

Alors, pour fuir les fâcheux et les souvenirs douloureux, Maman prend la décision de mettre le bar de la Panne en gérance. Nous partons nous installer dans la maison de Sausset-les-Pins.

Là-bas, nous sommes comme en suspens. Aucun de nous trois ne fait vraiment quelque chose.

Maman voit un peu ses copines.

Pierrot passe ses journées à la maison, musique à fond. On dirait un lion en cage.

Il est anéanti par ce qu'il a vu et rongé par un sentiment d'impuissance. Il est un homme – enfin presque – et il ne peut venger les siens.

Dieu soit loué, il a au moins la sagesse de l'admettre. D'admettre que ce serait lutter contre des moulins à vent, remettre le pied dans un engrenage infernal. Dont nous sortirions forcément perdants.

De mon côté, je suis des études de droit à la faculté d'Aix-en-Provence. Pour faire plaisir. Parce que c'est ce qui était prévu.

À vrai dire, je suis moyennement motivée. Je ne vais jamais en amphi, rarement aux TD et je ne travaille pas. Je ne me donne même pas la peine de me présenter aux partiels.

Mes études sont juste l'excuse rêvée pour déserter le nid et prendre le frais.

L'ambiance y est pesante.

Après deux ans de ce régime, je pète les plombs. C'était inévitable.

Il faut que je m'en aille. Plus longtemps et plus loin qu'à Aix.

Je me débrouille pour trouver une place de fille au pair à Londres. Mais une semaine après mon arrivée, la famille anglaise change d'avis. Elle n'a finalement plus besoin de moi.

Je ne veux pas, je ne peux pas rentrer.

Il faut absolument que je reste.

Une de mes connaissances a un copain qui vit à Londres. Je l'appelle :

— Dis-moi, tu crois qu'il pourrait m'héberger quelques jours, juste le temps que je trouve un autre boulot ?

— Bien sûr, me répond-il. En ce moment, ça marche bien pour lui. Il ouvre un restaurant et il est en train d'enregistrer un disque. Va le voir de ma part, il t'ouvrira des portes.

Ce ne sont pas des paroles en l'air.

Alain est un mec accueillant. Son appartement, c'est un peu l'auberge espagnole. Plein de jeunes vivent là et je suis la bienvenue.

Ça change !

Durant quelques semaines, je mène une douce vie de bohème londonienne, seulement ponctuée par ma recherche d'un travail et d'un autre toit. Alain est cool mais je ne veux pas abuser. Lui et moi avons sympathisé. Il faut dire que la vie de restau, il connaît. Ses parents en ont un dans les Pyrénées et un autre dans les Landes.

Assez rapidement, je trouve un job dans une école. J'y prends des cours et travaille au self-service. En plus le patron est propriétaire d'un immeuble et loue des chambres. Trois en un, c'est pratique. Par contre, je n'ai jamais rien vu de pareil. Dans ce logement, tout est à pièces, même le chauffage !

Ma vie d'expatriée s'organise tranquillement.

Maman, elle, a visiblement organisé la suite des événements.

Je suis avec une copine lorsque je reçois une lettre d'elle. Ma mère m'explique qu'elle vient d'acheter un restaurant dans les Landes. Elle m'en donne le nom et l'endroit où il se situe. Ça alors !

Désignant la ligne à ma copine, je lui demande :

— C'est pas le bled où les parents d'Alain ont leur restau ?

— Je crois...

Je dois en avoir le cœur net. Nous prenons le métro et débarquons chez Alain.

— C'est une blague, me demande-t-il ?

Je lui montre la lettre de Maman.

Elle vient tout simplement d'acheter le restaurant voisin de celui des parents de mon pote. Les terrasses se touchent.

Le monde est tout petit !

⁂

Je suis de retour de Londres.

Pierrot et Maman m'ont attendue pour le déménagement.

Cartons, camion, on peut y aller.

On emmène aussi l'un des serveurs, le fidèle Ficelle et Lucky, le chien qui sourit.

Mimi, la petite boule de poils noirs nous a été volée dans le jardin il y a un moment. Ma mère a offert une fortune en récompense à qui lui ramènerait sa Miss adorée. Peine perdue.

Elle aussi a disparu de nos vies. Notre doberman s'est accroché.

Nous voici donc dans les Landes.

Dans un petit village charmant qui vit essentiellement l'été. Pour la saison, notre fine équipe sera mobilisée. Une saison que je vais faire côte à côte avec Alain. C'est drôle.

Je suis heureuse d'être ici.

Londres, c'était bien. Mais je savais que ce ne serait qu'une parenthèse.

Ici, c'est autre chose.

Un nouveau départ.

Maman a mis encore plus de distance entre Marseille et nous. Ici, personne ne sait qui nous sommes, ce qui nous est arrivé. Et elle n'aura plus peur pour Pierrot.

Maman l'a éloigné pour le protéger. Elle ne peut pourtant pas le protéger de lui-même. De ses démons.

Sensible, à fleur de peau, Pierrot est capable du pire comme du meilleur. Il nous fait passer du paradis à l'enfer sans que nous ayons le temps de respirer.

Il a toujours été ingérable. Aujourd'hui, c'est un géant à feu et à sang.

Une bombe à retardement. Pour l'instant, il diffère le dégoupillage en prenant des cuites.

Avec moi.

Maman me le colle : « Si t'emmènes pas Pierrot, tu sors pas. »

En même temps, si je veux tenir la promesse faite à Papa, c'est cohérent. Je suis toujours là, quoi qu'il arrive.

Quand il faisait ça à Marseille, Fred et JP me le ramenaient.

Je me souviens même d'une fois où le Pierrot bien imbibé m'a fait le remake de la scène entre Pépé et Alain Delon. Lui, c'était à Cassis et avec Nicolas Peyrac. À la recherche d'une voiture pour aller à la Locomotive, une boîte de nuit, il s'était adressé à mon frère. Le Pierrot n'arrêtait pas de lui demander où ils avaient bien pu se rencontrer. Le chanteur fut tout aussi élégant que l'acteur.

Au moins, grâce au chantage maternel, je suis aux premières loges chaque fois. Dommage que ce ne soit pas toujours aussi drôle.

Et puis, la série continue. À la fin de notre première saison, Ficelle tombe gravement malade. Il faut le rapatrier à Marseille en ambulance. Il s'y éteint quelques jours plus tard.

Même Ficelle, le fidèle entre les fidèles, a fini par nous tirer sa révérence.

Voilà pour le nouveau départ.

On a changé de lieu. On a repris les mêmes en plus cabossés et on espérait que ça changerait tout.

Ça ne marche pas comme ça.

Là, en général, c'est le moment où Dieu se manifeste. Le moment où je me demande de quoi j'ai pu me rendre coupable dans une vie antérieure. J'ai dû faire partie d'un truc genre la Gestapo et arracher des ongles. Sinon, je ne vois pas pourquoi tout ça m'arrive à moi.

À ce moment-là donc, en principe, le bon Dieu me souffle l'air à la paille pour éviter l'asphyxie.

Dieu existe : ça arrive.

À Pierrot pour commencer.

Il rencontre Monique.

Nous sommes là depuis près d'un an. Il la connaît de vue, c'est un petit village.

Notre *bad boy* tombe éperdument amoureux de la jolie fille de bonne famille. Et réciproquement.

Monique met la main à la pâte, avec nous, au restaurant. Du coup, trop heureuse de cette belle histoire, ma mère leur offre un pub.

À moi, elle m'offre le restaurant dont nous nous occupions ensemble jusqu'ici. C'est une pizzeria sympa, qui n'est située qu'à une centaine de mètres du pub de Pierrot.

⁂

Finalement, les choses changent quand même un peu.

Du moins pour nous et ici.

Si l'on en croit cet article de journal, on a bien fait de quitter Marseille.

« Zampa : la fin d'un mythe », titre *Le Provençal.*

GAETAN ZAMPA est mort. Le « parrain » qui avait été transporté à l'hôpital Salvator après sa tentative de suicide le 23 juillet dernier, n'a pas survécu à ses blessures. Né à Marseille le 1er avril 1933, Gaëtan Zampa s'y est éteint le 16 août 1984 à 19 h 30.

Une page du grand banditisme est tournée. La fin de « Tani » va vraisemblablement déclencher une nouvelle guerre des gangs tant il est vrai que sa place a toujours été âprement discutée un peu partout en France. Gaëtan Zampa emporte avec lui bien des secrets. Depuis l'âge de 20 ans, surnommé le « Grand », Gaëtan Zampa faisait parler de lui. Son nom est apparu derrière toutes les grandes affaires criminelles de ces dernières années. La police disait qu'il était l'œil de la mafia. Mais qui pourrait dire qui était exactement ce personnage aux facettes multiples, qui a voulu mourir pour sortir sa famille de prison.

Car il ne fait plus aucun doute aujourd'hui que Gaëtan Zampa s'est pendu dans sa cellule à la prison des Baumettes de Marseille, parce que la Justice refusait de libérer sa femme. Enfermé derrière quatre murs, traité comme n'importe quel détenu, le « parrain » n'a pas supporté d'entraîner tous les siens dans sa chute.

Arrêté le 27 novembre 1983 dans une modeste villa près de Martigues, en compagnie de l'un de ses plus fidèles lieutenants, on dit qu'en fait Gaëtan Zampa s'était laissé prendre pour obtenir la libération de son épouse. Comme Al Capone et bien d'autres caïds après lui, ce sont les finances qui ont perdu le truand marseillais. Gaëtan Zampa avait créé le « Krypton » pour assurer l'avenir de sa famille et c'est cette boîte de nuit qui a permis aux policiers de coincer le clan Zampa. Les incorruptibles de la Section financière du SRPJ sont tombés un beau matin sur tous les proches du caïd et ont ramené tout le monde à l'hôtel de police. La grande rafle déclenchée le 21 octobre 1983 dans les établissements de nuit que les policiers savaient contrôlées par le « parrain » leur permettait de ramener dans leurs filets Christiane Zampa et Me Philippe Duteil, un avocat conseiller du caïd. Avec ces deux personnages clefs, les policiers savaient qu'ils avaient suffisamment d'éléments pour faire sortir le loup du bois. Effectivement, alors qu'on le disait en Italie, en Espagne, bref, très loin de la France, Gaëtan Zampa était arrêté sans la moindre effusion de sang. Il était en survêtement et sans arme à moins de 30 kilomètres de l'Évêché.

Il est évident que Tany avait la certitude qu'une fois encore, il parviendrait à se sortir de ce mauvais pas. Lui qui avait si souvent pu déjouer tous les pièges des policiers, lui dont le nom avait été prononcé dans toutes les grandes affaires et qui était surveillé en permanence, disait à qui voulait l'entendre que son procès n'était que du vent. Gaëtan Zampa avait annoncé que quelques jours après son arrestation, sa femme retrouverait la liberté, puis plus tard ses amis, et enfin qu'avant la fin de l'année 84, lui-même serait libre. Gaëtan Zampa disait qu'on ne retient personne en prison pour une affaire d'escroquerie. Cette fois, le « Grand » s'était trompé. Il avait oublié sans doute que la Justice lui en voulait d'avoir trop souvent été épargné, d'avoir trop souvent peut-être voulu la provoquer. On avait parlé de Gaëtan Zampa dans le fabuleux casse de Nice ; on avait parlé de lui après la tuerie du bar du Téléphone ; son nom avait été prononcé après chaque règlement de compte, mais surtout, les magistrats et les policiers avaient la certitude que Gaëtan Zampa avait joué un rôle très important dans l'assassinat du juge Pierre Michel. Tout avait été mis en œuvre à l'époque pour faire tomber le parrain. Mais apparemment, le dossier monté contre lui s'était effrité puisque Gaëtan Zampa avait dernièrement eu gain de cause en faisant un procès à un journaliste qui le mettait formellement en cause.

Gaëtan Zampa que l'on avait vu souriant le lendemain de son arrestation, lorsqu'il avait été présenté au Palais de justice de Marseille, a très rapidement compris que cette fois l'affaire était grave.

Tani n'a pas supporté le fait que Christiane sa femme reste en prison. Il n'a pas supporté que ses amis les plus fidèles, sa proche famille, soient écroués comme lui pour un délit financier. Les temps avaient changé. Les policiers, comme les magistrats, ne sont plus les mêmes et ont fait ce qu'il fallait pour que Gaëtan Zampa reste en prison. On savait que le procès, qui se déroulait devant la 5e Chambre au Palais de justice de Marseille, était avant tout le sien. On venait voir Gaëtan Zampa comme on allait voir une bête curieuse, une bête sacrée.

Mais ce mystérieux personnage s'est bien vite rendu compte que tout s'effritait autour de lui. Ses amis en prison, Gaëtan Zampa était seul. Il sentait l'étau de la justice se resserrer autour de lui.

Alors celui qui a toujours réussi à préserver sa vie a craqué. On a vu chaque jour Zampa un peu plus dépérir. On l'a vu perdre visiblement la raison. On l'a vu se suicider une première fois en se lançant tête baissée contre un poteau, dans les geôles du Palais de justice. Plus tard, Gaëtan Zampa a tenté de s'ouvrir les veines dans sa cellule, à la prison des Baumettes, on a appris que « le parrain » entendait des voix et on savait qu'il avait peur.

Tout le monde croyait alors que tout n'était que mascarade et qu'en fait, Gaëtan Zampa savait pertinemment ce qu'il faisait, d'autant que des experts désignés par le tribunal du Palais de justice de Marseille l'avaient examiné et avaient établi que Tani était sain de corps et d'esprit. Mais le 23 juillet dernier, à 18 h 20, dans sa cellule à la prison des Baumettes, Gaëtan Zampa s'est pendu. Ce jour-là, tout le monde a compris que le caïd voulait véritablement en finir avec la vie. Tani avait fait preuve d'une telle volonté pour se donner la mort, que les autorités s'étaient rendu compte – un peu tard – que Gaëtan n'était pas dans un état normal.

Pour en finir, Tani s'était passé autour du cou la corde à sauter de son compagnon de cellule. Il avait réussi à passer ses pieds dans le tuyau de chauffage de la prison et, après avoir accroché l'extrémité de la corde à un barreau de sa fenêtre, le « grand » s'était laissé tomber de tout son poids. Dès cet instant, on savait qu'il était condamné. Il n'avait quasiment aucune chance de s'en sortir. Gaëtan Zampa était déclaré cliniquement mort. Seul un miracle pouvait le sauver.

Depuis le jour où il avait été admis à l'hôpital Salvator, Tani était veillé par les siens. Ses proches parents sont restés à son chevet jusqu'au bout.

La succession de Gaëtan Zampa est ouverte. Qui va porter le chapeau aujourd'hui. Depuis plusieurs années, et plus encore depuis l'arrestation de Gaëtan Zampa, on dit qu'il n'y a plus de milieu.

Un parrain est mort, un autre prendra certainement sa place. Une chose est sûre : Zampa avait une personnalité, était un mythe. Avec sa mort, son histoire est finie. La saga de Zampa que certains avaient déjà gommée dans le plus cruel des règlements de comptes, s'achève dans un lit d'hôpital. Une fin que lui-même aura choisi.

Depuis le 23 juillet, des gardiens de la paix et des chiens veillaient sur lui. À 19 h 30, hier soir, la garde a été levée et le dossier Zampa s'est refermé à tout jamais.

Il s'en dit, des choses ! Surprenantes... Tany, comme les hommes de ma famille, n'a jamais eu peur de rien ni de personne.

La seule qui soit certaine, c'est que Tany est mort.

Effectivement, une page se tourne.

Ils sont presque tous morts mais il reste Mimi. Mimi qui a enfin recouvré la liberté.

Pourvu qu'elle lui réserve le meilleur. Et non le pire.

⁂

Dieu finit tout de même par se rappeler que j'existe. C'est à mon tour d'aspirer une bouffée d'air sucré.

Je rencontre le premier qui fait vraiment battre mon cœur.

Antoine.

Il est beau, gentil, maître nageur.

Je suis amoureuse.

Dans les Landes, les maîtres nageurs sont des policiers. Antoine travaille à la P.A.F., la Police de l'Air et des Frontières.

Une bonne nouvelle n'arrivant jamais seule, Mimi va venir nous voir ici.

Après toutes ces années de visites au parloir, c'est appréciable d'être avec lui dans un lieu normal.

Nos retrouvailles sont tendres.

Sauf que Mimi a le sourcil froncé quand il s'adresse à moi.

— J'ai appris que tu sortais avec un condé ?

Mimi est toujours mon tonton. Mais j'ai vécu moi aussi, ces derniers temps. Je ne me démonte pas. Je ne fais même pas mine de n'avoir pas compris le sous-entendu.

— Pourquoi ? C'est les flics qui ont tué ta famille ?

— Ah ! J'avoue que... j'ai plus rien à te répondre.

Un joli combat remporté.

Ceci dit, Mimi ne devrait pas trop s'inquiéter.

Au début, je ne dis rien à mon amoureux de l'histoire des miens. Ce qu'il sait de ma famille, c'est ce qu'il en voit.

Un jour pourtant, il va en déplacement aux Catalans. Alors je lui raconte. Je préfère. Je ne veux pas qu'il apprenne ça de la bouche de Marseillais.

Il le prend bien.

Ça se corse nettement quand il découvre la maison de Sausset-les-Pins.

Dans les Landes, je vis simplement. À Sausset, avec les années, la ruine du bord de mer est devenue une très belle maison. Hier, elle s'appelait « Les Baumettes », aujourd'hui, elle a une salle de gym et un sauna.

Ça ne plaît pas à Antoine.

Notre histoire se délite.

Dieu doit estimer que la micro-aspiration est suffisante.

Je n'ai pas trop le temps d'y penser. La saison touche à sa fin, mais il y a encore du boulot.

De son côté, Pierrot est toujours en pleine *love story* avec Monique.

Comme au bon vieux temps, il continue ses caprices avec Maman. Monique y a droit, elle aussi. Pourtant, elle a réussi à mettre une bonne partie de ses démons en sommeil.

La seule qui s'oppose à lui, finalement, c'est toujours moi.

C'est aussi toujours moi qu'on vient chercher quand il y a un problème.

Il est plus de minuit, une serveuse range la terrasse, je suis en train de faire la caisse.

— Hélène ?

Je lève la tête.

— Je crois qu'il y a une bagarre chez ton frère, me dit-elle.

La serveuse a vu un attroupement.

Le pub de Pierrot n'est vraiment pas loin mais je prends la voiture. Dedans, il y a le pistolet à grenailles, acheté pour me protéger car il m'arrive de rentrer avec la recette des deux établissements.

Quand j'arrive, un jeune se détache du groupe. Je comprends tout de suite que c'est lui qui a mis la pagaille.

Je sors le pistolet à grenailles et le vise.

Complètement soûl, il ouvre sa chemise et me lance :

— Si t'es une femme, tu tires !

— Tu crois pas que je vais gâcher ma vie pour toi, non ?

J'abaisse le pistolet, dépasse le trouble-fête et entre dans le pub.

Pierrot, Monique et moi fermons les volets.

Ils me racontent.

Déjà passablement éméché, le type s'est pris la tête avec Pierrot. Quand Monique a voulu calmer le jeu, il l'a insultée. Ensuite, il s'en est pris à Maman, la bousculant violemment. Pierrot l'a mis dehors. Ça ne lui a pas plu, il voulait en découdre.

Heureusement, l'incident est clos. L'importun est parti.

Je retourne à la pizzeria pour terminer ma caisse.

C'est chose faite quand j'entends un coup de feu.

Dites-moi que je me suis endormie, que c'est un cauchemar !

Je me retrouve de nouveau devant le pub de Pierrot. Tout est fermé. Il n'y a rien à signaler. J'ai dû rêver.

Je rentre chez moi.

Peu de temps après, c'est le grand débarquement. Maman, Pierrot et Monique me rejoignent.

Malheureusement, je n'ai pas rêvé.

Toujours bien rond, le type est revenu. Il se jetait contre le volet du pub.

Pierrot a perdu son calme.

Le mec menaçait ses femmes alors, pour le faire déguerpir, il a tiré avec son fusil de chasse.

Efficace mais pas malin.

Il ne pouvait pas tolérer qu'on s'en prenne encore à sa famille !

Seulement, une fois la pression retombée, il ne sait plus quoi faire, mon petit frère. Il ne sait même pas dans quel état se trouve son client.

Nous tenons une réunion de crise pour déterminer la conduite à tenir. Pas évident. Ça dure des heures.

On finit par décider qu'il faut partir. Je vais conduire le Pierrot en Italie. Ensuite, je reviendrai.

On prépare un sac en quatrième vitesse.

Nous sommes prêts.

Au moment où j'ouvre le volet de la porte d'entrée pour partir, la nuit s'illumine.

On y voit comme en plein jour.

Je suis même aveuglée par des spots puissants.

Les policiers cernent la maison.

Impossible qu'ils ignorent que nous sommes tous ici. Nos voitures nous trahissent.

Impensable de fuir, la petite maison de bois que j'habite est située dans un cul-de-sac.

Et un policier se tient sur le seuil.

— Où vous allez ? interroge-t-il durement.

Je lâche le sac de voyage.

— On venait chez vous, dis-je, tentant de conserver mon aplomb.

Ils embarquent tout le monde. Pierrot, Monique, Maman et moi.

Nous passons la nuit en garde à vue.

Au poste, nous apprenons que Pierrot a fait mouche.

Aucun organe vital n'est atteint. Les jours de l'imprudent ne sont pas en danger. Ouf.

Pierrot n'a pas visé pour le tuer, juste pour l'impressionner.

Le petit matin pointe son nez, nous recouvrons la liberté.

À défaut d'en être devenue une, me voilà en quête d'un avocat.

Je dégotte le top du top.

Il remplit tous les critères. C'est un ténor et, surtout, un enfant du pays. Fondamental face aux autochtones qui ne raffolent pas des étrangers.

Or, sur ce coup, Pierrot est l'étranger et le blessé est sur son fief.

Nous allons voir notre avocat à Marseille, ville où il exerce habituellement.

Il nous informe que, pour commencer, il faut lui donner cinquante mille francs de la main à la main. Somme à laquelle s'ajoute un chèque tout à fait officiel.

Nous nous exécutons, certains d'avoir trouvé la perle rare.

Je profite de cette petite virée pour passer quelques jours à Marseille, histoire de voir les copains.

Je suis chez un pote, dans un restaurant de Mourepiane. Nous ne mangerons qu'après le service. J'attrape donc le journal pour patienter.

Au beau milieu d'une page, un titre accroche mon regard.

« Un avocat marseillais se noie à St-Tropez. »

Avec la chance que j'ai, c'est le mien.

Ça ne loupe pas.

Nous avons perdu cinquante mille francs et il faut tout recommencer.

Décidément, la scoumoune nous colle aux basques.

De retour dans les Landes, nous choisissons un nouvel avocat, né au cœur du village. Selon lui, le procès devrait être une formalité.

Tant mieux.

Maman est rassurée, je suis rassurée, Monique est rassurée.

Même si, pour elle, la situation s'est légèrement tendue.

Ici, sa famille est connue. Le coup d'éclat de Pierrot met les siens dans l'embarras.

Monique a tenté de le dédouaner comme elle a pu. Et puis, elle s'est résolue à raconter l'histoire de notre famille. À expliquer que Maman est venue s'installer ici pour oublier.

À expliquer que le grand gaillard de vingt ans dont elle est folle amoureuse a perdu son sang-froid parce qu'il ne peut pas oublier l'enfant de treize ans qu'il était hier.

Un enfant qui a vu son Papa exécuté sous ses yeux.

Faute de pouvoir venger les hommes de sa famille, il protège les femmes qu'il aime.

S'il est sceptique, le beau-père s'incline devant l'amour que porte sa fille à cet énergumène. Il est prêt à faire preuve de compréhension, de clémence à l'égard de notre Pierrot.

Avec ce qui va suivre, il sera bien l'un des seuls.

16

Satellisation

À peine remis de nos émotions, nous recevons un coup de fil.

De Dédé, la femme de Mimi.

Ce matin, ils étaient arrêtés à un feu rouge quand un homme cagoulé a pris pour cible notre tonton, depuis une autre voiture.

Plusieurs balles l'ont atteint. Il a été admis à la Timone.

Pierrot et moi décidons de partir illico pour Marseille. Nous ferons le plus gros du trajet de nuit mais tant pis.

Mon frère tient à prendre sa moto, pour être autonome une fois sur place.

Seulement, en quelques jours, la température a brutalement chuté. L'été indien semble n'avoir jamais existé. Il fait un froid de gueux. Surtout une fois le soleil couché.

Résultat : impossible de tenir bien longtemps sur la bécane.

Du coup, on alterne. Une heure de moto, une heure de voiture. Même comme ça, ce voyage est un supplice.

Quand je retrouve la chaleur douillette de l'habitacle, mes doigts sont tellement gelés que je n'arrive pas à tenir le volant. Pourtant, quand je pilote la moto, Pierrot me prête son blouson, en plus du mien.

Rien à faire, à chaque changement sur les aires d'autoroute, c'est un glaçon qui rejoint la voiture.

Nous finissons par arriver à bon port.

La situation n'est pas réjouissante.

Tonton Mimi a cinq balles dans la poitrine.

Je n'avais déjà pas beaucoup d'espoir mais un copain médecin m'enlève tout ce qu'il m'en restait :

— Ne te fais pas de films...

C'est perdu d'avance. Pour mon tonton, l'histoire ne se terminera pas bien.

Cette fois au moins, j'aurai pu être là avant qu'il ne rende son dernier soupir.

Je suis perdue dans mes réflexions, bercée par le brouhaha des urgences, quand je vois débarquer mon Fred et mon JP. Que c'est bon d'avoir des amis !

Ils m'emmènent boire un verre place Castellane. Le bar est miteux mais c'est un délice d'être avec eux.

Un instant de répit dans ce monde de brutes.

De retour à l'hôpital, j'avise un exemplaire du *Provençal* du jour.

Un peu maso, je m'en saisis. On doit y parler de Mimi.

À la page des faits divers, ce n'est pas mon tonton que je trouve en photo mais tous les hommes de ma famille.

Mimi, Papa, Claude et Gaby.

Dur.

Pour le titre, le journaliste ne s'est pas foulé. Ça a marché une fois, ça marchera deux fois. C'est donc un racoleur « La malédiction des Regazzi » qui introduit l'article.

Encourageant ! Ça laisse présager d'un bel avenir pour nous...

Après son fils et ses deux frères, Barthélémy Regazzi victime à son tour de la guerre des gangs. Hier, à Marseille le proche de Zampa échappe par miracle à la mort.

Son fils et ses deux frères avaient été tués en 1977 et 1978. Hier matin, c'est Barthélémy Regazzi que la pègre a voulu éliminer. Âgé de 63 ans, le patriarche de la famille a pourtant miraculeusement échappé à la mort. Cinq balles de 11,43 dans le thorax, celui que l'on surnommait « Mimi » était hier soir dans un état grave à l'hôpital, mais les médecins qui étaient à son chevet ne désespèrent pas de lui sauver la vie.

Peu avant dix heures, au quartier des Chartreux, c'est un nouvel épisode de cette impitoyable guerre des gangs, qui s'est joué hier, à Marseille. Barthélémy Regazzi est tombé dans un véritable guet-apens. Il se trouvait dans une Fiat Ritmo grenat conduite par sa femme, lorsqu'il a été pris pour cible par un tueur qui a ouvert le feu depuis une BMW. Tout s'est joué en quelques secondes, mais les témoins sont unanimes : le tireur était un professionnel du crime, et le pilote de la voiture allemande un as du volant.

À peine la Ritmo venait-elle de s'arrêter à un feu rouge au bas de la traverse St Jean du Désert, qui débouche sur l'avenue de St Just, qu'une BMW a subitement dépassé la voiture italienne pour se mettre en travers de la route. Le conducteur n'a pas lâché le volant, le passager a sorti une arme par la vitre baissée et a fait feu à six reprises en direction de Barthélémy Regazzi. Cinq projectiles ont transpercé le pare-brise et la carrosserie de la Ritmo avant de se loger dans le thorax de l'homme visé. Son épouse n'a pas eu le temps de tenter la moindre manœuvre. Son contrat rempli, le tireur, qui portait une cagoule, a rentré son 11,43 et le chauffeur de la BMW a pris la direction du centre-ville. Les deux hommes étaient persuadés d'avoir mené à bien leur exécution.

Mais hier matin, le miracle a fait que Barthélémy Regazzi a pu être sauvé grâce à une rapide intervention des marins pompiers. Lorsqu'ils sont arrivés sur les lieux, les médecins ont cru que la victime n'avait plus que quelques secondes à vivre, mais le sort en a décidé autrement.

À peine les sauveteurs venaient-ils d'emporter le blessé vers l'hôpital que déjà M. Monfort, le procureur de la République, le commissaire Bernard Agnese, le commissaire Celeschi, et les inspecteurs du SRPJ étaient sur les lieux. C'est « Mimi » Regazzi que l'on a voulu tuer. C'est un vieux de la French Connection, décidément quelqu'un veut vraiment exterminer le clan Zampa. Barthélémy Regazzi était considéré en effet comme l'un des parrains de la célèbre French Connection.

Il est né à Septêmes en 1922. Très jeune, il a fait partie du clan de Gaëtan Zampa. La spécialité de Barthélémy Regazzi était le trafic de drogue. Il avait acheté un garage dans le quartier de la Belle-de-Mai, et c'est là qu'il avait aménagé plusieurs caches dans des véhicules utilisés pour transporter la drogue aux États-Unis. Interpellé en octobre 1972 en compagnie de Croche et Mari, Barthélémy Regazzi avait été condamné à une lourde peine de prison en 1974. Mais il avait été libéré pour des raisons médicales.

Aujourd'hui, on pensait que « Mimi » ne ferait plus jamais parler de lui. Mais ses rivaux en ont voulu autrement.

La saga des Regazzi est décidément tragique. Cette famille vit dans l'horreur depuis 1977. Ce jour-là, le 4 mars, alors qu'il venait de se recueillir sur la tombe de son fils, Gabriel Regazzi, dit « Gaby », le frère de Barthélémy a été tué dans son Autobianchi. Lui se savait menacé, ses proches lui auraient plusieurs fois conseillé d'être prudent, et on dit que depuis la mort de son fils, plus rien ne comptait pour « Gaby » et même pas sa propre vie. Lorsque les tueurs l'ont exécuté, Gabriel Regazzi n'a pas eu le temps d'utiliser le 11,43 qu'il avait dans sa poche.

Le 21 octobre de la même année, c'est le fils de Barthélémy Regazzi, Jean-Claude, qui a été tué à 10 h 30, rue Albe, au quartier des Chartreux. Lorsque son fils a été éliminé par la pègre, Barthélémy purgeait une peine de prison. Jean-Claude a été surpris par des tueurs au moment où il montait dans une 403 camionnette pour aller faire une partie de chasse. Outre des fusils, Jean-Claude Regazzi avait un pistolet de gros calibre dans sa poche.

Le 12 avril 1978, c'est Jean-René Regazzi, l'autre frère de Barthélémy, qui a été abattu à Mourepiane. L'un de ses amis, Georges Kieussyan, un travailleur qui n'avait rien à voir avec la guerre des gangs, avait lui aussi été tué ce jour-là. La petite fille de cet homme, qui se trouvait à l'arrière de ce véhicule, avait miraculeusement échappé à la mort. Les Regazzi décimés ont pensé qu'un traité de paix avait été signé pour préserver la vie du père. C'était en fait mal connaître les intentions du milieu, à la rancune tenace. Barthélémy Regazzi faisait partie du clan Zampa, et comme beaucoup d'autres, on a voulu le tuer.

En 1983, Barthélémy Regazzi avait été interpellé pour port d'arme. Il avait purgé une peine de prison avant d'être remis en liberté. Les policiers avaient perdu sa trace, et disaient de lui qu'il était sans profession ni domicile fixe, mais ses rivaux ont su le retrouver. Tout comme Cazorla, Faré, Sperle, Mondoloni, Houareau, et quelques autres encore. Les policiers n'ont pas manqué de constater que les tueurs qui ont frappé hier matin aux Chartreux n'étaient pas des adeptes de la moto. Ils ont tué ou tenter de tuer à l'ancienne, en prenant la fuite à bord d'une voiture que les policiers ne retrouveront sans doute que dans quelques jours. D'ailleurs, pour les enquêteurs, il ne fait aucun doute que ces règlements de compte sont signés de la même main.

L'article appuie bien là où ça fait mal.

En même temps, difficile de reprocher au journaliste de remettre le dernier événement dans le contexte.

En effet, notre famille a été décimée. Le traité de paix et la récente incarcération de Mimi m'avaient en revanche échappé.

Quoi qu'il en soit, c'est certain, j'en ai ras le bol de voir les miens dans le journal, toujours livrés aux mêmes poncifs et interprétations.

Ma seule consolation est que *Le Provençal* est un titre local.

Ceux avec qui nous partageons notre quotidien, dans les Landes, échapperont au triste rappel de notre saga familiale.

Il n'y a ni surprise ni miracle.

Quelques jours plus tard, tonton Mimi rejoint Claude, Gaby et Papa.

Son enterrement ressemble à tous les autres.

Sa détention lui aura donné un sursis de plusieurs années mais, au final, le résultat est le même.

Un résultat qui douche le peu de naïveté qu'il me restait encore. Sept ans ont passé depuis la mort de Papa, Tany n'est plus, je pensais que Mimi échapperait à ça.

Tout faux.

La rumeur reprend de l'essor. Selon elle, Mimi aurait refusé de trouver un terrain d'entente avec ceux qui l'ont exécuté. Crédible, puisque les mêmes ont tué son fils et ses deux frères.

En fait, peu importe.

Tout le monde peut bien s'agiter, trouver des explications, désigner des coupables, ça ne peut plus rien y changer. Des copains tomberont peut-être encore sous les balles, mais, avec Mimi, l'épidémie de saturnisme a fait sa dernière victime dans ma famille.

Cette fois, c'est bien fini.

Cette évidence est aussi douloureuse que libératrice.

⁂

Le retour dans les Landes ne se déroule pas comme nous l'avions prévu.

D'habitude, par ici, on n'entend pas parler de ce qui se passe à Marseille.

L'occasion devait être trop belle. Car, sur ce coup, le journal *Sud Ouest* n'a rien à envier à notre *Provençal.*

Photos à l'appui, la saga Regazzi y est reprise dans ses moindres détails.

Génial.

Surtout pour notre Pierrot.

Obtenir la clémence à son égard se révèle plus compliqué.

Faire partie d'une famille associée au Milieu n'était déjà pas une sinécure après la mort de Papa. Depuis, le juge Michel a été assassiné. Ce qui n'améliore évidemment pas la perception du plus grand nombre.

Le père de Monique doit à son tour supporter les réflexions désagréables et les coups de fils outrés d'interlocuteurs qui lui demandent comment il peut laisser sa fille fréquenter ce genre de mec.

Monique est toujours aussi amoureuse de Pierrot. Alors, même si ça ne réjouit pas les siens, ils font avec.

De mon côté, pour prendre du champ, je vais passer deux mois à Paris. Quand je reviens, Lucky, notre doberman rieur, ne rit plus du tout. Sa santé a beaucoup décliné en quelques semaines. Je pense qu'il m'a attendue mais je dois me résoudre à le faire piquer.

Au cabinet, le vétérinaire me demande si je souhaite les accompagner. Non, je n'en ai pas le courage. D'un regard, mon plus fidèle ami me dit adieu.

« Plus je connais les gens, plus j'aime les bêtes », disait l'un des panneaux de bois du bar de la Panne. Je me sens seule.

Pour Pierrot, l'amour de Monique est une bénédiction.

Elle le soutient.

Le jeune couple s'investit sans compter pour faire tourner le pub. Ça marche plutôt bien.

La pizzeria dont je m'occupe aussi.

Nous ne vivons cependant pas dans le luxe. Nous travaillons essentiellement l'été. La saison ne dure que quelques mois mais, le reste du temps, il faut tout de même payer le loyer et entretenir le restaurant.

Là, je dois faire ce qu'on appelle les « propretés » de la pizzeria. L'air marin a bien endommagé le restaurant, fermé depuis sept mois. Il a besoin d'être remis en état avant le retour des touristes.

Je n'ai pas envie d'emprunter de l'argent à qui que ce soit ni de demander aux artisans de me faire crédit.

Je ne veux rien devoir à personne.

Je décide donc de mettre mes bijoux « chez ma tante », comme on dit. En les déposant « au clou », je bénéficie d'un crédit égal à une partie de leur valeur. En fin de saison, quand j'aurai bien renfloué la caisse, je rembourserai et les récupérerai. Pas seulement pour une question de gros sous. C'est plus sentimental que ça. Pour la plupart, c'est Papa qui me les a offerts.

Ça, c'est la théorie.

Dans la pratique, le flash infos de la radio met à mal mon plan initial.

« Le crédit municipal cambriolé », annonce le présentateur.

Je le crois pas !

Et pourtant...

Je serai bien un peu remboursée. Un peu seulement car pour faire jouer l'assurance, il faut présenter des factures. Factures qui accompagnent rarement les cadeaux, surtout ceux de Papa.

En attendant son jugement, Pierrot a droit à un avant-goût de la détention. En raison de sa situation judiciaire, l'État l'envoie faire son service militaire dans un camp semi-disciplinaire.

Heureusement, c'est une constante chez les Regazzi, dans notre malchance, on a toujours un peu de chance.

Comme beaucoup d'autres avant et après lui, pour échapper à ses obligations militaires, Pierrot tente de se faire passer pour dingue.

L'avantage, c'est qu'il n'a pas trop à forcer.

Mieux encore, l'infirmier en poste jusqu'ici vient d'être muté et a été remplacé par l'un de nos cousins éloignés. Michel donne à mon frère une information capitale :

— Pierrot, surtout demain, quand ils vont venir, tu fais le fou. Tu ne dis pas que tu as bien dormi et que tout va bien. Les cachets qu'ils t'ont donnés il y a cinq minutes, c'est un placebo. Alors tu dis que ça ne t'a apaisé en rien, que tu n'as pas fermé l'œil de la nuit, OK ?

Reçu cinq sur cinq.

Le lendemain, Pierrot est réformé.

Un an plus tard, le procès de mon frère s'annonce. Enfin.

Plus de cinq années se sont écoulées depuis son coup d'éclat. Largement le temps de passer à autre chose.

Moi, par exemple, je suis retournée vivre à Marseille. Je me suis lassée des Landes, des hivers dans les Landes surtout.

Depuis deux ans, Monique et Pierrot gèrent donc la pizzeria.

Leur amour a pris de l'ampleur, le ventre de Monique aussi. Ils attendent leur premier enfant.

Pour profiter pleinement de ce bonheur à venir, il faut d'abord clore cet épisode passé. Selon l'avocat, l'issue du procès devrait être positive. La victime n'a été que blessée par le tir de mon frère et de l'eau a coulé sous les ponts.

La mort de Mimi commence à dater. Les réactions épidermiques qui ont suivi le récit de notre histoire se sont tassées progressivement. Pierrot vit ici depuis huit ans et s'y est fait une place.

C'est donc prêt à assumer ses actes mais confiant qu'il se présente à l'audience.

Il en ressort condamné à six mois fermes.

Monique est seule pour accueillir leur bébé. Quand Audrey voit le jour, Pierrot est en prison.

⁂

En 1994, notre dernier tonton disparaît.

Même si c'est un peu prématuré, c'est tout de même dans l'ordre des choses.

Cette fois, les balles n'y sont pour rien.

Il y a une dizaine d'années, son côté tête en l'air a plombé notre Jojo. En l'envoyant en l'air, justement. Le truc ballot, il a traversé la route en courant. Avant, il avait regardé à droite. La voiture qui arrivait sur sa gauche n'a pas pu l'éviter. Il s'est fait un de ces vols planés !

Il s'est remis de ses blessures, seulement le choc a aggravé un diabète préexistant. Et tonton Jojo, renoncer totalement aux plaisirs de ce monde, il a bien essayé, il ne savait pas faire. À un moment, les piqûres d'insuline n'ont plus suffi. Son cœur a tiré sa révérence.

Dans le fond, il est mort d'avoir vécu.

À son enterrement, il y avait plein de monde. Pas étonnant, tonton Jojo était quelqu'un de très apprécié. Il était toujours prêt à rendre service. De l'Estaque à Saint-Henri, nombreux sont les commerçants dont il a peint les vitrines. Juste pour faire plaisir.

Tout comme il nous est venu en aide au bar de la Panne, chaque fois que nous en avons eu besoin.

Artiste jovial, épicurien jusqu'à la garde, Jojo a toujours été très populaire dans le quartier. C'est simple, il aurait dû se présenter aux élections municipales : il aurait gagné.

Il était présent dans les instants de joie comme dans les plus difficiles.

Quand j'étais petite, une chose me faisait rire. Jojo avait un costume – et une cravate – « spécial enterrement ». Il n'était en effet pas rare qu'il accompagne ceux de sa « communauté » jusqu'à leur dernière demeure. À tel point qu'un jour, un curé lui dit :

— Je vous reconnais, vous.

— C'est normal, lui répondit Jojo. À tous vos enterrements, je suis au deuxième rang.

Jojo aimait les gens et ceux-ci le lui rendaient bien.

Son enterrement en est la preuve éclatante.

⁂

Pendant ces années-là, Pierrot a avancé.

L'amour de Monique, son amour pour Monique l'ont tenu debout.

Ensemble, ils se sont occupés de la pizzeria. Ils ont eu des enfants.

Moi aussi, j'ai fait des choses.

Par contre, je n'ai pas d'enfant. Je n'en aurai probablement jamais.

Globalement, quand même, tout ce que nous avons vécu dans notre famille a eu un impact sur notre vie d'adulte.

Pas forcément positif.

Nous avons grandi dans l'amour et le bonheur, avec des valeurs. La suite a été nettement plus compliquée.

À Marseille, je ne sais plus qui croire. Chacun refait l'histoire à sa sauce, réinvente les miens et ses liens avec eux.

Je suis devenue suspicieuse avec tout le monde.

À tort, parfois.

À un moment, je croise un homme qui dit être un copain de Mimi, avoir partagé sa cellule. Avant de lui accorder le moindre crédit, je lui demande :

— Alors, c'était comment de vivre avec lui ?

— L'enfer ! me répond-il. Il fallait marcher sur les mains pour ne pas salir !

Lui, je veux bien le croire. Mon tonton était un vrai maniaque.

Nous ne faisons plus partie du Milieu. Mais le Milieu fait partie de nous.

Avec Maman, Pierrot est mon point d'ancrage.

Le seul truc stable.

Mais, entre mon frère et moi, ce n'est pas évident tous les jours.

Quand Papa est mort, Pierrot était trop petit et trop en détresse pour être ma boussole. Il aurait voulu que je sois la sienne.

Je n'ai pas pu. J'avais ma propre souffrance à gérer.

Je crois qu'entre nous, tout part de là.

Avec Pierrot, comme Gaby et Papa en leur temps, on est constamment fâchon-fâchette.

Ça explose souvent. Ça s'arrange toujours.

Je finis par revenir. Chaque fois.

J'ai une promesse à tenir.

Et je l'aime, mon Pierrot.

Ma croix. Bien vu, Papa.

Il m'est insupportable autant qu'il m'est indispensable.

En 1995, je vis à Marseille. Pierrot passe les étés dans les Landes mais revient une fois la saison terminée. Comme moi, il s'est lassé des hivers landais.

Quand il est là, il vient me voir.

Il a dû repérer que l'appartement situé sur le même palier que le mien se libérait. Quelques jours plus tard, nous sommes voisins.

Il a loué l'appart.

Honnêtement, j'ai du mal à m'en réjouir.

Pierrot, Monique et leurs deux enfants s'installent à côté de moi.

Ce qu'il y a de bien, c'est que je profite de ma nièce et de mon neveu. Tous les soirs, l'un d'eux dort avec moi. Chacun son tour. Du coup, Audrey, en classe, dit à sa maîtresse : « Pour dormir, on tourne. »

Quand elle nous raconte ça, on lui explique :

— On ne vit pas exactement comme tout le monde. Les choses de la maison, ce sont les choses de la maison. On ne les raconte pas, d'accord ?

Contexte différent certes, mais j'ai déjà entendu ça…

Et puis, Pierrot et moi, parfois, c'est grandiose.

On a un peu le même humour, beaucoup le même sens de la dérision. Quand on se rencontre sur ce terrain, il est celui qui me fait le plus rire au monde.

Il y a de quoi faire, pour la dérision.

Nos vies s'enchaînent quand même plus ou moins dans un vaste brouillon.

Nous sommes persuadés qu'il faut vivre. Vite. À tout prix.

Nous ne bâtissons pas. À quoi sert de construire ? Nous serons morts bien avant d'en profiter. L'idée s'est ancrée en nous.

Pierrot a aimé. Il a eu trois enfants.

Le dernier est presque né sur notre palier commun. Une nuit, il m'a tirée du lit en me disant : « Viens, elle extrait. » Classe. Drôle.

Puis Monique et lui se sont séparés. Pierrot s'est installé chez Maman. Elle a vendu la maison de Sausset-les-Pins pour en acheter une à l'Estaque.

Pierrot est tourmenté, inconstant. Ses changements d'humeur sont pesants.

Je ne vaux sans doute pas mieux. Des problématiques compliquées, j'en ai aussi.

J'ai grandi comme une princesse... C'est quoi, ce monde dans lequel je vis aujourd'hui ?

Que ce soit Pierrot ou moi, ce n'est certainement pas évident d'être à nos côtés. On assure la journée mais le soir, souvent, on se satellise.

On oublie d'avoir mal en brûlant nos vies.

17

Drôle de miracle

En 2000, je suis à Toulouse.

Un copain de Marseille m'a demandé de lui donner un coup de main. Il ne peut pas être partout, il a besoin que quelqu'un s'occupe de son restau ici.

Je suis la femme de la situation. Les restaurants, je connais. D'autant mieux que tous les deux, nous avons été formés par la même personne : ma mère.

En attendant qu'il reprenne les rênes, je m'attelle à la tâche.

Même si j'ai à disposition une équipe de vingt-cinq personnes, ce n'est pas le travail qui manque.

Alors que je ne suis pas du tout dans cet état d'esprit, il se passe quelque chose avec l'un des serveurs.

La journée, rien. Du tout. On bosse, il ne me fait pas d'effet. Mais le soir, dès qu'on commence à s'amuser, je suis comme aimantée.

Tom me fait vivre l'adolescence que je n'ai pas connue.

Il est jeune et mignon.

C'est gai, léger. Pas prise de tête.

Notre seule contrainte : être très discrets. On se vouvoie même en dehors du restau et, bien sûr, on se rencontre en douce. Je suis son boss, ne l'oublions pas.

Un boss qui, depuis quelques jours, vomit tout le temps, même à jeun, et ne supporte plus l'odeur du poisson.

Étrange... et super pratique pour qui travaille dans la restauration.

Le service va commencer, l'un de mes copains est là. En aparté, je lui demande :

— Tu peux aller m'acheter un test de grossesse, s'il te plaît ?

— Quoi ? Je vais t'acheter un test ? T'es pas stérile, toi ?

Un peu raide mais il peut se permettre, il me connaît bien.

— Deux solutions, je lui réponds. J'ai un cancer du foie ou, dans le meilleur des cas, je suis enceinte.

Même si je suis stérile. Enfin, en principe.

J'en ai encore rigolé avec Pierrot après la naissance de sa dernière. Pauvre petite, d'ailleurs ! Son papa l'a affublée d'un joli nom : Andréa Colette Doria Regazzi. Il faut le porter ! Il n'y avait bien que Pierrot pour penser à faire passer le nom de Maman pour un prénom... Bref, ma nièce me ressemblait un peu, alors j'ai dit à mon frère :

— Vu que toi, tu sais les faire et surtout vu le rythme auquel tu les fais, tu ne veux pas me la donner et t'en faire une autre ?

Cette boutade l'a beaucoup amusé.

Le rire comme bouclier contre ce qui blesse, on maîtrise.

Elles ne le sont jamais complètement mais, pour moi, toutes les joyeusetés féminines ont été particulièrement sympas.

Les morts violentes gentiment offertes par le Milieu au moment de mon adolescence ont dû perturber Dame Nature. Pour faire venir son petit cadeau mensuel, toute une année, j'ai eu droit à des piqûres. En vain. Un jour, c'est rentré dans l'ordre comme par enchantement.

En 1989, tumeur bénigne. Un coup de laser et on en parle plus.

Mais à cette occasion, on me fait tout un tas d'examens. Verdict : j'ai vingt-huit ans, je ne peux pas avoir d'enfant. Il n'y a rien à faire pour l'instant. On verra par la suite si un traitement hormonal est possible. En attendant, il faudra refaire les examens tous les cinq ans.

Le dernier, c'était il y a quatre ans.

Quand je suis allée voir la toubib avec les résultats, elle a souri :

— Il y a une nette amélioration. Maintenant, si vous voulez un enfant, un petit traitement et vous l'avez.

Je n'ai sans doute pas eu la réaction prévue :

— J'ai trente-cinq ans, pas de père à l'horizon. Je ne veux pas un enfant pour un enfant. On arrête là.

J'allais partir.

— Attendez deux secondes !

Je stoppe sur le pas de la porte.

— Faites attention, reprend-elle. Vu l'évolution qu'il y a eu, il se peut qu'un jour vous soyez tout à fait apte à faire un enfant. Il faudrait surveiller de près, quand même.

J'ai rigolé, je suis sortie. Et j'ai oublié l'histoire.

Ce soir, elle me revient en pleine poire.

Enfin, pour l'instant, c'est mon pote qui revient avec le test.

— Tu vas le faire en rentrant ? me demande une copine.

— Pourquoi ? Pour flipper toute la nuit ? Non, demain matin, ce sera très bien.

Elle insiste :

— À ta place, je le ferai tout de suite. Au moins, tu es fixée.

Merci du conseil.

J'ai un service à assurer.

En rentrant chez moi, je fais le test.

Il devient rose. Moi, je deviens folle.

J'ai presque quarante ans et ma situation est précaire. Je suis là pour rendre service. Quand le propriétaire du restau décidera de reprendre la main, je devrai reprendre mon chemin. Je doute qu'il ait besoin de moi s'il est présent. Même si, franchement, il ne peut pas être mécontent du travail accompli.

Je n'avais pas prévu d'inclure un enfant dans mes plans. Je ne sais pas quoi faire.

Il faut que j'en parle.

Je sonne le rappel de mes troupes toulousaines.

Elles arrivent avec de la vodka. Les copains m'en servent un verre plein à ras bord. Une bonne potion pour le moral. Probablement pas la plus indiquée si je décide de garder ce bébé mais, pour l'instant, je nage en plein doute.

Avant l'arrivée des Toulousains, j'ai aussi téléphoné à Marseille. Il était tard. Mais l'heure était grave.

Ma copine a chuchoté, somnolente :

— Je ne peux pas te parler, quelqu'un dort sur le lit à côté. Je te rappelle demain matin.

Ce qu'elle fait. Elle rit à l'autre bout dc la ligne :

— J'ai fait un de ces rêves ! J'ai rêvé que tu m'appelais cette nuit et que tu me disais que tu étais enceinte !

J'ai dû la déranger entre deux sommeils quand j'ai téléphoné.

Non, ce n'était pas un rêve. Et cette réalité me panique.

J'appelle Maman.

— Il m'arrive une catastrophe. Prends une chaise, assieds-toi.

— Qu'est-ce qu'il y a ? Qu'est-ce qu'il y a ? s'inquiète ma mère.

— Voilà... Je suis enceinte.

— Ooohhhh, mais il vaut mieux les voir arriver que partir, me répond-elle.

Elle a sûrement raison. Mais ce n'est pas si simple.

Pour avoir les idées claires et parer à toute éventualité, je commence par arrêter les conneries. Boire et fumer, c'est fini.

Me voyant à cran, l'un des serveurs m'a calé un bouchon au coin des lèvres. Le mordiller m'aidera à faire passer l'envie de cigarettes, pense-t-il. Je mâchouille donc mon bouchon, espérant faire baisser la tension.

Pas super efficace, vu le contexte.

Professionnellement, ma vie ressemble à des sables mouvants. J'ai renoncé à avoir un enfant il y a un bon moment déjà. Tom et moi, nous nous amusons. Notre histoire n'est pas sérieuse. Il n'a jamais été question qu'elle le devienne. Encore moins qu'elle aboutisse à une naissance.

Pendant quinze jours, je me triture le cerveau.

Je suis dans un sale état. Physiquement autant que moralement.

Stéphanie, l'une de mes amies, finit par me prendre entre quatre yeux.

— Écoute-moi, dit-elle, calme et déterminée. Soit tu te décides à le garder, soit tu te décides à le faire partir mais tu ne peux pas garder cette bobine. On dirait que tu es en deuil. Une femme enceinte, c'est une femme épanouie et tu es totalement l'inverse.

Elle laisse le temps à sa petite tirade de parvenir jusqu'à mon cerveau épuisé, puis elle poursuit :

— Alors je vais te dire un truc. Tu y réfléchis et demain tu prends ta décision. Dans la vie, il vaut mieux regretter quelque chose qu'on a fait que quelque chose qu'on n'a pas fait. Vu l'âge que tu as, vu les problèmes que tu as eus, si tu le fais partir, tu n'en auras plus jamais. C'est ta dernière cartouche. Réfléchis bien à ça.

Et elle me plante là avec mon cas de conscience.

Je suis son conseil. Je réfléchis, je réfléchis, je réfléchis.

Je vais passer quelques jours à Marseille pour en parler jusqu'à plus soif avec ceux en qui j'ai confiance.

Ça chauffe sous mon crâne.

Est-ce ce que m'a dit Stéphanie ? Est-ce qu'un formidable élan de vie s'est niché en moi en même temps que l'embryon ? Quoi qu'il en soit, la décision finit par s'imposer.

Je vais saisir cette chance inespérée.

Je vais avoir un bébé.

Mon bébé.

⁂

Maintenant que je sais ce que je veux, il ne me reste plus qu'à en informer le père.

J'ai préféré m'abstenir jusqu'ici. Je voulais que ce choix soit le mien.

Tom arrive au restaurant, gai et insouciant comme toujours. Il y a du monde, ce n'est pas le moment. Je lui dis juste :

— J'aimerais qu'on se parle après le service.

— OK, me répond-il.

Notre devoir accompli, on se retrouve pour boire un verre.

Je me lance.

— Je suis enceinte. Je ne vous demande rien pour la suite. Je voudrais juste vous poser une question : si un jour ce bébé veut savoir qui est son père, je le lui dis ou j'invente une histoire ? Ce serait bien qu'on se mette d'accord de suite.

J'ai dit tout ça sans respirer.

Sa réaction me laisse pantoise.

— C'est la plus belle chose qui me soit arrivée dans la vie ! me déclare Tom.

Il se roule par terre de bonheur.

— Je ne veux pas qu'on dise à ce bébé qu'il est de quelqu'un d'autre. Le père, c'est moi !

Au début, il est tout à l'euphorie de la nouvelle. Ensuite, normal, ça retombe. Tom apparaît puis disparaît.

Quand il est là, on rigole bien ensemble.

De notre passage difficile au tutoiement, par exemple. Pour garder une certaine distance face aux autres membres de l'équipe, on s'est vouvoyé tellement longtemps qu'on a du mal à changer d'habitude.

— Quand elle va naître, cette petite, elle va dire « père », « mère », plaisante-t-il.

Nous savons à présent que c'est une fille.

Et la ville entière sait que je suis enceinte.

Joli comique de situation. Notre relation a doucement évolué. Nous ne sommes plus que des amis un peu particuliers, mais notre « aventure secrète » est devenue une évidence pour tout le monde.

Plus les mois passent, plus notre lien se distend. S'il n'y avait pas ce bébé à venir, sans doute aurions-nous cessé de nous voir.

L'idée de rentrer à Marseille me trotte dans la tête. Seulement, ici, j'ai un travail.

Pas de panique, ça va s'arranger tout seul. Ou plutôt, se détraquer.

Le propriétaire de l'établissement fait son grand retour.

Sur le papier, je suis son amie et je lui ai rendu un fier service. En réalité, ma présence le gêne.

J'ai voulu lui ouvrir les yeux sur le comportement de ses proches en son absence et lui faire part de mes idées quant à l'avenir du restau.

J'aurais dû la fermer. Sur ces deux points, nos idées divergent.

Au final, je perds mon job et quelques supposés amis.

C'était encore le plus simple : me torpiller pour reprendre possession de son espace.

Petite consolation, je reçois une belle indemnité en reconnaissance du travail accompli.

Depuis le début de ma grossesse, je suis à fleur de peau, émue pour un rien. Là, je pleure comme une madeleine. Mes hormones sont les plus fortes. Même le blocage de mes glandes lacrymales n'y résiste pas.

Cette fois, c'est sûr, plus rien ne me retient. Je n'ai plus de travail et ça ne changerait pas grand-chose à l'histoire avec Tom. Je peux mettre les voiles. Rentrer à Marseille.

Enfin, pour commencer, je me contente de donner mon préavis aux propriétaires de mon logement, des gens charmants qui m'insufflent un peu de foi en l'être humain. Ils me disent de ne pas m'inquiéter des formalités de départ.

Grâce à eux, la seule chose dont j'ai à me préoccuper avant de partir, c'est de mettre au monde mon bébé.

Et c'est à l'évidence plus compliqué que prévu.

Toutes ces contrariétés sont bien sûr arrivées jusqu'à mon ventre. Perturbée dans sa quiétude utérine, la petite a fait un looping. Je suis presque à huit mois de grossesse, elle se présente par le siège. Pour pouvoir envisager un accouchement naturel, l'obstétricien tente de la faire se retourner.

Quand on me remonte du bloc, j'ai plein de bleus et la manœuvre n'a pas fonctionné.

Le médecin vient me voir dans ma chambre.

— Bon, généralement, je ne donne pas le choix. Mais vous, je vous le donne pour deux raisons. Parce que vous avez quarante ans et donc une grossesse à risque, et parce que vous êtes une grosse emmerdeuse.

J'avoue que depuis qu'il me suit, ce bon docteur a été le réceptacle de toutes mes angoisses.

— Pourquoi on n'attend pas ? je lui demande.

— Elle est mûre, m'explique l'homme de l'art.

La césarienne est donc programmée pour la semaine d'après.

Je fais contre mauvaise fortune bon cœur et j'en profite pour annuler tous mes cours de préparation à l'accouchement. J'en ai plus qu'assez de faire le petit chien.

J'ai dû sembler trop guillerette à la sage-femme. Elle se charge de me faire redescendre, en me décrivant par le menu l'intervention qui m'attend.

— Vous êtes complètement inconsciente. Vous croyez que c'est une formalité mais c'est une vraie opération. On vous ouvre le ventre, on coupe les muscles, on décolle la vessie, j'en passe et des meilleures ! Après, difficile de bouger pendant un mois...

Cette fille m'a cisaillée. Je croyais naïvement que la petite était prête à sortir par un circuit déjà ouvert. Je n'avais pas capté qu'il faudrait contourner tout ça pour qu'elle arrive jusqu'à nous. Maintenant, j'ai peur. Je suis douillette, moi !

Le jour J arrive.

Je suis à l'hôpital. Pour changer, ce n'est pas un jour férié. C'est un jour de grève.

Le 6 avril 2001, Camille Regazzi plonge pour la première fois son regard dans le mien.

C'est vertigineux.

Je prends une claque magistrale.

Le genre de claque qui donne du sens à la vie.

Mes hormones sont en chute libre, je ne peux donc plus pleurer. Mais à la seconde où on la pose sur mon ventre, j'ai du mal à déglutir et les larmes aux yeux. Autant dire que je suis au top de l'émotion !

Évidemment, c'est ça, l'amour inconditionnel dont tout le monde parle.

Une lame de fond.

Qui n'emporte que moi.

Tom ne vient pas. Il a rencontré quelqu'un. Ses priorités ont changé.

Ma grossesse nous est tombée dessus par surprise. Il n'avait rien demandé. Il ne faut pas que ça entame ma félicité.

J'aimerai ma fille pour deux. Elle me donne tellement de force que je ne doute pas une seconde d'en être capable.

En venant au monde, Camille m'a lavée de tout ce qui était « avant elle ».

Cette fois, la page se tourne réellement. Un vrai nouveau départ se profile. Je dis à qui veut l'entendre que je suis « re-née ». Jeu de mots un peu facile. Le prénom de mon papa.

J'aurais aimé qu'il soit là.

D'ailleurs, quelque chose me dit qu'il ne rate pas une miette de cet immense bonheur.

Il y a un moment, j'ai fait un rêve. Tellement prégnant que j'aurais juré que c'était la réalité. Papa venait me voir et me disait : « Maintenant, je vais m'occuper de toi. » Quelques semaines plus tard, mon ventre s'arrondissait. Pour de vrai.

Ce n'était qu'un rêve. Peut-être…

La naissance de Camille ouvre une nouvelle ère.

Elle tient mes ténèbres à distance.

J'ai de nouveau un but, une raison d'exister.

18

Gourou : un métier qui a de l'avenir

La nouvelle moi se donne à fond.

Pour Camille, je veux le meilleur. Les médecins n'ont donc pas eu de trop de mal à me convaincre de l'allaiter. Les anticorps contenus dans le lait maternel sont, paraît-il, très importants pour renforcer les défenses des nouveau-nés. Je suis prête à me dévouer.

Je n'avais juste pas prévu de me transformer en sucette géante. Cette petite passe son temps à téter. Elle a faim, elle tète ; elle ne se sent pas bien, elle tète ; elle a mal aux dents, elle tète. Ça ne s'arrête jamais. J'ai mis au monde un petit vampire qui aspire ma sève vingt-quatre heures sur vingt-quatre.

Ça m'épuise.

D'autant que je nous ai concocté un programme d'enfer.

Camille n'a pas encore six mois quand nous retournons vivre à Marseille. J'ai trouvé un appartement à Sainte-Marguerite. J'installe notre petit nid avec ferveur, je déballe tous les cartons, refais les peintures. Il n'y a plus qu'à en profiter.

Seulement, mon bébé n'a pas gommé toutes mes contradictions. Nous ne passons même pas une nuit dans cet endroit. Je m'y sens trop mal.

Je ne sais pas pourquoi. C'est comme ça.

Et voilà, il faut refaire les cartons, reprendre un camion, recommencer. Je m'en rajoute, c'est sûr. Pourquoi faire simple quand on peut faire compliqué ?

L'histoire m'aura coûté une tonne. D'argent et de tracas. Tant pis. Il faut ce qu'il faut pour être bien.

Nous emménageons dans un autre appartement, à l'Estaque. Pas loin de la maison de Maman. Je compte retravailler bientôt et l'avoir à côté peut se révéler précieux.

Dès l'annonce de ma grossesse, elle m'a donné du punch, m'assurant qu'on arriverait toujours à se débrouiller. Elle a tenu parole et m'aide autant que possible.

C'est le début de l'automne. Avec Maman, Camille et moi partageons une soirée paisible. Je suis en train de changer mon bébé quand on sonne à la porte. Je crie pour me faire entendre de Maman, qui est dans une autre pièce :

— Vas-y ! La petite est sur la table, je ne peux pas.

Quand je retourne au salon avec mon nourrisson tout propre, j'y découvre un revenant.

Pierrot est là.

Je ne l'ai pas vu depuis des mois.

Pour une obscure raison, nous étions encore fâchon-fâchette. Il n'a pas suivi ma grossesse. Je sais d'ailleurs que quand ses enfants lui ont dit « Tatie va avoir un bébé », il était mort de rire. Ça ne pouvait être qu'une blague.

Là, en direct live, il se rend bien compte que non.

Il prend Camille dans ses bras. Entre sa nièce et lui, la magie opère. Instantanément.

Niveau nouveauté, Pierrot n'est pas en reste. Il n'est pas venu seul. À ses côtés se tient une femme brune aux grands yeux verts. On dirait l'Esmeralda de Disney.

Monique et Pierrot se sont séparés il y a quatre ans. C'est dans l'ordre des choses qu'il ait une nouvelle compagne. Pourtant, j'ai du mal. Même si elle a l'air amoureuse du Pierrot – et il faut l'être pour vivre avec lui ! –, le courant ne passe pas vraiment entre nous deux. Ça viendra peut-être plus tard ?

Difficile de remplacer Monique. En mon for intérieur, je pense qu'elle restera ma seule et unique belle-sœur. Sans compter qu'elle est la maman de mes neveu et nièces.

La nouvelle, Carine, est professeur de chant. Pour l'une des associations présidées par Pierrot. Mon frère en gère plusieurs : l'Association sportive et culturelle de l'Estaque, le Judo Karaté Club et le centre de fitness Vitaforme. Ces structures dispensent plein de cours, de danse, de boxe, de foot et de chant, entre autres.

Au final, revoilà donc notre trio à quelques centaines de mètres de Mourepiane, à l'Estaque.

Les aventures peuvent reprendre.

Il m'aura tout fait, le Pierrot. Quelque temps après nos retrouvailles, je reçois un appel.

— Est-ce que Pierre Regazzi est votre frère ? me demande mon interlocuteur.

— Oui.

— Nous voudrions qu'il assure la sécurité de M. Chirac lors de son déplacement dans les Bouches-du-Rhône.

Très drôle ! Dans le doute, je réponds quand même :

— Je ne sais pas si je vais le voir ou pas mais laissez-moi vos coordonnées.

Il me prend vraiment pour une bille, mon frère. Il croit que je vais marcher dans ce canular ?

Le lendemain, il se pointe à la maison. Je rigole en lui racontant le coup de téléphone. Lui, sérieux, me dit :

— J'ai préféré donner ton numéro pour qu'il n'y ait pas d'embrouille.

En fait, c'était vrai.

C'est bon de le retrouver. Il a l'air en forme.

Lui et moi resserrons nos liens.

Il est fou de sa nièce.

Depuis la naissance de Camille, je pense sérieusement à la faire baptiser. Je suis croyante et la doter de deux personnes supplémentaires pour veiller sur elle ne me semble pas être une mauvaise idée.

Je coince juste un peu sur les deux personnes en question.

Au tout début, j'avais pensé à Audrey et Jean-René, les aînés de Pierrot. Réflexion faite, je crois qu'ils sont encore trop petits pour endosser ce rôle.

Je me dis que Pierrot lui-même ferait sans doute un bon parrain. Il ne l'a jamais été. Les parents de son entourage ne sont pas fous !

Il ne le mérite pas vraiment dans le sens où, moi, j'aurais dû être la marraine de chacun de ses enfants. Sauf que chaque fois on s'est disputés et chaque fois il a embauché quelqu'un d'autre pour le job.

Mais j'ai décidé de faire table rase du passé et je pense que ça lui ferait plaisir.

Je ne me suis pas trompée. Il se montre très enthousiaste.

Reste maintenant à trouver son pendant féminin. Ce n'est pas chose aisée car je ne peux pas associer Pierrot à n'importe qui. Il a ses têtes et si je ne veux pas que le baptême se transforme en pugilat, si je veux un « couple » harmonieux autour de Camille, mieux vaut que je choisisse quelqu'un qui lui plaira.

Ce sera Cathy. Il ne la connaît pas mais je crois qu'ils pourront s'entendre.

Cathy et moi sommes amies depuis un moment. C'est d'ailleurs le propriétaire du restau de Toulouse qui nous a présentées. On ne pouvait que s'entendre toutes les deux. Elle a toujours des histoires de l'autre monde à raconter, des trucs qui n'arrivent à personne d'autre qu'à elle. Ce qui est plutôt mon créneau, d'habitude...

Cathy accepte volontiers d'être la marraine de Camille.

Ça y est, mon choix est fait. Les ennuis peuvent commencer.

Patricia, une autre de mes amies, est déçue que j'aie décidé d'accorder ce privilège à Cathy.

— J'ai toujours pensé que, si un jour tu avais un enfant, ce serait moi la marraine, me dit-elle.

Ouch ! C'est vrai qu'elle et moi, nous sommes proches aussi. Je la connais depuis plus de dix ans. Elle était alors directrice des ventes d'une boîte qui proposait des encyclopédies au porte à porte. J'y ai travaillé. Pas longtemps mais suffisamment pour me lier d'amitié avec Patricia. On en a fait, des choses ensemble !

Du coup, je me retrouve avec un problème de taille ou plutôt de nombre. J'ai trop de marraines potentielles sur les bras.

La solution miracle m'est proposée par une copine : le baptême civil.

Je trouve ça absolument génial. Pas seulement parce que ça règle mon problème immédiat. J'ai constaté que les parents sont souvent brouillés avec le parrain ou la marraine. Même temporairement, comme c'était régulièrement le cas entre Papa et tonton Gaby, mon parrain.

S'il y en a quatre, la relève est toujours assurée.

Et puis, j'ai souvent eu la sensation que sur mon berceau à moi, il y avait la fée Carabosse. J'aimerais que ce soit Clochette qui se penche sur celui de ma fille. En lui donnant deux marraines, je multiplie les chances.

En 2003, nous célébrons le baptême religieux de Camille. Elle a Cathy pour marraine et Pierrot pour parrain.

En 2005, c'est au tour du baptême civil. Cette fois, la marraine est Patricia, et Patrick, un copain, est son parrain. Grâce à lui, la fête républicaine est noyée sous des flots de champagne Laurent Perrier.

Eh oui, autre avantage, nous avons droit à deux fêtes.

La première à Marseille, la seconde dans le Var. Entre les deux, j'ai déménagé.

Pas de gaieté de cœur.

J'étais bien à l'Estaque, pas loin de chez Maman. Avant d'aller travailler, je lui déposais Camille. J'avais décroché un job sympa. Je m'occupais d'un magasin de déstockage de marques italiennes. Mon quotidien ronronnait tranquillement. Un peu trop peut-être. Du moins de l'avis de ma voisine du dessus.

Elle, que j'aie un job et un bébé, elle n'en avait absolument rien à faire.

Dans cet immeuble, tout résonnait. Je devais me lever à 6 heures chaque matin mais je ne dormais pas de la nuit, madame et sa moitié n'en ayant jamais assez de faire la fête.

Je devenais dingue à force de manquer de sommeil.

J'ai appelé la police. Plusieurs fois. Les hommes en uniforme ne pouvaient rien faire.

Avant ça, j'avais tenté la manière douce, le dialogue. Un dialogue de sourds. Ma sympathique voisine était l'arrière-petite-fille de la propriétaire de l'immeuble. À défaut de lui transmettre le respect d'autrui, son aïeule lui avait donné le logement.

Je me suis donc résolue à déménager avant que ça ne dégénère.

Ça n'a pas été si simple. J'ai cherché partout, de la Valentine à la Pointe rouge, un endroit qui me plairait. En vain. Jusqu'à ce qu'un copain de Cathy me parle d'une maison qui correspondait à tous mes critères.

Dans le Var.

On m'aurait proposé un logement digne de ce nom à Tombouctou, je crois que j'y serais allée.

Cerise sur le gâteau, Maman n'a pas hésité une seconde. Elle nous a suivies, Camille et moi, et vit désormais avec nous.

En tout cas, pour ce qui est du parrain, j'ai eu du nez. Pierrot était là pour le baptême religieux mais notre relation était encore repartie en sucette au moment du baptême civil.

⁂

En 2006, Camille a cinq ans. Elle va à la maternelle. Au contact des autres enfants, sans doute se pose-t-elle de nouvelles questions.

Un jour, logiquement, elle me demande si elle pourrait rencontrer son papa.

Je remue ciel et terre pour savoir où il se trouve et finis par le localiser en Andorre.

Quand je lui ai annoncé ma grossesse, j'ai demandé à Tom s'il faudrait que j'invente une histoire le jour où ma fille voudrait savoir qui était son père. Il m'a répondu que non. Ça date mais peut-être n'a-t-il pas changé d'avis ?

Nous n'allons pas tarder à le savoir.

Non seulement Tom est fidèle à sa parole mais en plus il a retrouvé l'enthousiasme initial. Il est fou de joie quand il découvre sa fille.

Toute fierté de mère mise à part, il faut dire qu'elle est plutôt réussie !

Après l'avoir vue, il ne peut apparemment pas envisager de continuer comme avant, sans elle. Il prend la décision de venir s'installer près de nous.

Tom s'investit alors dans le quotidien de Camille, au-delà de tout ce dont elle a pu rêver. Il a beau avoir un appartement à côté, il dort souvent à la maison. Pour assister au coucher et au lever de la princesse.

La vie réserve parfois de jolies surprises.

Je suis heureuse pour Camille.

Il doit être écrit quelque part que 2006 sera l'année du retour des hommes importants pour nous.

Pour moi, évidemment, c'est Pierrot.

Ou plutôt Pinochet.

Papa n'est plus là depuis longtemps mais j'aime toujours autant donner des surnoms. L'impatience et les caprices du Pierrot devenu adulte prennent parfois des allures de dictature. Celui-ci lui va comme un gant.

À un moment, j'en ai eu marre de me soumettre et ça a explosé. Encore.

Je n'ai pas vu mon frère depuis près de dix-huit mois. Chaque fois que j'en parle avec Cathy, la marraine de ma fille, elle répond en citant la chanson de François Valéry : « Aimons-nous vivants, n'attendons pas que la mort nous trouve du talent ».

Sensible à l'argument, j'enclenche le processus de réconciliation.

Pierrot et moi avons une franche explication.

Et, comme d'habitude avec lui, nous passons du rien au tout. Maman a quelques soucis de santé et doit être hospitalisée. Pinochet pour sa part ne supporte plus son appartement. Il établit donc son camp de base à la maison.

L'occasion pour moi de découvrir qu'il a beaucoup changé.

C'est même assez sidérant.

Il est devenu très pratiquant. Les repas sont invariablement précédés d'une prière. Il en fait aussi à d'autres moments de la journée et lit la Bible. Le dimanche, il va à la messe. Surtout, avant chaque décision, il appelle un homme qui apparemment le conseille dans tous les domaines.

Je ne tiens pas longtemps avant de lui demander ce qui l'a conduit à une telle transformation.

Pierrot s'occupe de plusieurs structures de sport et loisirs. Un jour, une adhérente, qui appartient à une sorte d'Église, lui explique qu'elle a réservé un voyage au mont Sinaï mais qu'elle ne peut pas s'y rendre. Elle propose à mon frère de prendre sa place. Il accepte et rencontre ainsi le pasteur de cette Église.

Pierrot ne connaissant pas la demi-mesure, il adhère à fond à cette « œuvre missionnaire » et s'entiche du pasteur. Le fameux conseiller qu'il appelle à tout bout de champ.

Je suis soufflée. Pierrot, qui ne s'est jamais laissé influencer par personne, a l'air totalement endoctriné.

Curieuse de voir comment ça se passe dans la paroisse de mon frère et de faire la connaissance de ce saint homme dont il ne peut plus se passer, je suggère que je pourrais l'accompagner le dimanche suivant.

Pierrot est ravi.

Nous voilà donc partis, mon frère, ma fille et moi, pour assister à la messe.

Camille est totalement conquise. Il faut dire qu'on est loin d'une messe traditionnelle. De jeunes ados chantent du gospel, la tirade du pasteur s'apparente plus à un discours de coach en développement personnel qu'à un sermon, les fidèles entrent en transe, micro à la main, pour remercier Jésus.

Nous assistons à un véritable show à l'américaine.

En bonus, le pain azyme remplace l'hostie et Camille y a droit alors même qu'elle n'a pas encore fait sa première communion. Totalement sous le charme, elle me demande de revenir.

Je suis beaucoup plus dubitative.

Pour commencer, à en croire les indications de Pierrot, ici tous les fidèles ou presque sont des personnes de pouvoir. Ou, au minimum, des hommes ou des femmes riches.

Surtout, à notre arrivée, le visage du pasteur m'a semblé familier. Tout au long du spectacle, j'ai fouillé ma mémoire. Je sais maintenant où j'ai déjà vu cet homme qui prêche avec élégance dans son costume Gogo Boss.

Dans les années quatre-vingt, je l'ai croisé à plusieurs reprises dans des boîtes de nuit à la mode. Il n'avait alors absolument rien d'un homme de foi.

Cette reconversion spectaculaire me laisse sceptique.

Pour tout dire, le maître de cette drôle de cérémonie m'évoque plus un gourou qu'un pasteur.

Je persiste tout de même et accompagne encore Pierrot deux ou trois fois.

J'aimerais comprendre. Peu à peu pourtant, le malaise gagne du terrain.

Je me rends compte que mon frère a présenté son gourou à tous ceux qu'il connaît et qu'il s'est investi sans compter pour l'aider à trouver des financements pour son « Église ».

Toute la vie de Pierrot tourne autour de cet homme. Progressivement, il fait le vide autour de lui.

Mon frère et moi, on a des lampes frontales pour trouver des gens de l'autre monde. Je le lui ai souvent dit, nous en avons ri.

Là, il nous en a dégotté un qui m'inquiète vraiment.

Je passe pourtant mes doutes sous silence. Je tiens à éviter une nouvelle séparation. Je sens que Pierrot a besoin de moi. Il est, certes, devenu très pieux mais n'a pas pour autant stoppé les dérives.

Lors d'une soirée un peu trop arrosée, nous parlons de la mort de Papa.

Comme toujours, Pierrot me dit :

— Tu ne peux pas comprendre.

Il a assisté à l'exécution, pas moi. C'est un fait.

Puis il enchaîne :

— Avec le pasteur, on est en train de faire quelque chose.

Un frisson me parcourt l'échine. Je veux qu'il me parle, alors je lui demande gentiment :

— Vous faites quoi ?

— Le pasteur m'a éclairé, dit-il.

— Sur quoi ?

— Je sais où sont les nôtres. Il me l'a dit, ils sont en enfer. On est en train de travailler pour qu'ils passent de l'enfer au paradis.

Là, je perds un peu de mon flegme.

— Comment un homme peut-il te faire croire qu'il sait ce qui se passe après la mort ? Il se prend pour Dieu !

La réponse est en fait très simple. Ce gugusse a trouvé le talon d'Achille de mon frère. Il s'est attiré ses faveurs en prétendant communiquer avec Papa et être capable de l'accompagner dans les plus hautes sphères du paradis.

Je n'ai plus aucun doute. Il ne s'agit nullement d'un vrai pasteur mais d'un charlatan doublé d'un commercial fanatique. Malheureusement, j'arrive trop tard. Il a déjà tissé sa toile.

Alors que j'insiste pour savoir ce qu'ils font au juste, Pierrot se braque et refuse de m'en parler.

Jusqu'ici, j'ai toujours tu mes doutes. Pour ne pas interrompre le dialogue. Cette fois, je n'y arrive pas. La colère me submerge. Puisque nous ne pouvons pas en parler, je préfère aller me coucher. Mais je suis trop touchée pour continuer à faire semblant. Je ne mettrai plus un pied dans cette pseudo-église.

Ce n'est malheureusement pas le cas de mon frère, qui y est fourré à longueur de temps.

Pierrot est totalement sous l'emprise de cet imposteur et jongle de plus belle avec les excès, mélangeant alcool et médicaments.

Je m'aventure à lui suggérer de calmer le jeu pour éviter la rupture d'anévrisme.

Il éclate de rire.

— J'ai quarante et un ans et j'ai toujours pensé que je ne passerai pas la barre des quarante.

— Arrête de dire des conneries !

— Tout ce que je vis, c'est du rab, précise-t-il.

— C'est ça… Mais puisqu'on y est, s'il t'arrive quelque chose, je fais quoi de toi ?

— Tu me fais brûler, tu me jettes à l'Estaque ou tu fais ce que tu veux...

— Si je fais ce que je veux, j'en mets une partie à l'Estaque et l'autre dans mon armoire. Comme ça, je pourrai t'insulter tous les soirs sans que tu me répondes !

Ça le fait marrer mais il veut avoir le dernier mot :

— Tu devrais faire attention... Je ne pensais pas que tu arriverais à quarante ans, toi non plus. Maintenant, t'es en sursis.

Je me récrie de plus belle. Rien n'y fait. Pierrot en est convaincu.

Je croyais l'avoir retrouvé différent. En fait, il est juste encore plus dingue.

Il récite des versets à tout bout de champ, appelle son gourou cinquante fois par jour.

Un soir, nous regardons la télé. Canal+ diffuse une parodie de Jésus sur la croix. Pierrot devient complètement fou. Il hurle sur tout le monde et ne semble trouver un peu d'apaisement qu'en entendant la voix de son maître, avec lequel il passe la nuit au téléphone.

Nous nous accrochons de plus en plus souvent. Lui aussi s'est mué en commercial forcené et tente dès qu'il le peut de convaincre mes amis de rejoindre son Église.

Le clash arrive. Inéluctable.

Pierrot claque la porte.

Le lendemain, il m'envoie un sbire de la paroisse pour récupérer ses affaires.

Notre vie commune aura duré six semaines.

La trêve est finie. Une nouvelle période fâchette s'ouvre.

Un délice pour le gourou, à qui je laisse le champ libre. Il peut achever son œuvre. Il loge Pierrot dans l'appartement de son frère. Moyennant loyer, bien sûr. Mon frère est de plus en plus isolé. Même sa relation avec son Esmeralda n'y a pas résisté. Les seuls qui peuvent encore l'approcher sont ses enfants.

Pour combien de temps ?

19

21 juillet 2007

Le 22 juillet 2007 est un dimanche. Ce jour-là, je travaille.

Pas très loin de chez moi, dans une immense propriété. Plusieurs villas, piscine, terrain de tennis... l'endroit idéal pour recevoir amis et connaissances. Ce que font chaque année les maîtres des lieux. D'où ma présence ici.

Mon portable sonne. C'est un numéro masqué et je suis très occupée. Je ne réponds pas.

Un peu plus tard, j'écoute le message laissé sur mon répondeur. Son auteur a un accent marseillais à couper au couteau. Je crois à une blague. Mais...

— Bonjour. Ici le commissariat, veuillez rappeler de toute urgence au 04.94...

Le début du numéro de téléphone correspond.

Je rappelle.

— Madame, il faut que vous veniez le plus vite possible, pour une affaire vous concernant.

Il s'agit forcément d'une broutille, je n'ai pas envie d'y aller et de perdre mon temps :

— Je suis en vacances, monsieur. Pas dans la région. Je ne peux pas me déplacer dans la minute. Si vous avez quelque chose à me dire, dites-le-moi maintenant. Je viendrai plus tard si c'est important.

— Très bien, répond mon interlocuteur. Votre frère est mort cette nuit sur la Gineste.

Les policiers sont venus à la maison ce matin. Mon voisin les a informés que je venais de partir. Il leur a aussi précisé que Maman a eu des ennuis cardiaques. Alors ils ont préféré rentrer au commissariat et m'appeler pour me convoquer.

Avant de me rendre à l'Évêché, je souhaite voir Pierrot. On m'indique qu'il se trouve au dépositoire de la Timone.

Il faut prévenir Maman. Pierrot doit venir chercher Andréa, sa petite dernière, à la maison. Il nous l'a laissée pour quelques jours.

Mon médecin de famille n'est pas joignable, j'appelle les pompiers.

— Je dois annoncer la mort de mon frère à ma mère qui est cardiaque…

— Attendez-nous, on arrive.

Ça, c'est du soutien !

J'ai besoin de tous les renforts disponibles. Je téléphone à Cathy, la marraine de ma fille, à Yaya, un ami sur lequel nous avons toujours pu compter, et à quelques autres aussi.

Quand j'arrive, Maman attend Pierrot sous le mûrier. Elle me dit :

— Tu as vu, il est encore en retard.

Je me liquéfie. Comment lui dire que, ce retard-là, il ne le rattrapera jamais ?

Elle voit alors arriver les amis, les pompiers. Tout ce monde...

Le premier regard qu'elle accroche est celui de Cathy.

— Où est mon fils ? interroge-t-elle.

Au moment où cette question franchit ses lèvres, Maman comprend.

Mes amis gèrent sa détresse.

Moi, je vais à Marseille. Après avoir annoncé la mort de leur papa à mes deux nièces. La première chez nous, la seconde par téléphone. Monique a bien tenté de prévenir son aînée mais elle pleurait tellement qu'Audrey n'a rien compris. Elle m'a donc appelée. Une fois de plus, je suis le messager funeste.

C'est trop tard mais je fonce jusqu'au dépositoire de la Timone.

Pierrot est dans un sac.

Il n'a presque plus de vêtements.

Il faut l'habiller. C'est la première chose qui me vient à l'esprit.

Maman et ses enfants ne doivent pas le voir comme ça.

— Je vais à l'Évêché chercher les clés de son appartement. Je repasse pour apporter les vêtements et voir comment on fait pour le transporter.

— Ah non, fait le préposé. La dépouille de votre frère ne peut pas bouger d'ici.

— Comment ça ? je m'étonne.

— Aujourd'hui, dimanche, on ne peut rien faire. Demain, ça fera quarante-huit heures que le corps est là. Il ne pourra plus être déplacé.

Pardon ?

Quarante-huit heures ?

Maman, les enfants, moi, nous avons tous vécu ce week-end sans savoir que Pierrot était mort.

L'explication m'est donnée le lendemain matin, lorsque je rejoins la rue Jean-Martin, siège du commissariat.

En fait, Pierrot est mort dans la nuit de vendredi à samedi. Il a perdu le contrôle de sa moto et percuté un mur sur le bas-côté de la Gineste.

Pierrot l'intrépide. Il l'était tant et ça marchait si bien. J'étais persuadée qu'il survivrait à la fin du monde.

Il n'a pas survécu au massif des calanques.

Pierrot est mort aux premières heures du 21 juillet.

Nous sommes le 23. Pendant tout ce temps, les policiers m'ont cherchée.

Fins limiers. Je déteste qu'on me prenne pour une imbécile.

— Demain, je fais une connerie, dans les cinq minutes, vous me trouvez à l'autre bout du monde. Là, vous êtes en train de me dire que des Bouches-du-Rhône au Var, le type est sans famille, dans les frigos, tout seul, pendant deux jours !

Je récupère les clés et je m'en vais.

Allez, allez, on se raisonne. Ce n'est qu'une épreuve de plus, pour garder la forme.

Cathy m'accompagne chez mon frère.

Je découvre son appartement, sans lui. L'influence du gourou n'a pas faibli. Il y a des crucifix partout. Sous l'évier, le tapis de cuisine représente la Cène.

Je cherche des vêtements dans ses tiroirs. J'ai l'impression de violer son intimité. On est fâchés depuis un an.

J'aurais fini par revenir.

Nous allons partir quand mon amie me fait remarquer qu'il y a quatre montres sur la table. Il faut les prendre. On verra bien ce qu'on en fera plus tard. Je remarque aussi un rectangle de cuir sur l'étagère. Très beau. Je le saisis et le repose, dégoûtée. Le gourou, encore. C'est sa bible.

Retour au dépositoire.

Maman aurait voulu faire venir la dépouille de Pierrot à la maison. Pour se recueillir. Grâce à la vitesse de réaction de la police, ce n'est plus possible. C'est donc ici que ceux qui veulent le voir une dernière fois se pressent.

En première ligne, Maman et les enfants de Pierrot.

Anne, l'aînée de Papa, est venue aussi. Avec Audrey, l'aînée de mon frère, nous nous retrouvons toutes les trois. Un moment hors du temps.

Anne raconte à ma nièce :

— Je me souviens quand ton papy m'a présenté ton papa. C'était un petit garçon, il avait les cheveux longs, blonds et tout bouclés. On aurait dit un ange. Ton papy René l'a poussé vers moi et il a dit : « Voilà, je te donne un frère. »

Audrey lève sur Anne un regard triste.

— Aujourd'hui, tu le lui rends, conclut-elle.

Après elles, le défilé continue.

Le pasteur en fait partie.

Il me tombe dans les bras. Je me laisse faire tel un pantin désarticulé.

À cause de cet homme, je n'ai pas vu Pierrot depuis un an.

Le gourou me dit à quel point il est désolé.

De quoi ? De n'avoir pas passé un coup de fil alors qu'il savait par le téléphone arabe familial que j'ai eu des ennuis de santé ? D'avoir fait le vide autour de Pierrot ? De l'avoir éloigné des siens, de moi ?

De belles attitudes, tellement caractéristiques d'un homme d'Église. Il les explique par le fait qu'il ne voulait pas contrarier mon frère. Logique, pour une bonne manipulation, mieux vaut abonder dans le sens de la proie

Je ne veux pas lui parler. Je ne veux pas non plus faire d'esclandre. Je me contente de l'écouter, distante.

Il souhaite organiser la cérémonie pour Pierrot dans son église.

Je me raidis.

— Compte tenu de la configuration des lieux, il n'est pas possible qu'elle se déroule dans ton église. L'escalier est trop étroit, difficile d'accès. Et surtout, je n'imposerai pas deux cérémonies aux miens.

Ceci dit, aussi abracadabrantes qu'elles aient été, je me dois de respecter les croyances de mon frère. Je vais donc m'arranger pour que le curé de l'Estaque laisse intervenir celui qui les incarne.

Avec lui, pourtant, je ne suis pas au bout de mes déconvenues.

Ce n'est pas le moment d'y penser.

Demain est un autre jour.

Celui de l'enterrement de Pierrot.

⁂

Hier soir, quand nous sommes rentrées du dépositoire, Maman m'a dit :

— On a fait les grandes, on va continuer.

C'est vrai. Je suis fière d'elle. Malgré son chagrin, immense, elle a réussi à être digne.

Il n'y aura ni drame ni scandale, nous y veillerons.

Même si je me fiche du qu'en-dira-t-on. J'en ai pris conscience quand Line est venue me demander si, lorsque tout le monde serait parti, sa mère pourrait venir au dépositoire.

Papa a aimé deux femmes. Il est mort il y a vingt-neuf ans. Nous connaissons Mado depuis notre plus tendre enfance, elle a toujours été gentille avec nous. C'est quelqu'un de bien.

Bien sûr qu'elle peut venir voir Pierrot. Et j'ai décidé qu'aujourd'hui aussi, elle serait là. Ça ne rime à rien de continuer cette mascarade.

Nous avons toutes été la famille de Pierrot. Nous serons toutes à ses côtés pour ce moment-là.

Nous ne serons pas les seules. Le parvis de l'église est noir de monde.

Je vais devoir aider les plus âgés de l'assistance à s'installer. Aussi je demande à l'une de mes amies de filtrer l'entrée.

Idiot mais indispensable. Je viens de m'en apercevoir. Il y a cinq minutes, une élue s'était installée au premier rang. Je suis allée la voir et lui ai gentiment demandé de se décaler d'un rang ou deux. Elle m'a sèchement répondu :

— Si vous voulez, je m'en vais.

— Faites comme bon vous semble. Vous n'êtes pas là pour moi mais pour lui, ai-je fait en désignant le cercueil.

J'ai conservé mon calme. Après tout, peut-être était-elle une proche de mon frère. Elle a fini par obtempérer.

L'amie à laquelle j'ai demandé de repérer les « intrus » m'objecte qu'elle ne connaît pas ceux qui doivent venir. Alors je fais office de portier.

J'ai l'impression d'être un videur à l'entrée d'une boîte de nuit. « Entrez ! Laissez passer la dame derrière vous, s'il vous plaît. »

Un autre élu tente de forcer le passage. Je n'y tiens plus.

— Non, excusez-moi, je fais d'abord entrer les amis de cœur.

L'église ne peut pas contenir le monde entier. Ceux qui ont vraiment aimé Pierrot doivent avoir la priorité.

Cet enterrement, c'est le bal des fantômes. Les présents me renvoient aux absents.

Les présentes plutôt. Il ne reste quasiment plus que des femmes.

Je vois passer Christiane Lucchesi, Elvire et Renée. Solidée est décédée. De même que Mémé Mauricette mais son petit-fils représente toute la famille. Il y a aussi la femme et les enfants de Tany.

Et puis, j'aperçois notre Thérèse. Sans son Dédé. Il est mort, lui aussi. Dans son lit. Nous ne le savons pas encore mais elle rejoindra son homme et son filleul dans un peu plus de quatre mois.

Paulette, leur fidèle amie d'enfance à Maman et elle, l'escorte.

Il est temps que je rejoigne ma place.

Comme nos invités, je traverse l'église portée par la sublime voix de Lucio Battisti et son *Ancora tu*. En s'y installant trente-cinq ans plus tôt, Anne nous a transmis l'amour de l'Italie. Nous avons tant partagé sur cette chanson, Pierrot et moi.

Le silence se fait. Le curé prend la parole, la cède rapidement au pasteur.

Les sketches de cet homme, son influence, sa capacité à faire exploser les folies enfouies me sidèrent. J'en viens même à me prendre pour le *Petit Robert*. Pour moi, il incite à la « morfondation » et accroît comme personne la « farcitude » de ceux qui ont le malheur d'être « pasteurisés ».

Je dois malgré tout reconnaître que le gourou et les petits qui l'entourent se sont beaucoup investis pour que ce soit un beau moment. Sur chaque chaise, ils ont posé un dépliant confectionné par leurs soins. Pierrot y apparaît tout sourire, plantant un olivier au mont Sinaï. Ils ont aussi inclus un petit texte dans lequel mon frère dit au revoir, les prénoms de toute sa famille y figurent. Sauf le mien. Un oubli.

Grâce aux jeunes et aux chants gospel qui résonnent dans l'église, cette journée correspond à l'idée que je m'en faisais. Je voulais qu'elle ressemble à Pierrot et qu'elle ne soit pas empreinte de tristesse.

L'émotion gagne pourtant. Les souvenirs remontent.

Peu avant qu'il ne vienne s'installer à la maison, j'avais rendez-vous avec le Pierrot. Dans la voiture, pour la première fois, j'ai entendu la chanson *Le jour d'après*, interprétée par Chimène Badi. Quand je suis arrivée, j'ai dit à mon frère :

— À la radio, ils ont passé une chanson qui m'a donné le frisson. Je sais qu'elle va beaucoup te plaire.

Je ne m'attendais pas à ce que, pour lui, le jour d'après vienne si vite.

J'ai le sentiment d'être bloquée à quai. Des témoignages de survivants d'une fratrie me reviennent. Je me sens coupable. La culpabilité de celle qui reste.

Mon meilleur ennemi est parti.

Avec Pierrot s'en vont tous mes secrets d'enfants.

Anne et Line sont à mes côtés. Mais je n'ai partagé ça qu'avec Pierrot. Lui seul avait les mêmes parents que moi.

Je pense à Papa.

Malgré tout, nous avons été heureux au bar de la Panne.

Papa rêvait d'avoir un fils. Il est en route pour le rejoindre.

Ce coup-ci, c'est bel et bien terminé.

Pierrot est dans la boîte.

Tout à l'heure, j'ai vu le cercueil arriver. Là, il repart dans l'autre sens.

Porté par les jouteurs, sous une haie d'honneur de jouteurs.

Toujours la même idée. Cette journée doit être à l'image de mon frère. Le pur-sang Regazzi a quand même perpétué une tradition purement Doria. Comme Émile, notre grand-père héros patriote, puis comme Jojo, notre tonton, mon frère a été un champion de joute. Seulement armé d'une longue perche, il maîtrisait à la perfection l'art de faire tomber à l'eau son adversaire, juché comme lui sur une barque.

Nous quittons l'église.

Finalement, la discussion que j'ai eue avec Pierrot il y a à peine un an aura au moins eu le mérite de m'éclairer sur la marche à suivre.

Mon frère va maintenant être incinéré. Il nous faut rejoindre le crématorium.

Seulement, à peine s'est-il ébranlé que le convoi est stoppé par des travaux. L'un des ouvriers a laissé circuler la première voiture mais interdit le passage aux autres.

Je baisse la vitre :

— Excusez-moi, on suit le convoi. On va tous au cimetière, vous pouvez nous laisser passer ?

Bien que j'aie tenté de simplifier le schéma en parlant de cimetière et non de crématorium, l'homme refuse net, s'emporte et finit par mettre un coup de pied dans le pare-chocs.

Je n'ai même pas le temps de me demander comment réagir. Comme en écho, une sorte de bruit de rafale répond à son coup de pied. Toutes les portières des voitures qui nous suivent viennent de s'ouvrir.

Seules des femmes en sortent. Ça doit tout de même être impressionnant car, aidé du reste de son équipe, le patron intervient et écarte l'importun. Il s'excuse :

— Ils ne sont pas toujours très intelligents…

⁂

En attendant de pouvoir récupérer l'urne, la famille va déjeuner dans un restaurant où travaille le mari de la fille de tonton Jojo, à l'escale Borély.

Les barrières sont tombées.

Sont là Maman, Camille et Tom. Mado, la femme de Papa, Anne et Line, Monique, ses parents et les enfants. Il y a aussi nos cousines, ma tante, moi.

Une bonne partie de ceux qui ont compté pour Pierrot.

Son ex-beau-père est perdu. Il interroge Mado sur son lien de parenté avec Maman.

Le père de Camille est mort de rire en évoquant la scène des voitures à la sortie de l'église. « Je savais que je n'avais pas besoin de descendre ! »

On se raconte des anecdotes rigolotes.

Après avoir pris l'urne, nous partons en direction de l'Estaque. Les bateaux de joute nous attendent.

Au siège des jouteurs, j'ouvre l'urne. Je garde une partie des cendres dans une bouteille de Pago. C'est tout ce que j'ai trouvé.

Sur deux barques, nous prenons le large. Pour répandre les cendres de Pierrot. À côté de celles de tonton Jojo.

C'est beau et émouvant.

⁂

Après la cérémonie, Audrey, l'aînée de Pierrot, aimerait se rendre là où vivait son père. Je l'y emmène.

Sur place, une surprise nous attend.

La bible que j'avais reposée sur l'étagère a été jetée en travers du canapé. Étonnant. Je suis en principe la seule à avoir les clés.

Dans cet appartement, il n'y a plus ni argent liquide – alors que mon frère en avait toujours sur lui et en laissait traîner partout – ni bijoux. Quant à sa BMW et son scooter des mers, ils se sont volatilisés. Comme tout ce qui avait de la valeur.

Pendant que nous l'accompagnions sur l'eau, d'autres le délestaient.

De toute façon, il va falloir débarrasser l'appartement. Avec mon travail, je ne peux pas m'en occuper. Le pasteur m'a proposé de s'en charger et d'entreposer les affaires de mon frère dans la grange de son château, près de Salon-de-Provence. Faute de mieux, j'ai accepté.

Je ne peux pas tout gérer, les considérations matérielles attendront.

Je ne sais pas que, plus tard, je ne pourrai rien récupérer, il ne voudra rien me rendre. Tout sera introuvable ou jeté. Y compris les trophées de joute. Maman et ses enfants auraient tant aimé les avoir.

En allant à l'association de mon frère, je parviens à sauver quelques photos, le tracteur donné par Gaby en souvenir de Bernard, deux chemises.

Voilà tout ce qu'il nous reste de Pierrot.

Je garde ses cendres dans mon armoire. Un an. Un jour, je croise une femme que je ne connais pas. Elle me dit :

— Vous avez perdu quelqu'un de très proche cette année. Vous avez gardé les cendres. Ne les gardez pas, allez les répandre avec les autres. Laissez-le partir en paix.

L'idée me séduit.

Je le fais.

Sur l'eau, nos proches et les jouteurs m'accompagnent.

Dernière minute

La Marseillaise – 14 juin 2012

Un prédicateur très cathodique est accusé d'abus de confiance

Des subventions détournées par un pasteur évangéliste, on n'avait pas encore vu ça à Marseille. Bernard Emkeyes, cinquante-six ans, comparaissait pour banqueroute et abus de confiance. Le prédicateur affairiste est accusé d'avoir vidé les caisses de ses quatre associations.

Une faillite personnelle évaluée à 900 000 euros de passif. Sans compter les fonds publics engloutis Dieu sait où, en l'absence de comptabilité et de commissaire aux comptes. « Vous nous avez planté de 2 millions d'euros en tout. Vous avez troussé Marianne sur l'autel de votre temple ! », résumait hier le procureur Marc Rivet qui a réclamé deux ans de prison avec sursis, 50 000 euros d'amende et la privation des droits civiques.

L'inspection des services financiers du conseil régional avait découvert qu'entre 2005 et 2008, une masse considérable de subventions avait été employée à des fins étrangères à leur objet social. Bernard Emkeyes, pasteur de la Mission chrétienne française de la rue Fortia, trustait à l'Estaque l'Association sportive et culturelle (ASCE), le Judo Karaté Club et un club de fitness Vitaforme aux tarifs pas donnés. Le tout dans des locaux loués par le Diocèse. « 300 euros les 20 séances de Poweplate, c'est pas le prix d'une association d'aide aux personnes défavorisées ! », grimace la présidente Christine Mée. « On faisait des goûters pour les enfants le mercredi après-midi », glisse l'évangéliste cathodique. À la tête d'Espace Chrétien International (ECI), une asso avec chapelle transformée en studio télé, il a produit 136 émissions : ses prêches endiablés toujours visibles sur Youtube étaient soldés en DVD à 3 euros dans sa micro-librairie de la rue Glandeves…

« Ce sont des moyens vidéo haut de gamme digne d'une chaîne de télé d'envergure », n'en revient pas la présidente choquée que l'argent public ait filé pour des « prestations non seulement cultuelles mais personnelles ! » 287 000 euros de subventions allouées en 2005, 173 000 euros en 2006, 300 000 euros en 2007, rien que pour ECI.

À l'origine, c'est Pierre Regazzi, grand champion des joutes qui présidait les associations basées à l'Estaque jusqu'à sa mort en 2007. « Regazzi, dépressif, était tombé sous votre influence après votre pèlerinage en Israël en 2005. Il avait des réseaux politiques pour obtenir des subventions très importantes. C'est Regazzi qui vous a présenté Madame Andrieux ? », demande tout de go la magistrate. « Je n'ai serré que des mains. Y a pas eu d'anomalies », balbutie le prévenu décontenancé. « Et l'Audi S3 à 45 000 euros ? ! » – « C'était avec les dons de l'église pour faire plaisir aux bénévoles. C'est vrai qu'une Lada ou une R5 aurait été préférable. J'ai fait peut-être quelques bêtises mais je suis un homme de Dieu, pas un marchand », se défend Bernard Emkeyes.

Colère de l'avocate du mandataire judiciaire : « 900 000 euros de passif, c'est énorme. Et il prétend aider les nécessiteux ! » Indignation partagée par l'avocat de la Région, Me Gilles Gaver, qui rappelle que le « pasteur bling-bling » a aussi fait des travaux avec les subventions dans son mas de Cornillon-Confoux. « Regazzi n'est plus là », insiste Me Jean-Raymond Delisle pour demander la relaxe du « pasteur dévoué pour les autres ».

« Avant les sœurs étaient en 2 CV ! », sourit Me Gilles Gaver. « Et dire que le tribunal n'arrive même plus à payer l'essence de la vieille Clio du Parquet », soupire le procureur.

Délibéré le 4 juillet.

La Provence – 6 juillet 2012

Le pasteur « gourou » de L'Estaque déclaré en faillite personnelle

Sale temps pour les « gourous », les évangélistes et autres prosélytes des temps modernes. Un de ces pasteurs, Bernard Emkeyes, 58 ans, animateur en chef d'une association baptisée Espace Chrétien International (ECI) poursuivi pour avoir un tant soit peu confondu l'argent public qui lui était alloué par le Conseil régional avec sa propre poche, a été condamné mercredi par le tribunal correctionnel de Marseille à deux ans de prison avec sursis et à une amende de 50 000 €.

Les magistrats ont également prononcé sa faillite personnelle pour une durée de 10 ans. L'association ECI devra pour sa part acquitter une amende de 10 000 €.

« Vous avez troussé Marianne sur l'autel de votre temple ! » *avait lancé à l'audience du 13 juin dernier, non sans ironie, le procureur Marc Rivet, qui avait réclamé à son encontre les mêmes peines, assorties de l'interdiction des droits civiques et de la faillite personnelle du prévenu. Après la mort d'un de ses principaux animateurs en 2007, Bernard Emkeyes s'était institué grand manitou de trois autres associations, Vita Forme, l'Association sportive et culturelle et le Judo Karaté Club de l'Estaque. Le pasteur faisait du prosélytisme, se lançant à timbre de voix perdue dans la production d'émissions qu'il montait pour une TV européenne à caractère évangéliste. L'ennui, c'est que les fonds publics ne pouvaient être destinés à des opérations cultuelles. Le procureur lui en avait fait le vif reproche. Au total, ce sont 285 500 € de dommages et intérêts que le mis en cause va devoir rembourser à son bienfaiteur public, le Conseil régional. Le mis en cause avait reconnu* « des bêtises » *que la présidente Mée s'était empressée de convertir en délits : banqueroute et abus de confiance.* « Peut-on devenir escroc à cinquante-huit ans ? » *avait vainement tenté de rectifier la défense.*

Épilogue

« Avant de porter un jugement sur mon caractère ou ma vie, mettez mes chaussures, parcourez mon chemin, vivez mon chagrin, mes douleurs, mes doutes, mes fous rires… Parcourez les années que j'ai parcourues et trébuchez là où j'ai trébuché, relevez-vous tout comme je l'ai fait… et seulement là, vous pourrez me juger. »

Cette citation d'origine indéterminée traduit assez bien ma pensée.

Ceux qui m'ont lue jusqu'ici ont maintenant une idée de ce que nous étions, de la vie qui a été la nôtre.

Je m'en remets à eux. Je crois en l'intelligence du cœur, j'espère qu'ils sauront en faire preuve à l'égard de la nouvelle génération.

J'espère qu'ils sauront leur éviter d'être, eux aussi, des enfants de la guerre.

Maman et tonton Jojo étaient des orphelins de guerre. Pierrot et moi étions aussi des orphelins de guerre. Ce n'était pas la même guerre, c'est tout.

Aux journalistes de cette époque, d'aujourd'hui et de demain, j'aimerais rappeler que derrière les histoires, il y a de vraies vies.

Votre rôle est d'informer. Quand vous ne savez pas, ne dites rien. Ou dites que vous ne savez pas. Ça ne remettra pas en cause votre valeur mais prouvera justement que vous avez des valeurs.

Présenter une supposition, quelque chose de probable même, comme un fait, c'est inventer une histoire. Ce n'est pas informer.

Ne perdez pas de vue que ce que vous écrivez a un impact sur de « vrais gens ».

Parmi vous, il y en a qui en ont conscience et sont d'excellents professionnels. J'ai eu la chance d'en rencontrer, certains m'ont même épaulée.

Anne, Line, Mado. L'autre famille de Papa.

J'ai essayé de ne blesser personne.

Je n'ai pu raconter notre histoire sans lever un tout petit peu le voile sur la leur. Marie Darrieussecq a dit : « Dans une famille, on a beau avoir vécu les mêmes choses, on n'a pas les mêmes souvenirs. » Alors pour notre double tribu… Merci, Papa.

Camille, Audrey, Jean-René, Andréa. Avec eux, on a déjà gagné. C'est la suite. Leur nom leur lègue des histoires lourdes et de l'amour. La vie est à eux. Qu'ils en fassent bon usage.

Quelques mots de Mère Teresa pour aider :

La vie est une chance, saisis-la.
La vie est beauté, admire-la.

La vie est béatitude, savoure-la.
La vie est un rêve, fais-en une réalité.
La vie est un défi, fais-lui face.
La vie est un devoir, accomplis-le.
La vie est un jeu, joue-le.
La vie est précieuse, prends-en soin.
La vie est une richesse, conserve-la.
La vie est amour, jouis-en.
La vie est mystère, perce-le.
La vie est promesse, remplis-la.
La vie est tristesse, surmonte-la.
La vie est un hymne, chante-le.
La vie est un combat, accepte-le.
La vie est une tragédie, prends-la à bras-le-corps.
La vie est une aventure, ose-la.
La vie est bonheur, mérite-le.
La vie est la vie, défends-la.

Nous sommes toujours propriétaire du bar de la Panne.

Il ne s'appelle plus comme ça. Aujourd'hui, c'est la Stella del Oro.

J'y vais rarement. Il résonne encore tellement de nos rires, nos larmes, notre bonheur, nos espoirs et nos drames.

Le Mourepiane de mon enfance n'existe plus.

Maman et moi sommes les seules survivantes de notre sitcom.

C'est la vie. Faut faire avec. Et parfois sans. De toute façon, on n'en sortira pas vivants.

Ce livre est né d'un désir profond d'arrêter de subir.

Des années durant, j'ai vu les miens caricaturés, dénaturés, à longueur de colonnes et de pages.

Certains ont pris la précaution de faire inscrire « roman » sur la couverture de leur ouvrage. Inutile hypocrisie. Tous se répandent sur « l'enquête fouillée » qu'ils ont menée pour le réaliser, laissant à penser que tout ce qui est dit est vrai.

La course au sensationnel justifie tout. Et puis, on tape sur des mafieux, alors quelle importance ?

Ceux qui ont connu les hommes de ma famille vous diront qu'ils avaient beaucoup de noblesse. Ils étaient respectés.

Même par la police. Il y a une dizaine d'années, j'étais dans l'immeuble d'un copain. Alors que nous croisions un autre habitant, il le salua et dit :

— Je vous présente Hélène Regazzi, la fille de René.

Il s'agissait en fait d'un ancien commissaire principal de Marseille. Il m'a parlé des hommes d'honneur qu'ils étaient, m'a dit la considération qu'il avait pour eux, avant de me demander s'il pouvait m'embrasser.

Oui, mon père, mes oncles, mon cousin étaient des voyous. Je n'ai jamais prétendu le contraire.

Ils l'ont payé de leur vie.

À mon sens, il est grand temps de les laisser reposer en paix.

De permettre à ceux qui leur ont survécu d'avancer, sans rien renier. De ne pas les charger du fardeau de la calomnie.

Notre tradition familiale, c'est le silence. Pour rendre aux miens ce qui leur appartient, il m'a fallu parler. Raconter.

J'ignore ce qu'il en restera. J'ai simplement le sentiment que je devais le faire.

S'il doit rester une trace de ce qu'ils ont été, je crois légitime que l'un des leurs y ait participé.

Merci
À ma fille, Camille
À ma nièce, Audrey
À ma mère
À mes amis de cœur, ils se reconnaîtront
À Olivier qui a cru en moi et en mon histoire
À Cathy, qui m'a donné l'idée de cette riposte
À Céline, qui m'a aidée à la concrétiser
À mon éditrice, Céline Thoulouze
À maître Descosse, mon avocat
À maître Callen pour ses conseils avisés au début de cette aventure

Composé par Facompo
187, rue Calmette-et-Guérin, 14100 Lisieux

Imprimé en France par

CPI
FIRMIN-DIDOT

à Mesnil-sur-l'Estrée en octobre 2012
N° d'impression : 114314

FLEUVE NOIR
12, avenue d'Italie
75627 Paris Cedex 13

Dépôt légal : octobre 2012
R09687/01